WESEN UND HERKUNFT DES
»APODIKTISCHEN RECHTS«

VON

ERHARD GERSTENBERGER

WIPF & STOCK · Eugene, Oregon

Meiner Mutter
und dem Andenken meines Vaters

Wipf and Stock Publishers
199 W 8th Ave, Suite 3
Eugene, OR 97401

Wesen und Herkunft des Apodiktischen Rechts
By Gerstenberger, Erhard P.
Copyright©1965 by Gerstenberger, Erhard P.
ISBN 13: 978-1-60608-491-5
Publication date 2/25/2009
Previously published by Neukirchener Verlag, 1965

VORWORT

Diese Arbeit ist nicht mehr die jüngste. Sie entstammt dem Seminar, das Herr Professor D. H. W. Wolff im Wintersemester 1956/57 in Wuppertal gehalten hat. Damals ging es um die altorientalischen Rechtskoropora und ihr Verhältnis zum Recht im Alten Testament. Aus Oppositionsdrang und mit minimaler Sachkenntnis verfocht ich die These, das israelitische Recht sei weder formal noch inhaltlich „einzigartig", wie es nach A. Alts Untersuchung von 1934 den Anschein haben konnte. Meine Argumente machten wenig Eindruck; so suchte ich in den folgenden Jahren Gelegenheit, die Seminarteilnehmer von einst doch noch zu überzeugen. Es entstand die vorliegende Abhandlung, die 1961 den Herren Professoren M. Noth und O. Plöger als Dissertationsschrift vorlag.
Die Arbeit wurde von der Bonner Evangelisch-Theologischen Fakultät angenommen und in der Universitätsdruckerei vervielfältigt. An Einwänden gegen die vorgetragenen Thesen konnte es natürlich nicht fehlen: Die in der alttestamentlichen Wissenschaft so beliebte Idee eines genuin israelitischen Bundesrechts stand auf dem Spiel. H. Graf Reventlow hätte es lieber gesehen, wenn auch die israelitische Familienunterweisung in ein umfassendes kultisches Koordinatensystem gestellt worden wäre (ZThK 60, 1963, S. 274ff.). Von einem „vermutlichen sakralen Urbild..." des hethitischen Vertragsformulars (aaO S. 280) sei doch der Schritt zum Bundesverständnis Israels „nicht mehr allzu groß" (aaO S. 278), und man brauche „nur mit einer allmählichen Ausweitung des Geltungsbereiches dieses (i.e. des religiös fundierten) Rechtes zu rechnen", „um zu dem Bundesrecht der Gesamtgemeinschaft 'Israel' zu kommen..." (aaO S. 279). Jeder Familienvater ein kleiner Moses! Jedem Sippenverband sein kultischer Gesetzessprecher! So schnell sollten wir wohl doch nicht die Möglichkeit aufgeben, zwischen verschiedenen Lebensbereichen und Ausdrucksformen zu unterscheiden. K. Koch meint, in der vorliegenden Arbeit einen schweren Mangel an formgeschichtlicher Präzision zu entdecken (Was ist Formgeschichte?, Neukirchen 1964, S. 11 Anm. 12); damit scheint

ihr das Todesurteil gesprochen. Wie wäre es aber, wenn trotz allem zwei verschiedene Verbotsformulierungen, dazu noch positive Vorschriften und vielleicht sogar etliche konditional erweiterte Formen zu einer Gattung zusammengehörten? Kleine Anzeichen dafür glaube ich gesehen zu haben. Wo Unterscheidungen zu treffen und wo Gemeinsamkeiten festzuhalten sind, wird immer nur die Prüfung *aller* wesentlichen Merkmale lehren. G. Fohrer schließlich verarbeitet alte Seminarnotizen zu einem halb zustimmenden, halb stirnrunzelnden Aufsatz (KuD 11, 1965, S. 49ff.). Für ihn bleibt das aus Kurzreihen zusammengesetzte, rhythmische Zehnergebot das Ziel der israelitischen Apodiktik. Und wenn es auch sehr löblich ist, die apodiktischen Sätze als „Lebens- und Verhaltensregeln" zu beschreiben und gehörige Fragezeichen hinter das apodiktische *Recht* zu setzen, so bleibt es um so ungewisser, ob mit der Auffindung eines urmenschlichen apodiktischen *Stils*, der praktisch in allen Gattungen angewendet werden kann, etwas gewonnen ist.

So meine ich also, die Kritik hätte die Grundthesen der vorliegenden Arbeit noch nicht genügend widerlegt. Andererseits haben sie hier und da Zustimmung gefunden; auch das ermuntert zur Veröffentlichung in regelrechter Buchform. Wenn also die Dissertation in nur geringfügig erweiterter Form und nach Abwurf einiges Fußnotenballastes jetzt mit freundlicher Erlaubnis des Herausgebers, Herrn Professor D. G. von Rad, in der Reihe der Neukirchener „Wissenschaftlichen Monographien" erscheint, dann soll sie sich noch einmal einem weiteren Kreise zur Diskussion stellen, bevor sie endgültig abtritt und besseren Untersuchungen Platz macht.

Daß die Veröffentlichung überhaupt unternommen werden konnte, ist vor allem der dauernden Förderung durch die Herren Professoren M. Noth, G. von Rad und H. W. Wolff zu verdanken. Daneben bin ich auch meinen Lehrern in New Haven, Conn., Dank schuldig: Herrn Professor A. Goetze und seinem Department of Ancient Near Eastern Languages and Literatures, sowie dem Freund und Kollegen B. S. Childs an der dortigen Yale University Divinity School. Verlag und Druckerei haben sich in hervorragender Weise um den Druck der Arbeit gekümmert. Und last but not least: Die beiden Bibliothekarinnen der Kirchlichen Hochschule in Wuppertal haben mit Sachkenntnis und Fleiß zum Gelingen des Werkes beigetragen.

Essen, 10. Oktober 1965   ERHARD GERSTENBERGER

INHALTSVERZEICHNIS

I: DIE RECHTSTEXTE DES ALTEN TESTAMENTS IN DER
NEUEREN FORSCHUNG   1
  1. Die Behandlung des israelitischen Rechts vor Gunkel   3
  2. Die Rechtstexte in der gattungsgeschichtlichen Forschung . .   7
    a. Hermann Gunkel   7
    b. Albrecht Alt 13
  3. Die Aufgabe 19
    a. Die Fragestellung 19
    b. Anmerkungen zur Methode der Arbeit 21

II: DAS WESEN DER RECHTLICHEN PROHIBITIVE 23
  1. Die Verbreitung des apodiktischen Rechts 26
    a. Das Bundesbuch 28
    b. Das Deuteronomium 30
    c. Das Heiligkeitsgesetz 37
    d. Dekaloge und sonstiges 40
  2. Die Hauptmerkmale der Prohibitivgattung 42
    a. Negation und Position im apodiktischen Recht 43
    b. Die Intensität der Prohibitive 50
    c. Die das apodiktische Recht tragende Autorität 55
    d. Die Themen der Prohibitive und ihre Beziehungen zur
       Weisheitsliteratur 61
  3. Die Formelemente der Prohibitive 65
    a. Gebote in der dritten Person 66
    b. Die Anredeform der Gebote 70
    c. Die Prohibitivreihen 77

III: DIE HERKUNFT DER PROHIBITIVE 89
  1. Die Prohibitive und der Bund 89
    a. Die Sinaioffenbarung 90
    b. Das Bundesformular 96
  2. Das Sippenethos als Ursprungsort der Prohibitive 110

3. Prohibitive und weisheitliches Mahn- und Warnwort 117
   a. Weisung und Sentenz in der Weisheit 117
   b. Analyse von Sprüche 22-24 121
   c. Das ursprüngliche Mahn- und Warnwort. 127
4. Parallelen aus dem Alten Orient. 130
   a. Pròhibitive in der altorientalischen Umwelt 131
   b. Die Form der altorientalischen Gebote. 135
   c. Die Reihenbildung 137
   d. Themen und Sitz im Leben 139
5. Die Entwicklung der Gattung. 141

IV: SCHLUSSFOLGERUNGEN 145
1. Bund und Gesetz 145
2. Gesetz und Weisheit. 146
3. Geschichte und Heilsgeschichte 148

VERZEICHNIS DER BIBELSTELLEN 149

SACHREGISTER 158

ABKÜRZUNGSVERZEICHNIS 161

I. DIE RECHTSTEXTE DES ALTEN TESTAMENTS
IN DER NEUEREN FORSCHUNG

Das große Werk von J. L. Saalschütz über das mosaische Recht ist wohl innerhalb der protestantischen Forschung ein letzter, eindrucksvoller Versuch gewesen, den Kern der alttestamentlichen Rechtsüberlieferung unter Nichtachtung der literarkritischen Forschung zu begreifen[1]. Es faßt noch einmal alle innerhalb der Sinaitradition überkommenen Bestimmungen als eine Einheit zusammen, stellt sie den Juristen und Theologen als das älteste gesetzgeberische Werk der Menschheit vor und preist dieses als ein lehrreiches Beispiel ursprünglicher, naturnaher, patriarchalisch-demokratischer Verfassungskunst[2]. Die in ihre Blütezeit tretende literarkritische Forschung hat der vermeintlichen Einheitlichkeit des „mosaischen" Gesetzes ein unwiderrufliches Ende bereitet. Das Gesetz des Mose wird zergliedert, und die Einzelteile werden den einzelnen Quellenschichten des Pentateuch zugewiesen[3]. Und als Wellhausen in seinen „Prolegomena zur Geschichte Israels" die Erkenntnis besiegelt, daß der größte Teil aller Sinaigesetze einer Spätzeit Israels angehört, erlahmt das Interesse am Mosegesetz als Ganzem. Dafür ist nun der Blick freigeworden für die Einzelelemente alttestamentlicher Rechtsüberlieferung.
Besonders seit dem Ausgang des 19. Jahrhunderts wendet sich die Forschung mit verstärktem Eifer den im Alten Testament überlieferten Strängen des Rechts zu. Literarische Einheiten wie der Dekalog[4], das Bundesbuch, das Deuteronomium und das Heilig-

---

[1] Bezeichnend ist der volle Titel dieses Buches: „Das Mosaische Recht nebst den vervollständigenden thalmudisch-rabbinischen Bestimmungen. Für Bibelforscher, Juristen und Staatsmänner", 2. Aufl. Berlin 1853.
[2] Saalschütz, Recht, S.VIIff.
[3] Vgl. vor allem J. Wellhausen, Die Composition des Hexateuchs, 2. Aufl. Berlin 1889, S.83ff., 327ff.; C. Steuernagel, Lehrbuch der Einleitung in das AT, Tübingen 1912, S.153ff., 161ff.
[4] Die Literatur zu diesem Thema bieten L. Köhler, ThR NF 1, 1929, S.161ff.; H. H. Rowley, Moses and the Decalogue, BJRL 34, 1951, S.81ff.; J. J. Stamm, ThR 27, 1961, S.189ff., 281ff. M. E. Andrew übersetzt Stamms „Der Dekalog im Lichte der neueren Forschung", Bern 1958 und führt die Dar-

keitsgesetz werden die Untersuchungsobjekte[1]. Aber auch historische und sachliche Grenzziehungen spielen eine Rolle[2]. Genährt wird der Eifer, gerade auf diesem speziellen Gebiet alttestamentlicher Wissenschaft vorwärtszukommen, einmal durch das ungemein lebhafte Interesse, das jene Zeit am Ethos als solchem nimmt[3]. Als um die Jahrhundertwende der Kodex Hammurapi gefunden wurde und die „Ursprünglichkeit" und „Naturhaftigkeit" des israelitischen Gesetzes ernsthaft in Frage gestellt waren, erhielt die Forschung am alttestamentlichen Recht weiteren Antrieb und einen neuen, religionsgeschichtlichen Horizont[4].

Wenn wir nun die neuere Forschung auf ihre Methoden, Voraussetzungen und Ziele bei der Darstellung des israelitischen Rechts hin untersuchen, dann ist die Frage nach der Abgrenzung der Forschungsperioden recht einfach zu beantworten. Wie die Namen Kuenen und Wellhausen für die alttestamentliche Wissenschaft

stellung bis 1964 weiter: The Decalogue in the Light of Modern Research, voraussichtlich London 1966.

[1] Umfassende Literaturangaben bei O. Eißfeldt, Einleitung in das AT, 3. Aufl. Tübingen 1964, S.282,291f.,310,1001f.; vgl. die einschlägigen Artikel in RGG³.

[2] Vgl. A. Menes, Die vorexilischen Gesetze Israels, Gießen 1928; A. Jirku, Das weltliche Recht im AT, Gütersloh 1927.

[3] Dieses Interesse beherrscht schon Saalschütz, Recht, S.XXVf. Recht und Ethos, Vernunft und Offenbarung stehen für ihn in direkter Verbindung. Dieses Interesse leitet aber auch noch J. Hempel, Das Ethos des AT, BZAW 67, 1938 (2. Aufl. Berlin 1964). In der Zwischenzeit erschien eine lange Reihe von alttestamentlichen Abhandlungen, die im israelitischen Ethos einen oder den wesentlichen Beitrag des AT sehen, vgl. B. Duhm, Die Theologie der Propheten, Bonn 1875; B. Stade, Biblische Theologie des AT, Bd.I, 2.Aufl. Tübingen 1905, S.34ff.,205ff.; K. Budde, Die alt-israelitische Religion, 3.Aufl. Gießen 1912, S. 52f., 72ff.; K. Marti, Die Religion des AT, Tübingen 1906, S.42ff.; E. Sellin, Beiträge zur israelitisch-jüdischen Religionsgeschichte, Bd.I, Leipzig 1896, Bd.II,1, Leipzig 1897. Weitere Literatur in RGG¹ und RGG² unter den Stichwörtern: Ethik, Recht, Sitte, Wirtschaftsethik; vgl. Artikel: „Sitte, Sittlichkeit, Sittengesetz" (M. Rade), in: RE³, Bd. 18, S.400ff.

[4] Die Auffindung des Kodex Hammurapi hatte eine Schockwirkung. Die konservativen Theologen sammelten sich zur Abwehr des Fremdeinflusses, während die Kritiker jubelnd darangingen, eine gemeinorientalische Rechtskultur zu postulieren, konstruieren und ihren Zwecken dienstbar zu machen. Eine ausgiebige Diskussion der älteren Literatur zum Kodex Hammurapi bei C. H. W. Johns, The Relations between the Laws of Babylonia and the Laws of the Hebrew People, London 1914, S.65ff.; vgl. A. Jeremias, Das AT im Lichte des alten Orients, 2.Aufl. Leipzig 1906, S.422ff.; H. Winckler, Die Keilinschriften und das AT, Berlin 1903.

insgesamt den Wendepunkt zur literarkritischen Methode markieren, so bezeichnet auf dem Gebiete des alttestamentlichen Rechtsstudiums das Werk H. Gunkels und A. Alts die Hinwendung zur formgeschichtlichen Betrachtungsweise.

1. Die Behandlung des israelitischen Rechts vor Gunkel

Die Methode wissenschaftlicher Arbeit und ihr Gegenstand müssen immer in einem sehr engen Verhältnis zueinander gesehen werden. Der Gegenstand einer Wissenschaft beeinflußt als vorausgehend erahnter oder auch in irgendeiner Weise hypothetisch konstruierter ihre Methode insofern, als er einen oder eine Reihe von geeigneten Wegen zu seiner wissenschaftlichen Erfassung schon nahelegt. Und die Methode andererseits formt ihren Gegenstand, weil jede Methode in ihrer notwendigen Begrenztheit den Gegenstand nur in einer bestimmten Weise zur Geltung bringen kann.

In der von Gunkels umwälzender Neuerung der Methode noch unberührten Literatur zu den Rechtstexten des Alten Testaments sind grundlegende theologische und philosophische Motive spürbar, deren Beobachtung zum Verständnis der von Gunkel eingeleiteten Bewegung dienlich sein kann, und zwar in zweifacher Hinsicht: Kontinuität und Diskontinuität der geheimen Leitmotive jener Zeit in der Gunkelschen Ära werden die in der neuen Zeit angewandten Methoden besser verständlich machen.

Das literarische Interesse am Alten Testament, das sich im achtzehnten Jahrhundert anbahnte und im neunzehnten zur ganzen Größe entfaltete, bezieht, wie wir schon sagten, auch die Rechtstexte mit in seine Analysen ein. Jedoch erweisen sich die Rechtssammlungen des Alten Testaments teils als recht einheitliche, geschlossene Blöcke, teils bar jedes charakteristischen Merkmals, das der Quellenscheidung Anhaltspunkte geben könnte, so daß eine Aufgliederung der geschlossenen Sammlungen auf die einzelnen Pentateuchstränge fast unmöglich erscheinen mußte[1]. Der gängigste Lösungsversuch ist darum der, die einzelnen Rechtskorpora einfach als Ganze einer Quellenschicht zuzuteilen, wobei gewöhnlich die

---

[1] Vgl. A. Kuenen, Historisch-kritische Einleitung in die Bücher des AT, Bd. I,1 Leipzig 1887, S.48ff.; 60; J. Wellhausen, Composition, S.83f.,97f.,327ff.; C. Steuernagel, Einleitung, S.153f.,260f.,189ff.,242ff.; O. Eißfeldt, Hexateuchsynopse, Leipzig 1922 (Nachdruck: Darmstadt 1962), S.45f. „... Ex 3.4; 19-34 gleichen ... einem Durcheinander von Mosaiksteinen, die Teilchen mehrerer Bilder sind", (Eißfeldt, a.a.O. S.5).

Frage nach der Autorschaft zunächst stillschweigend ausgeklammert wird. Die Quellenredaktoren haben, so denkt man sich den Vorgang meistens, die Gesetzestexte aus früheren Vorlagen oder als unabhängige, vollständige Sammlungen übernommen. Die die Gesetze auszeichnende Anonymität sowie die Wiederholung gleichlautender oder inhaltsgleicher Vorschriften in verschiedenen Korpora unterstützt diese Anschauung[1]. Eine lediglich lose Beziehung zwischen den Quellenschriften und den Rechtssammlungen etabliert zu haben, bedeutete aber für die literarkritisch ausgerichtete Forschung nur einen halben Erfolg. Das ganze Interesse dieser Forschung richtet sich ja auf den Punkt, wo in der schriftlichen Fixierung eines geistig erfaßten Sachverhaltes aus dem Ungeordneten Literatur wird. Die Rolle, die die Schöpferpersönlichkeit unter diesem Gesichtswinkel spielt, darf auch dann nicht übersehen werden, wenn die Literarkritiker, mehr der Not als dem eigenen Triebe folgend, die unpersönliche Bezeichnung „Quelle" an dieser Stelle, die den schöpferischen Augenblick bezeichnet, einsetzen[2]. Kein Wunder also, daß Forschung und Spekulation sich auch nach Wellhausen intensiv mit der Frage befaßten, wer denn als der Verfasser der alttestamentlichen Gesetze in Frage käme. Die Tendenz

---

[1] K. Budde spricht davon, daß die Quellen JEDP im „steigenden Maße" für die Gesetzesliteratur offen sind und daß sich ihre ganze religiöse Einstellung dementsprechend ändert, Geschichte der althebräischen Literatur, Leipzig 1906, S.94ff. – Das Ergebnis der literarkritischen Analyse sah meistens so aus, daß die beiden ältesten Quellen je einen Dekalog aus dem Buche Ex zugeteilt bekamen, vgl. K. Budde, a.a.O. S.94ff.; die Bewertung der Dekaloge stimmt mit seiner Einschätzung von Kultus, Ethos und Prophetismus überein. Auch O. Eißfeldt, Hexateuch-Synopse, S.46,55; M. Noth, Überlieferungsgeschichte des Pentateuch, Stuttgart 1948 (Nachdruck: Darmstadt 1960), S.33.39, weisen den Dekalog aus Ex 34 der Quelle J, das Zehngebot aus Ex 20 der Quelle E zu. Dieses Ergebnis der Wellhausenschen Kritik hat sich also durchgehalten. – Für das Dtn und P liegen die literarischen Probleme einfacher. Wegen der charakteristischen Theologie und der ausgeprägten sprachlichen Gestaltung beider Quellen kann man die Einarbeitung des älteren Gesetzesmaterials recht genau verfolgen. Die Stellung des Bundesbuches dagegen ist ungeklärt. Man teilt es entweder der Quelle E zu – so Budde, a.a.O. S.96ff.; C. H. Cornill, Einleitung in das AT, Freiburg 1891, S.73dd. u.a. – oder verzichtet ganz auf eine literarische Verkoppelung mit einem Quellenfaden – so Eißfeldt, Hexateuchsynopse, S.45; Steuernagel, Einleitung, S.156.

[2] Besonders deutlich tritt dieser Gedanke bei B. Duhm hervor, für den auch anonyme Schriftstellerei noch keine Literatur im eigentlichen Sinne schafft und der dies zum Anlaß nimmt, erst die Propheten als eigentliche Literaten anzuerkennen, vgl. Die Entstehung des AT, Leipzig 1887, S.10ff.

ging dahin, und darin traf sie mit der alttestamentlich-jüdischen und der christlichen Überlieferung zusammen, eine große Gesetzgebergestalt, eben ein schöpferisches Genie als Autor ausfindig zu machen. Und was auf dem Wege der Literarkritik schwerlich gelingen konnte – die Entdeckung des Schöpfungsaktes für die Gesetzestexte –, dazu mußte nun der Rückschluß auf das schöpferische Individuum den Weg bereiten. Der Fehlschlag der literarischen Zuordnung der Gesetze erweist sich nun als ein Vorteil. Man kann den Schritt über die literarische Fixierung der Gesamtquelle hinaus vollziehen und das Problem „Mose und der Dekalog"[1] oder „Prophetismus und Sittlichkeit"[2] zum Gegenstand einer ausgedehnten literarischen Tätigkeit machen.

Wie schon oben angedeutet, ist das Interesse am Ethos des Alten Testaments groß. So ist es verständlich, daß die Suche nach dem Gesetzesautor oder dem Gesetzgeber – entsprechend dem Grundsatz, daß das individuelle Rechtsempfinden mit den universellen, ethischen Prinzipien übereinstimme, ja deren einzige Konkretion sei – immer zugleich eine Suche nach den ethischen Grundprinzipien, nach der absoluten Sittlichkeit ist. Die alttestamentliche Forschung fügt sich damit gut ein in die zeitgenössische Theologie, die in A. Ritschl und seiner Schule nur exemplarisch das vollzog, was fast überall gang und gäbe war: die Annäherung und schließliche Identifizierung von Religion und Ethos[3]. Dem Einfluß von soziologischen Studien wie der über das „Antike Judentum" von M. Weber ist es zuzuschreiben, daß nicht nur das Persönlichkeitsethos, sondern auch das Gruppenethos mehr beachtet wurde[4].

---

[1] P. Volz z. B. konstatiert die „Verschiebung des geschichtlich wissenschaftlichen Interesses auf die *treibenden Persönlichkeiten* der Geschichte", (Mose, Tübingen 1907, S.2; Sperrung bei Volz). Er postuliert darum die „Persönlichkeit Moses als des religiösen Urhebers ... der sittlichen Religion Israels" (a.a.O. S.15). Auch H. Schmidt, Mose und der Dekalog, Festschrift Gunkel, Bd. I, Göttingen 1923, S.78ff., überspringt die von Wellhausen ausgegebene Parole von der Kulmination der israelitischen Religion im Prophetismus und nimmt den „ethischen Höhepunkt" in der Mosezeit an.
[2] Vgl. B. Duhm, Die Theologie der Propheten; G. Hölscher, Die Profeten, Leipzig 1914; C. H. Cornill, Der israelitische Prophetismus, Straßburg 1894¹, 1920¹².
[3] Vgl. J. Kaftans Versuch, den eigenständigen Ursprung von Ethos und Religion zu wahren, der dann doch in der Verschmelzung beider und in der dominierenden Stellung des Ethos endet: Das Wesen der christlichen Religion, Basel 1881, bes. S.168ff.
[4] Vgl. M. Weber, Das antike Judentum, Ges. Aufs. Bd.III, Tübingen 1921; J. Pedersen, Israel, its Life and Culture, Bd.I/II, 2.Aufl. London 1946; J. Hempel, Ethos¹, bes. S.67ff.

Neben der Aufspürung des ethischen Funkens in der schöpferischen Persönlichkeit oder im Gesellschaftsgefüge spielt der Gedanke der Entwicklung des Ethos eine große Rolle. Der Fluß der Geschichte, der durch die literarkritische Methode zum Stehen gebracht schien, wird nun doch in gewisser Weise in seiner Bewegung sichtbar. Aber diese Geschichte ist ihrer Substanz nach lediglich eine Geschichte des Geistes, der ethischen Prinzipien. Hegel und der deutsche Idealismus haben zu der Geschichtskonzeption Pate gestanden. Die Natur, die im Selbstentfaltungsprozeß des Geistes aus dem Geist herausgesetzt ist, wird schließlich in höherer Vereinigung überwunden und in ihn zurückgenommen. So kann die ganze Religionsgeschichte verstanden werden als eine fortschreitende „Denaturierung" der Religion, als ein Prozeß, in dem sich das unverfälschte, den absoluten ethischen Prinzipien gleichgestaltete Ethos durchsetzt[1]. Die verschiedenen Ebenen, auf denen oder durch die hindurch sich die Entfaltung des Geistes speziell im Bereich der alttestamentlichen Gesetzgebung abzeichnet, sind durch die Stichworte Kultrecht, Profanrecht und Ethos bezeichnet.

Das, was im engeren Sinn den Namen „Recht" verdient, wird mit dem eindeutigeren Begriff Profanrecht oder ius bestimmt. Die Summe aller von einer Gemeinschaft hervorgebrachten Rechtsbestimmungen, die mit einem durch die sozialen Rechtsinstitutionen verkörperten Zwang dem einzelnen als Glied der Gemeinschaft gegenübertreten, macht das Recht aus. Objektivität, fremde, nicht freiwillig anerkannte Überindividualität, den sittlichen Willen beschränkende und hemmende Macht: Das sind also nach dieser Anschauung die Hauptkennzeichen des Rechts[2]. Das positive, gesetzte

---

[1] Vgl. J. Wellhausen, Prolegomena zur Geschichte Israels, 5. Aufl. Berlin 1899, S.23f.,49, 61ff.,77 usw.; A. Bertholet, Der Beitrag des AT zur allgemeinen Religionsgeschichte, Tübingen 1923, S.18f. In diesen Gedankengängen kommen hegelsche Vorstellungen zum Tragen. Wie Hegel das Recht als eine Form des objektiven Geistes in die Gesamtentwicklung einordnet, zeigt etwa seine Encyklopädie der philosophischen Wissenschaften, Sämtl. Werke, hg. v. H. Glockner, Bd. 6, Stuttgart 1956: „Der objektive Geist", S.282ff.

[2] Vgl. A. Titius, in: RGG[1] Bd.IV, Tübingen 1913, Sp.2066ff.; E. Kautzsch, Biblische Theologie des AT, Tübingen 1911. Der Dekalog macht nach Kautzsch darum einen archaischen Eindruck, weil sich zeigen läßt, „daß ursprünglich nicht der rein ethische, sondern der rechtliche Gesichtspunkt im Vordergrund steht", a.a.O. S.70. Die Entwicklungsstufe, auf der man nach einzelnen, bestimmten Gesetzesvorschriften das soziale und religiöse Leben ordnet, erscheint überall in seinem Buch als eine zu überwindende zwischen der urtümlichen Phase, in der die Sitte unmittelbar einleuchtet (= Natur-

Recht kann darum keine in sich bedeutungsvolle Größe sein. Es ist stets nach der Seite seiner Vergänglichkeit hin und nach den in ihm angelegten Motiven, also ethisch, zu betrachten. Der alttestamentliche Befund, der scheinbar Kultus, Ethos und Recht als deutlich unterschiedene Bereiche nebeneinandergestellt ergibt, wird darum ganz selbstverständlich im angegebenen entwicklungsgeschichtlichen Sinn interpretiert[1].

2. Die Rechtstexte in der gattungsgeschichtlichen Forschung

a. Hermann Gunkel

So unfruchtbar sich die Rechtsliteratur für eine rein literarkritische Untersuchung erwiesen hatte, so wenig Beachtung findet sie im großen und ganzen zunächst auch in der mit Gunkel beginnenden, alttestamentlichen „literaturgeschichtlichen" Forschung. Offenbar ist Gunkel zu einer ausführlichen Behandlung dieses Stoffes nach gattungsgeschichtlichen Gesichtspunkten nicht mehr gekommen[2]. Dies aber nicht von ungefähr: Er war, als Geschichts- wie als Religionswissenschaftler, hauptsächlich auf die poetischen Formen der alttestamentlichen Literatur aus. Die religiöse Lyrik und die religiöse Prosa des Alten Testaments waren sein eigentliches Arbeitsgebiet, dem er sich mit dem Eifer des nachschaffenden Künstlers hingab[3]. Das Gesetz, die Tora, d.h. „Vorschriften über Kultus, Recht und Sitte" (man beachte diese bekannte Dreiteilung!), „wie sie Priestermund verkündigte", gehört offenbar für ihn in eine andere, dem poetisch-religiösen Schaffen irgendwie gegenüberstehende Kategorie[4]. Gunkels Anliegen, seine Methode, die Motive, die ihn

zustand), und der bewußten, vollendeten, individuell-universalen Sittlichkeit des geistigen Endzustandes, vgl. a.a.O. S.38f.,65,68,163f.,199.
[1] Vgl. H. W. Robinson, The Religious Ideas of the Old Testament, New York 1913, S.38ff.: Die at.e Religionsgeschichte wird als „moral development" aufgefaßt.
[2] Vgl. die kurzen Andeutungen Gunkels in: Die israelitische Literatur, Kultur der Gegenwart I,7, Leipzig 1925, S.76ff. (Nachdruck: Darmstadt 1963, S.24ff.); ders., Reden und Aufsätze, Göttingen 1913, S.31f.; ders. und J. Begrich, Einleitung in die Psalmen, Göttingen 1933, S.327ff.,408f.; ders., SAT I,1, 1.Aufl. Göttingen 1911, S.8ff. (2.Aufl. Göttingen 1921, S.8ff.).
[3] Vgl. H. Gunkel, Die Psalmen, HK II,2, 4.Aufl. Göttingen 1926, S.VII.
[4] H. Gunkel, Genesis, HK I,1, 5.Aufl. Göttingen 1922 (Nachdruck: Göttingen 1964) S.C; vgl. auch die von Begrich formulierte Beurteilung: „Erst auf der Stufe, da die Gattungen sich zu zersetzen beginnen... ist es der Tora gelungen, in die Psalmendichtung einzudringen. Aber großen Einfluß hat sie bei ihrer der Lyrik fremden Art auf diese nicht auszuüben vermocht",

leiten, seine systematischen, philosophischen Voraussetzungen müssen darum auf den ihn hauptsächlich beschäftigenden Gebieten studiert werden.

H. Gunkel geht über die Grenze der weithin in Einzelbeobachtungen behafteten, den Gesamtsinn eines Textes verfehlenden literarischen Forschung zurück in die Region der mündlichen, volkstümlichen oder professionellen Überlieferung des Stoffes. Dieser „Ursinn der Schriften des Alten Testaments", der jenseits aller erhebbaren Einzelfakten steht, wird nur im „inneren, nachfühlenden, wahren Verständnis der Männer des Alten Testamentes" erreicht[1]. Dennoch sieht sich die alttestamentliche Wissenschaft durch dieses Postulat nicht lediglich unerkennbaren, psychischen Vorgängen, die im Nebel der Geschichte zerrönnen, gegenübergestellt. Die Strukturen der verschiedenen Gattungen und, was wesentlich dazugehört, ihre Entstehungssituationen sind wissenschaftlich erkennbar. Sie geben dem einfühlungsfähigen Forscher genügend Mittel an die Hand, die Eigenart, Abzweckung und den religiösen Gehalt eines überlieferten Textes zu erfassen. Die genauere Entfaltung der für Sage, Märchen und die verschiedenen Arten der Lyrik geltenden Aufbauregeln braucht hier nicht nachvollzogen zu werden. Wesentlich ist, daß Gunkels umfassender Blick nicht nur die sprachlichen, stilistischen, motivlichen *Form*elemente mit großer Meisterschaft erkennt, sondern darüberhinaus die Aufmerksamkeit auf die gesamte Geistestätigkeit und die äußere Entstehungssituation richtet, unter deren Einfluß die Formen einer Gattung hervorgebracht wurden, und daß er die Traditionsgeschichte einer Gattung bis zu ihrer Einfügung in spätere, komplexere Zusammenhänge verfolgt[2].

Die Motive Gunkels haben sich also gegenüber denen seiner Vor-

---

(Gunkel-Begrich, Einleitung, S.329). Vgl. die Bewertung des Priesterkodex in SAT I,1, S.12.

[1] Gunkel, Genesis, HK I,1, 1. Aufl. Göttingen 1901, Vorwort. Vgl. auch Gunkel, Psalmen⁴, S. VII, wo das Moment des Einfühlens, Nacherlebens, Gleichgestimmtseins mit dem Text und seinem Autor als wesentliche Voraussetzung der at.en Forschung gefordert wird: „Es müssen Stunden des Erlebens geschenkt werden, da die eigene Seele von der Vergangenheit berührt wird, da die Melodien der Vorwelt... deutlicher und lauter zu erklingen beginnen, bis sie im Herzen des Gegenwärtigen wieder in alter Kraft und Schönheit ertönen."

[2] Vgl. Gunkel, Genesis⁵, S.Vff.; ders., Die Grundprobleme der israelitischen Literaturgeschichte (1906); ders., Ziele und Methoden der Erklärung des AT (1904); die beiden letztgenannten Aufsätze in: Reden und Aufsätze, S.11ff. Ferner: SAT II,2, 1. Aufl. Göttingen 1915, S.XXXVIff.

gänger und Zeitgenossen nur wenig verändert. Zwar klagt Gunkel
darüber, daß die Exegese des Alten Testaments gräßlich darniederliege, weil ihr die Gesamtkonzeption fehle[1]. Er wirft denjenigen,
die die literarkritische Methode pflegen, engstirnige Einzelforschung
vor und scheint damit eine weite Kluft zwischen seiner eigenen
Arbeitsweise und der ihren aufzureißen. Wenn dies auch für eine
Anzahl von Kommentatoren biblischer Schriften ein beherzigenswerter Vorwurf sein mag, so kann doch in der alttestamentlichen
Wissenschaft vor und neben Gunkel nicht ernsthaft von einem
Mangel an theologischer und philosophischer Systematik die Rede
sein. Männer wie Karl Budde, um nur ein einziges Beispiel zu nennen[2], betreiben literarische Analyse sicherlich nicht um der einzelnen Mosaiksteinchen willen, die sich auffinden lassen. Sie haben eine
sehr profilierte Gesamtkonzeption, und zwar eine literarisch ausgerichtete. Sie suchen nach dem ursprünglichen *Text*, der Bestandteil einer *Quelle*, d.h. eines literarischen Werkes, ist. Und dieses
literarische Werk wird dann als Ausdruck der Religion, Frömmigkeit und Sittlichkeit seines Urhebers und seiner Zeit gewertet.
Gunkel dagegen forscht nach der ursprünglichsten *Form*, die Ausdruck einer mündlichen *Tradition* ist, nach dem ursprünglichen
Motiv als einer poetischen Größe. Und Motiv und Form, Tradition
und Geschichte sind auch ihm wiederum Ausdruck der Religion,
Frömmigkeit und Sittlichkeit des Volkes oder des (anonymen)
Individuums. Beide Richtungen sehen also auf das Alte Testament
als das Ergebnis des in Israel wirksamen Geistes. Aufs Ganze gesehen
trägt Gunkels „Geist Israels" mehr ästhetische Züge, während der
von den Literarkritikern beschworene mehr ethischen Charakter hat.
Gunkel hätte wohl in einer Definition seines Begriffes von Sittlichkeit das Harmonische stärker betont. Übereinstimmung und Abweichung beider Grundkonzeptionen müssen uns aber noch an
einigen Punkten näher beschäftigen.
Gunkel und die Literarkritiker sind sich darin einig, auf einen Ur-

---

[1] Vgl. Reden und Aufsätze, S.11f.
[2] Vgl. z.B. K. Budde, Die biblische Urgeschichte, Gießen 1883 – eine gründliche, quellenkritische Zergliederung, die die „Herstellung der Quellen" zum
Ziele hat (a.a.O. S.III); ders., Die Bücher Richter und Samuel, Gießen 1890;
ders., Geschichte der althebräischen Literatur, Leipzig 1906. Wenn nicht
schon in den Quellenanalysen, dann muß es sicherlich in der Literaturgeschichte klar werden, daß Budde eine sehr deutlich ausgesprochene Gesamtkonzeption vertritt. Ähnliches ließe sich auch von B. Stade, E. Kautzsch,
B. Duhm, R. Kittel und anderen zeigen.

sprung des literarischen Werkes bzw. der Gattung hin zurückfragen zu müssen. Auf der einen Seite erwartet man, den Moment der schriftlichen Fixierung und damit die Schriftstellerpersönlichkeit selbst ergreifen zu können. Auf der anderen Seite möchte Gunkel durch den und in dem Prozeß der Überlieferung die schöpferische Volksseele erkennen können[1]. Die Vorstellung von dem Wesen des Autors und die Einschätzung des Wertes der Schriftwerdung haben sich zwar gewandelt; geblieben aber ist das Interesse an der schöpferischen Genialität als solcher[2]. Gewandelt hat sich auch die Vorstellung von der Geschichte. Sie hat eine vorher ungeahnte Tiefendimension bekommen. Für die Konzeption des schöpferischen Augenblicks und der schöpferischen Instanz folgt daraus: Die Frage nach der Authentizität und der historischen Identifizierbarkeit des Verfassers, nach der historischen Fixierung des Ereignisses, ist ad acta gelegt. Die Texte, so wie sie uns heute vorliegen, sind für Gunkel von der ihnen fälschlich übergestülpten Zwangsjacke, von einem historischen Moment Auskunft geben zu müssen, befreit[3]. Nun können sie viel sachgemäßer auf ihre eigene Intention hin untersucht werden. Dabei ist aber das geschichtliche Interesse, das auch die Literarkritiker in gewisser Weise beseelte, nicht aufgegeben, sondern gesteigert. Die Texte können nun aus den Tiefen ihrer Überlieferungsgeschichte heraus freier, reicher von Religion, Sittlichkeit, innerer Erlebniswelt der Menschen, die sie schufen, zeugen. Der historische Punkt, den die Literarkritiker suchten, hat sich nun wirklich in eine geschichtliche Linie zerdehnt[4]. Und ganz so, wie für seine Zeitgenossen, ist für Gunkel damit der Gedanke der Entwicklung gegeben. Religion und Sittlichkeit haben eine Entwicklungsgeschichte. Am deutlichsten kommt das darin zum Ausdruck, daß Gunkel jede Form, jede Gattung auf ihrem Wege von einfachen, reinen, natürlichen Urformen zu den gekünstelten, verwässerten Verfalls- und Mischformen zu verfolgen

---

[1] Hier kommt der romantische Einschlag zur Geltung, vgl. H. J. Kraus, Geschichte der historisch-kritischen Erforschung des AT, Neukirchen 1956, S.310,314f.
[2] Vgl. H. Gunkel, Israel und Babylon, Göttingen 1903, S.36: „Gottes Offenbarung erkennen wir in den großen Personen der Religion, die in ihrem tiefsten Inneren das heilige Geheimnis erfahren und mit Flammenzungen davon reden..."; vgl. SAT[1] II,2, S.XXff.
[3] Vgl. Gunkel, Genesis[5], S.IX.
[4] Gunkel, Genesis[5], S.LXVII: „Für uns das Bedeutendste ist die Geschichte der Religion". A.a.O. S.LXXII: „Ferner ist aus den Sagen eine ganze Geschichte der Sittlichkeit zu lesen."

trachtet[1]. Nur scheinbar ist damit eine Abwärtsentwicklung gekennzeichnet. Der Verfall von Formen und Gattungen ist jeweils nur eine zeitweilige Rücklaufbewegung, die die steigende Flutwelle einer allgemeinen Höherentwicklung nicht aufhalten kann[2]. Das Stichwort: geschichtliche Entwicklung, geistert also auch durch Gunkels Denken. Der Begriff Geschichte wird dabei sehr bewußt als ein die ganze Menschheitsgeschichte umfassender verstanden. Das bedeutet, daß die allgemeine Religionsgeschichte, speziell jedoch die Geschichte der altvorderorientalischen Religionen, bei der Beurteilung der israelitischen Frömmigkeit immer mitgehört werden müssen[3]. Die Formen und Gattungen des Alten Testaments sind keineswegs auf Israel beschränkt zu denken. Sie sind zumindest gemeinsemitisch, wenn nicht gemeinvorderorientalisch, denn eine gemeinsame Kultur oder enge kulturelle Beziehungen, wie auch gemeinsame Rasse und gemeinsame Lebensbedingungen, müssen auch analoge Formen hervorbringen. Das Verständnis des Gesamtzusammenhanges aber leitet dazu an, so meint Gunkel, die geschichtlichen Besonderheiten eines einzelnen Volkes und seiner Religion richtig zu beachten und zu verstehen[4].

Werfen wir zum Abschluß noch einen Blick auf das Bild, das die Rechtstexte selbst bei Gunkel vor diesem Hintergrund bieten. Gunkel unterscheidet sofort zwischen Gesetzen „weltlicher Art", die aus der Praxis des Gerichtslebens stammen, und solchen religiösen Ursprungs, die der „Überlieferung der Priester" entsprossen sind[5]. Der ursprünglich kurze Rechtsspruch des weltlichen Rechts wird zur Urteilsfindung gebraucht, spätere Sammlung und Aufzeichnung führt zu den profanen Rechtssammlungen, wie wir sie etwa im Bundesbuch vor uns haben. Anfragen an den Priester be-

---

[1] Alle großen gattungsgeschichtlichen Abhandlungen Gunkels gehen diesen Weg, vgl. SAT¹ II,2, S.XXXVIff.; Genesis⁵, S.LIff. (die Josephsgeschichte ist eine Weiterentwicklung der alten, konzentrierten Sagenform!); Einleitung in die Psalmen, S.88ff. usw.
[2] Vgl. SAT² II.2, S.LXIXff.; davon zeugt auch der optimistische Ton, der alle Schriften Gunkels durchzieht.
[3] Vgl. z.B. Reden und Aufsätze, S.25f.: „Die geschichtliche Exegese geht von der Grundüberzeugung aus, daß das Leben der Menschheit nicht nach Willkür und Zufall verläuft, sondern daß darin ewige Ordnungen walten. So durch Ordnung und Gesetz zusammengebunden, ist das geistige Leben eines Volkes, ja der Völker insgesamt eine große Einheit, und alles Einzelne ist nur in diesem Zusammenhang verständlich."
[4] Vgl. Genesis⁵, S.LVIff., LXVIIf.
[5] SAT² I,1, S.8; vgl. Die israelitische Literatur, S.76ff.

treffs der Probleme kultischer Reinheit oder Unreinheit und die
priesterlichen Toraantworten, die dann später ebenfalls aufgezeichnet werden, bringen die religiösen, zunächst rein kultischen
Vorschriften hervor[1]. Da die Priester schon frühzeitig auch mit
Rechtsfragen profaner Art behelligt wurden und da die Religion die
Tendenz hat, auch in das tägliche Leben hineinzuwirken, vermischen
sich die Bereiche. „Auch in Rechtsfragen kann man den Priester
anrufen; traut man ihm doch als dem bevorzugten Diener der Gottheit und dem Handhaber des Priesterorakels ein übernatürliches
Wissen zu.... Mit dem Kultischen aber und dem Rechtlichen ist
auch das Sittliche aufs engste verbunden."[2] Das Recht entartet dann
im Priesterkodex zum starren Gesetz[3]. Unter dem Einfluß der
Prophetie aber entstehen im ethischen Dekalog „die Hauptsätze der
geistigen, monotheistischen Religion in wenigen, gewaltigen, unvergänglichen Worten"[4]. Die Entfaltung der reinen Sittlichkeit ist also
auch für Gunkel das wesentliche Ziel aller Gesetzgebung.

Von den unmittelbaren Schülern Gunkels sind besonders zwei zu
nennen, die sich näher mit den alttestamentlichen Rechtsmaterialien
beschäftigt haben: J. Begrich und H. Greßmann. Begrich bestimmt
die kultische Priestertora näher[5]. In ihrem Ursprung ganz auf die
Entscheidung der Fragen nach rein und unrein, heilig und unheilig
beschränkt, hat sich die priesterliche Tora später infolge des klarer
Begrifflichkeit noch ermangelnden, emotionalen Denkens in Israel auf
die anderen Lebensbereiche ausgeweitet und so den uns bekannten,
umfassenden Begriff von Tora entstehen lassen[6]. Die systematischen
Grundlagen treten jedoch im Ganzen bei Begrich nicht so deutlich
hervor. Seine Aufmerksamkeit konzentriert sich auf die formgeschichtliche Erfassung der Texte. Jedoch befürwortet er eine strikte Trennung
von kultischem und profanem Recht, eine wesensmäßige Scheidung
dieser Sphären. Das mag als Anzeichen dafür gewertet werden, daß
das idealistische – wenn diese stark generalisierende Bezeichnung
hier erlaubt ist – Schema der Rechtsentwicklung nicht vergessen ist.
Auch das gelegentliche Hervortreten des Entwicklungsgedankens und
die Hochschätzung der Sittlichkeit weisen in diese Richtung[7]. –
H. Greßmann hält sich bei einer formgeschichtlichen Analyse der

---

[1] SAT² I,1, S.8ff.; Die israelitische Literatur, S.76ff.
[2] Die israelitische Literatur, S.76f.
[3] SAT² I,1, S.12f.
[4] SAT² I,1, S.10.
[5] Die priesterliche Tora, BZAW 66, 1936, S.63ff. (= Ges. Stud., München 1964, S.232ff.).
[6] BZAW 66, 1936, S.87f. (= Ges. Stud., S. 259f.).
[7] Vgl. BZAW 66, 1936, S.87f.; (= Ges. Stud., S. 259f.); J. Begrich, Die Frömmigkeit der Psalmen, ChW 36, 1922, Sp.2ff.

Rechtstexte nicht lange auf[1]. Wir finden bei ihm dieselbe Unterteilung in Sakral- und Profanrecht, wobei die sittlichen Gebote auf die Seite des Sakralrechts verwiesen werden. „Die Thora des Bundesbuches enthält ethische und rituelle Vorschriften. Diese Mischung von Bestandteilen, die nach moderner Meinung nicht zusammengehören, ist bezeichnend. Denn sie lehrt, daß die Ethik aus religiöser Wurzel hervorgewachsen ist und noch keine Selbständigkeit beansprucht. Das Schwergewicht liegt auf den sittlichen Mahnungen, da sie in dem Grundstock des Bundesbuches an Zahl durchaus überwiegen. ... Zieht man dagegen die späteren israelitisch-jüdischen Gesetzgebungen zum Vergleich heran, so hat sich in ihnen das Verhältnis geradezu umgekehrt: Der Kultus ist so sehr zur Hauptsache geworden, daß er die sittlichen Forderungen fast ganz erstickt hat. Zwar wurden diese von den großen Propheten immer wieder in die erste Linie gerückt, ja als die einzig maßgebenden hingestellt, aber für die Masse des Volkes waren die rituellen Vorschriften sehr viel wichtiger und bequemer."[2] „Der ethische Dekalog ist der erste gewaltige Markstein auf dem Wege der Sittlichkeit..."[3].

b. Albrecht Alt

Die gattungsgeschichtliche Forschung an den Rechtstexten des Alten Testaments kommt mit A. Alts Aufsatz: „Die Ursprünge des israelitischen Rechts", erst richtig in Gang. Die angewandte Methode bleibt dabei weithin die, die Gunkel eingeführt hatte. Doch lassen sich in der Grundeinstellung Alts, in seinen historischen, philosophischen, theologischen Voraussetzungen leichte Verschiebungen feststellen, die wiederum auf den eingeschlagenen Weg und das erstrebte Ziel zurückwirken.

A. Alt ist vor allem Historiker, dies aber in einem anderen Sinn als Gunkel. Die Geschichte ist für Alt zuerst und vor allem in ihren Einzelerscheinungen zu erfassen. Die Einheitlichkeit der Gesamtgeschichte ist zwar vorhanden, sie ist aber in keinem Falle ein systematischer Ausgangspunkt für den Historiker. Der Wissenschaftler hat vielmehr in mühsamer Kleinarbeit die Einzelheiten zu erforschen. Es ist typisch, daß Alt selbst nie über die minutiöse Einzelforschung, die den Gegenstand jedoch immer als Teil eines Ganzen weiß, hinausgegriffen hat[4]. Behutsam wendet er jede histo-

---

[1] Vgl. SAT¹ II,1, S.223ff.
[2] SAT¹ II,1, S.233; ähnlich SAT² II,1, S,231.
[3] SAT¹ II,1, S.241; vgl. H. Greßmann, Mose und seine Zeit, Göttingen 1913, S.467ff.
[4] Auch den Gesamtdarstellungen von Geschichtsabschnitten merkt man ihre Entstehung aus der Einzelforschung an, vgl. A. Alt, Der Rhythmus der

rische Nachricht hin und her, bringt sie in ihrer eigenen Sache zum Reden und fügt sie erst dann anderen Nachrichten hinzu, wenn beiderseitig genügend Anhaltspunkte für die Zusammengehörigkeit ermittelt sind. Gewiß entsteht so ein Geschichtsbild eines bestimmten Raumes, sei es Palästinas oder einer größeren Einheit. Diese Gesamtgeschichte ist jedoch nach den Regeln der empirisch-kritischen Geschichtswissenschaft zusammengefügt. Vorurteilslose Prüfung der in jedem Einzelergebnis angelegten und vorhandenen Wirkungen, Ursachen und Beziehungen ist der oberste Grundsatz. Vergleiche mit Parallelerscheinungen aus näherer oder weiterer Umgebung gestatten Analogieschlüsse. Das Einzelereignis, nicht die Gesamtgeschichte, hat somit eine unmittelbar verstehbare Struktur. Es ist das Typische im Konkreten, was den Zusammenhang der geschichtlichen Einzelpunkte erkennbar werden läßt. Damit ist der Versuch, oder die Versuchung, überwunden, die Gesamtgeschichte auf eine einsichtige Formel bringen zu wollen. Weder ein ethisches noch irgendein anderes Prinzip wird als Motor der Gesamtgeschichte namhaft gemacht. Die Geschichte will, so scheint Alt überall vorauszusetzen, auf ihrem unvorherbestimmten Wege sehr vorsichtig belauscht sein.

Wie damit dem Dogmatismus jeder Form der Rücken gekehrt ist, so ist auch die Annahme der Erkennbarkeit des Zieles und Zweckes der Geschichte aufgegeben. Es ist fast selbstverständlich, daß Alt die Geschichte als eine sich bewegende begreift. Ihr Fortschreiten ist aber kein Fortschritt im Sinne der im 19. Jahrhundert dominierenden Philosophie. Und wenn auch die Weltgeschichte „im Unendlichen und Göttlichen... endigt"[1], so ist dieses Ziel für Alt doch nicht der immanente, definierbare Endzustand, der sich aus der Verwirklichung einer Idee ergibt. Aber auch die Rolle der schöpferischen Einzelpersönlichkeit, die in manchen idealistischen Geschichtssystemen den Entwicklungsprozeß vorantreibt, ist so gut wie ausgespielt. Alt setzt, wie Gunkel, an die Stelle des genialischen Helden schlicht das Volksbewußtsein[2]. Aber er ist als Historiker

---

Geschichte Syriens und Palästinas im Altertum (1944), in: Alt III,S.1ff.; vgl. H. Bardtke, Albrecht Alt, Leben und Werk, ThLZ 81, 1956, Sp.513ff.
[1] ZThK 56, 1959, S.137.
[2] Vgl. Alt I, S.2 Anm.3: Wenn die Wichtigkeit einer religiösen Neusetzung eines einzelnen erkannt ist, „muß dem Historiker das Problem erst recht dringend werden, welche Disposition der Massen es ermöglichte, daß diese Neusetzung, wenn auch vielleicht sofort mit Abschwächungen, zum tragenden Fundament des Gemeinbewußtseins werden konnte."

nicht psychologisch an der Gestaltung dieses Bewußtseins als solchem interessiert, noch richtet sich seine besondere Aufmerksamkeit auf den geistigen Schöpfungsakt als einen ethisch oder ästhetisch in sich wertvollen Vorgang. Der Ursprung eines historisch faßbaren Ereignisses oder einer fortdauernden Institution weist für ihn immer voraus auf das, was geschehen wird, und auf das, was ist. Der Moment der Entstehung, des beginnenden Werdens, ist darum wichtig, weil er das Geschehende erklären hilft. In diesem Sinne fragt Alt nach dem Ursprung des israelitischen Rechts.

Alles bisher Gesagte scheint nun gerade in der Schrift über die Ursprünge des israelitischen Rechts an einer Stelle seltsam außer Kurs gesetzt. Alt führt dort für das apodiktisch formulierte Recht Israels die Bezeichnung „genuin israelitisch", d.h. für die Jahwereligion und die besondere, nationale Existenz Israels spezifisch, ein[1]. Halten wir uns an das spätere Verständnis dieses Begriffes, so handelte es sich beim israelitischen Recht nicht nur um eine geschichtliche Sonderausprägung einer geschichtlichen Größe, wie sie ganz natürlich von jeder geschichtsformenden Macht zu erwarten ist. Vielmehr müßte dann in dem Begriff „genuin" die Absolutheit, die theologische Einzigartigkeit des Phänomens „israelitisches Recht" zum Ausdruck kommen, die ihrerseits wiederum eine Bestätigung des unvergleichlichen Offenbarungsereignisses vom Sinai wäre[2]. Es scheint so, als ob der Historiker mit der Entdeckung des spezifisch israelitischen Rechts auf ein anderes Gestein, auf eine Ader gestoßen sei, aus der sich unmittelbar theologisches Gold gewinnen ließe. Da diese Interpretation des Begriffes „genuin" sogar nicht mit dem Geschichtsverständnis, dem Verhältnis vom Einzelereignis zum Gesamtgeschehen, von partikularer zur Gesamtgeschichte, wie wir es sonst bei Alt finden, zusammenstimmt, müssen wir fragen, ob die theologische Interpretation, die dieses spezielle Ereignis der Rechtspromulgation in Israel mit einem Absolutheitszeichen versieht und

---

[1] Vgl. Alt I, S.308,313,324ff.
[2] Auch H. W. Wolff zählt das „Gottesrecht" Israels mit zu den analogielosen Besonderheiten Israels und beurteilt es mit Prophetismus und Königtum so: „Damit sind nur einige Phänomene genannt, die es unmöglich machen, die Geschichte des alten Israel und die alttestamentliche Literatur in ihren wesentlichen Grundzügen von ihrer Umwelt her zu verstehen. Der aufmerksame Vergleich weist sie als einen Fremdling aus. Nur eben als solchen erkennt sie der Historiker des Alten Orients." (EvTh 16, 1956, S.345f.; jetzt auch in: Ges. Stud., München 1964, S.260). Vgl. G. v. Rad, Theologie des AT, Bd. I, München 1957, S.188ff.

aus der Reihe der vergleichbaren Geschichtsereignisse heraushebt, im Sinne von Alts eigener Intention geschieht.

Fest steht, daß Alt dem Einzelereignis in der Geschichte seinen unvergleichlichen Charakter bewahrt. Das ist jedoch allem Anschein nach ein rein historisches Urteil. Und dementsprechend scheint auch die Verwendung des Wortes „genuin" bei Alt nicht auf eine theologische Absolutheit, sondern lediglich auf eine besondere, dem israelitischen Volkstum entstammende Eigenart hinzuweisen[1]. Oder anders ausgedrückt: Die Jahwegebundenheit des israelitischen Rechts hat für Alt noch nicht die Bedeutung einer Offenbarung im Sinne Karl Barths. Sie ist Teil und Ausdruck der Volksgebundenheit[2]. In diesem Sinne möchte Alt den Jahweglauben als den Schöpfer der besonderen, apodiktischen Rechtsgattung verstanden wissen[3]. Daß nach Alts Veröffentlichung seine Bezeichnung „genuin israelitisch" fast ausschließlich offenbarungspositiv verstanden wurde, ist weniger auf Alt selbst als auf die veränderten theologischen Voraussetzungen seiner Schüler zurückzuführen. Die Verpflanzung eines historischen Urteils in den theologischen Bereich kann aber leicht zu falschen Schlußfolgerungen in Historie und Theologie führen.

A. Alt ist ein feinfühliger Historiker, der die Einzelereignisse in ihrem Gesamtzusammenhang zu behandeln weiß. Wie sehen auf dem Hintergrunde einer solchen Geschichtskonzeption Methode und Ergebnis der Erforschung der Rechtsmaterialien des Alten Testaments aus? Es fließen alle die schon bei Gunkel zu beobachtenden Weisen, die Texte aus sich selbst zum Sprechen zu bringen, zusammen. Die äußere Form, wie sie sich in Metrum,

---

[1] Vgl. Alt I, S.331. „... die innere Haltung der apodiktischen Satzreihen fordert als Erklärungsgrund ... eine solche (i.e. Situation), in der wirklich die ganze Volksgemeinschaft und durch sie ihr Gott den Einzelnen so gebieterisch ansprechen und mit Verboten oder Androhungen von Fluch und Tod belegen kann, wie es hier geschieht." (Alt I, S.324).

[2] Alt I, S.323: beachte die Reihenfolge „volksgebunden israelitisch und gottgebunden jahwistisch".

[3] Vgl. Alt I, S.330: „Die Frage kann hier auf sich beruhen bleiben, ob die israelitischen Stämme etwa schon vor ihrer Volkwerdung, d.h. vor ihrem Zusammenschluß in der Bindung an Jahwe, ähnliche Rechtsformulierungen kannten oder besaßen; aber sicher scheint mir nach dem oben Ausgeführten, daß die Voraussetzungen für das Aufkommen dieser Gattung sofort gegeben waren, als die Bindung an Jahwe und in ihrer Folge die Institution der Bundschließung und Bundeserneuerung zwischen ihm und Israel ins Leben trat."

Satzbau, Stil der Rechtssätze zeigt, ist ein erster Anhaltspunkt[1]. Zugleich bleiben, da Inhalt und Form eine Einheit bilden und die Form nur als Gestaltwerdung des Inhaltes verstanden werden kann, die juristischen, theologischen, ästhetischen Gehalte, die innere Form und Haltung der einzelnen Sätze nicht unberücksichtigt[2]. Wenn die Literarkritiker in den Gesetzen Israels die Konkretion des ethischen Prinzips und seine Aufwärtsentwicklung feststellen wollten und wenn Gunkel sein Hauptaugenmerk auf die mit der Sittlichkeit gepaarte Frömmigkeit richtete, so versucht Alt nicht mehr, dergestalt den in der Rechtsgeschichte Israels wirkenden Geist zu definieren oder, was in der Konsequenz dieser Versuche liegt, die eigene Gegenwart bzw. eine endgültige Zukunft als in den Formen und Tendenzen der Vergangenheit schon greifbar angelegte zu beschreiben. Die geschichtliche Form als Gestalt eines eigentümlichen Inhaltes hat ihren eigenen Wert in sich. – Das zweite Charakteristikum der Gunkelschen Methode, die Frage nach dem Sitz im Leben, wird bei Alt meisterhaft berücksichtigt. Der ganze Aufsatz über die Rechtsgattungen zielt darauf, ihre Ursprünge bloßzulegen. Noch stärker als bei Gunkel, der noch mehr die Schöpferkraft in dem freiwaltenden Geist sucht, sind die soziologischen Strukturen des Volkes Israel anvisiert: Die Institution der Rechtsgemeinde im Tor und die Institution des Bundeserneuerungsfestes erscheinen als die Schöpfer und Tradenten der Rechtsgattungen[3]. Diese Institutionen Israels sind es, die recht eigentlich Geschichte erleben und Geschichte machen. Zwischen den Ursprung und die schließliche, kanonische Fixierung eingespannt, hat aber auch die Gattung eine Geschichte. Sie ist gekennzeichnet durch die Abnutzung, die die Formen erleiden. Die strenge Gleichmäßigkeit des Beginns – in der Annahme einer natürlichen, ebenmäßigen Ausgangsform ist sich Alt ganz mit Gunkel einig – wird nach und nach aufgegeben oder vergessen. Der Dekalog steht als das Produkt reifer Überlegungen am Ende einer Entwicklung[4]. Daß Form und Inhalt nicht notwendig gleichzeitig

---

[1] Alt I, bes. S.286ff., 304ff.
[2] Alt I, S.284: Die formgeschichtliche Forschung „beruht auf der Einsicht, daß ... bestimmte Inhalte mit bestimmten Ausdrucksformen fest verbunden ... sind." Alt spricht von einem „Form und Inhalt zugleich untersuchenden und zu den Wurzeln im Leben vordringenden" Verfahren (a.a.O. S.284f.).
[3] Vgl. Alt I, S.288f., 324ff.
[4] Alt I, S.316ff.

dekadent werden, zeigt, wie stark Alt die Institution als gestaltende Kraft hinter den Gattungen sieht. Im Dekalog hat Israel für ein neues Anliegen eine neue Form gefunden. – Schließlich kommt auch der religionsgeschichtliche und rechtsgeschichtliche Vergleich wenigstens teilweise zu seinem Recht. Das, was Alt als das kasuistische Gebrauchsrecht erkennt, wird in den weiteren Zusammenhang der altvorderorientalischen Rechtskultur hineingestellt, und zwar mit der negativen Begründung, daß das israelitische kasuistische Recht hauptsächlich des Bundesbuches einer nationalen und nationalreligiösen Gebundenheit vollkommen ermangele[1], und der positiven, daß die außerisraelitischen, kasuistischen Rechtsbücher wegen ihrer Ähnlichkeit in Form und Inhalt irgendeinen gemeinsamen Ursprung mit dem israelitischen Recht nahelegten[2]. Das spezifisch israelitische, apodiktische Recht hingegen findet nach Alt keinerlei Parallele in Israels Umgebung[3]. Das ist sehr auffällig. Der Grund für diese Behauptung kann nur darin liegen, daß der Anschein entsteht, als hätten wir es im Alten Testament mit weitgehend homogenen Gesetzessammlungen zu tun, die nichts weiter als Rechtsmaterial im engeren Sinne enthielten und darum unbesehen mit den sonst aus dem Alten Orient bekannten Gesetzeskorpora auf eine Stufe gestellt werden könnten. Alt sucht nicht nach anderen als den in den altorientalischen Korpora vermuteten Parallelen. Ein zweiter Grund kommt hinzu. Alt lokalisiert die israelitische Rechtsgattung im Kult. Es ist aber kein Vergleichsmaterial für einen außerisraelitischen Kult vorhanden, der rechtsschöpferisch gewesen wäre. Daß Recht und Moral überall im Alten Orient unter den besonderen Schutz der Gottheiten gestellt wurden, ist eine andere Sache.

Es bleibt also alles, was jenseits des Rechtlichen und Kultischen liegt, z.B. das ganze Gebiet der Weisheitsliteratur, für Alts Untersuchung des israelitischen Rechts irrelevant. So ist es verständlich, daß Alt zu dem bekannten Ergebnis kommt, die beiden Rechtsgattungen im Alten Testament seien streng voneinander zu unterscheiden: Auf der einen Seite stehe das von den Kanaanäern überkommene kasuistische Recht, das in der Rechtsgemeinde im Tor gebildet und tradiert wurde und sich schon in seiner Form, die Haupt- und Nebenfälle, Vorder- und Nachsatz, Tatbestand und Rechtsfolge auseinanderhält, aber auch in seiner Zielsetzung ganz für das

---

[1] Alt I, S.290ff.
[2] Alt I, S.295ff.; vgl. Alt III, S.141ff.
[3] Alt I, S.322ff.

Prozessieren wie geschaffen erweist[1]. Auf der anderen Seite sei das autoritativ und direkt den einzelnen ansprechende, apodiktische Recht, das sakrale Sphären ordnen wolle und das im Bundesfest Gesamtisraels seinen Sitz habe[2]. Die Form dieses apodiktischen Rechts entspreche seiner Abkunft und Intention, sie sei wuchtig, knapp, bringe eventuell Tatbestand und Rechtsfolge in einem einzigen, metrisch geformten Satz[3].

3. Die Aufgabe

Im Rückblick auf das Gesagte und vorwärtssehend auf den Gang dieser Untersuchung muß nun der Problemkreis vorläufig umschrieben und die Arbeitsweise erörtert werden.

a. Die Fragestellung

Sachlich gesehen muß als gesichertes Ergebnis aller wissenschaftlichen Bemühungen um die Rechtstexte des Alten Testaments dieses festgehalten werden: Offensichtlich bestehen in den Gesetzessammlungen des Alten Testaments bedeutende Unterschiede zwischen den verschiedenen Gesetzesformen, Unterschiede, die in dieser Kraßheit in den uns bekannten altorientalischen Korpora nicht vorhanden sind und die mit Sicherheit auf einen verschiedenen Ursprung der verschiedenen Rechtsgattungen zurückschließen lassen. Die seit langem angenommene Verwandtschaft zwischen den israelitischen, kasuistischen und den ebenso gestalteten altorientalischen Rechtssätzen[4] wird ebenfalls kaum in Zweifel gezogen werden können. Die Fragen setzen aber sofort bei den konkreten Unterscheidungen und Ortsbestimmungen ein, die besonders A. Alt vorgenommen hat.

---

[1] Alt I, S.286ff.
[2] Alt I, S.324ff.; vgl. S.312f.
[3] Alt I, S.308. – Darüber, wie Alts Thesen von Schülern und Nachfolgern aufgenommen und weiter ausgebaut wurden, unterrichtet jetzt am besten J. J. Stamm, ThR 27, 1961, S.189ff.,281ff. Vgl. die schon erwähnte Übersetzung von M. Andrew, The Decalogue.
[4] Eine umfassende Übersicht über die Quellenveröffentlichungen und die Sekundärliteratur zum altvorderorientalischen Recht bietet J. Klima, ArOr 18,1-2 (1950), S.525ff.; 18,4 (1950), S.351ff.; 20, 1952, S.539ff.; 21, 1953, S.604ff.; 26, 1958, S.224ff.; ders., in: JJP 6, 1952, S.153ff.; 7/8, 1953/54, S.295ff.; 9/10, 1955/56, S.431ff.

1. Die Gruppe der Rechtssätze, die Alt unter dem Namen „apodiktisch" zusammenfaßt, erweist sich bei näherem Zusehen als durchaus nicht einheitlich. Wie müssen die „apodiktischen" Gattungen unter sich differenziert, wie müssen sie gegenüber dem kasuistischen Recht abgegrenzt werden?

2. Die Behauptung, das israelitische apodiktische Recht sei geschichtlich einmalig, macht stutzig. Sollten nicht vielleicht die alttestamentlichen Gesetzessammlungen im Unterschied zu den altorientalischen Rechtsbüchern mehr Material aus anderen Bereichen aufgenommen haben? Sollten innerhalb oder außerhalb des Alten Testaments, in Rechtsquellen oder anderer Literatur nicht vielleicht doch ähnliche Formen aufzufinden sein?

3. Der Terminus „apodiktisch" scheint nicht sehr glücklich gewählt. Die Unterscheidung von Unterfällen in einem Gesetz nimmt diesem in der Regel nichts von seiner Autorität und Geltungskraft. Wie dem auch sei: Welche Autorität redet in den „apodiktischen" Rechtssätzen? Was hat es mit der vermuteten Bindung des apodiktischen Rechts an den Kult auf sich? Läßt sich die kultische Bestimmtheit an den in Frage stehenden Rechtssätzen selbst ablesen? Wie steht es um eine grundsätzliche Scheidung von kultischem, sakralem und weltlich-profanem Recht im Alten Testament und im Alten Orient?

4. Daß das apodiktische Recht Israels nationalbestimmt, das kasuistische dagegen international sei, will nicht so ohne weiteres einleuchten. Wo sind die Spuren der Nationalität in den Rechtssätzen selbst? Welche israelitischen Rechtsinstitutionen sprechen aus den apodiktischen Sätzen? Kann der Zwölfstämmeverband als der Träger und Schöpfer dieser Rechtsgattung angesehen werden? Oder erscheinen andere soziale, religiöse, politische Gruppen hinter diesen Rechtssätzen? Wer ist angeredet, wenn solche apodiktischen Sätze ausgesprochen werden? Was ist beabsichtigt?

5. Wenn aus dem Rechtsmaterial, das Alt mit dem Namen „apodiktisch" belegt, mehrere Gattungen herausgelöst werden können: Gelingt es, die Formen der einzelnen Gattungen genauer zu beschreiben und ihre Entwicklungsgeschichte zu verfolgen? Wie ist es zur Vermischung mit anderen Rechtsgattungen überhaupt gekommen? Welche Erklärung kann für die Struktur und Zusammensetzung der uns im Alten Testament erhaltenen Rechtssammlungen gefunden werden?

b. Anmerkungen zur Methode der Arbeit

Sowohl die literarkritische wie auch die form- und gattungsgeschichtliche Methode haben sich als von systematischen Voraussetzungen abhängig erwiesen. Ihre philosophischen Grundlagen – das universale Geschichtsbild, das stark vom Gedanken der sittlichen Entwicklung bestimmt ist; der Glaube an eine harmonisch-schöpferische Volksseele – sind in unserer Zeit so nicht mehr wirksam. Es besteht also die Gefahr, daß die abgestorbene philosophische und theologische Fundierung der Methode kurzerhand durch eine andere, ungeprüfte Basis ersetzt oder die Methode als bloße, tote Denkstruktur weitergepflegt wird. Beide Entgleisungen, die die Methode selbst unkontrollierbar verändern, liegen nahe; die erste überall dort, wo die Form- und Gattungsforschung in den Dienst eines bloßen Offenbarungspositivismus genommen wird, die letztere dort, wo mechanisch Gattung und Form als leblose, mathematische Größen behandelt werden.

Nun hat A. Alt das Vorbild gegeben, wie vor dem heutigen, veränderten Wirklichkeitsverständnis die form- und gattungsgeschichtliche Methode erst voll zur Auswirkung kommen kann. Zwar erweist sich selbst Alt an einer Stelle noch an das idealistische Konstruktionsprinzip gebunden. Im urwüchsigen, israelitischen Recht, so meint er, liegen „Religion, Sittlichkeit und Recht ... noch ungeschieden ineinander"[1]. Doch trotz alledem: Alt versteht es in vorbildlicher Weise, durch die Beobachtung aller Einzelzüge das Beobachtete selbst zu erfassen und den in jeder Methode mitgesetzten, systematisierenden Tendenzen auszuweichen. Ein Historiker hat, das kann man aus Alts Arbeitsweise lernen, nicht nur gegen seine Quellen, sondern auch gegen das kritisch zu sein, was ihm selbst als Weg und Ziel der Forschung methodisch vorschwebt. So verstanden wird besonders die form- und gattungsgeschichtliche Methode zum geeigneten Instrument, ein geschichtliches Geschehen in seiner und durch seine Traditionsgeschichte zu begreifen. Im einzelnen werden wir auf folgendes zu achten haben, damit die Methode Hilfsinstrument bleibt:

1. Die form- und gattungsgeschichtliche Fragestellung will eine literarische Gattung in ihrer Ganzheit erfassen. Nicht nur die Formalkriterien einer Gattung, sondern auch alle Umstände ihrer Entstehung und Tradition müssen sorgfältig beachtet werden. Die

---

[1] Alt I, S.312.

formgeschichtliche Fragestellung ist offen für jede andere Methode, die zur Erhellung von Teilfragen beitragen kann.

2. Die historische Fragestellung nach konkreten historischen Daten für die Geschichte einer Gattung kann nach Maßgabe der uns im Alten Testament erhaltenen Texte keine Rolle spielen. Das gilt generell für alle alttestamentlichen Traditionen, im besonderen aber für die Rechtsüberlieferungen des Alten Testaments. Selbst in den günstigsten Fällen der Rechtsgeschichte kann der Name des Gesetzgebers, man denke an Hammurapi, Solon, Justinian, kaum etwas zur Erklärung des Wesens der Gesetze beitragen. Das formulierte Recht ist ja viel eher eine Funktion der Gesellschaft, die es hervorbringt. Und es hat in jedem Fall' eine geschichtliche Tiefendimension.

3. Die alttestamentlichen Rechtstexte stehen für jeden rechts- und religionsgeschichtlichen Vergleich offen. Wir müssen von vornherein annehmen, daß nicht nur im Alten Vorderen Orient, sondern auch anderswo Parallelentwicklungen möglich sind. In vergleichbaren Gesellschaften sind Analogiebildungen zu vermuten, die sich freilich entsprechend den je besonderen Bedingungen entfalten.

4. Vor jedem Versuch, die in der (Rechts)Geschichte wirkenden Kräfte auf eine Formel bringen zu wollen, als ein Prinzip klassifizieren und damit das Endergebnis vorwegnehmen zu wollen, haben wir uns sorgfältig zu hüten. Insofern die Unterscheidung von Sakral- und Profanrecht eine solche Formel ist, kann sie keinerlei Gültigkeit beanspruchen.

5. Die Entwicklung der Formen kann kein ehernes Gesetz sein. Die unfehlbare Sicherheit, mit der seit Gunkel eine einfache, harmonische Ausgangsform und eine aufgeblähte, degenerierte Endform angenommen wird, entspringt einem systematischen Prinzip. In Wirklichkeit verabsolutiert dieses Verfahren die Form und beachtet nicht die Interdependenz zwischen Institution und Gattung.

II. DAS WESEN DER RECHTLICHEN PROHIBITIVE

Nach den systematischen und problemgeschichtlichen Vorüberlegungen können wir zur Sache selbst übergehen und die in den alttestamentlichen Gesetzessammlungen enthaltenen Prohibitive ihren Haupteigenarten nach darzustellen versuchen. Im folgenden Kapitel soll die Gattung dann im Blick auf ihren Sitz im Leben genauer beschrieben und am Schluß der Arbeit der systematische Faden noch einmal aufgenommen werden.

So wie die Dinge jetzt stehen, hat sich jede neue Näherbestimmung des Begriffes „apodiktisches Recht" mit dem von A. Alt geprägten Terminus auseinanderzusetzen. Dies kann jedoch summarisch geschehen, da schon mehrere Arbeiten Kritik an Alts Distinktionen angemeldet haben[1].

Es ist unmöglich, den Schnitt zwischen „kasuistischen", d.h. mit כִּי und אִם eingeleiteten Sätzen einerseits und „apodiktischen" Formulierungen, d.h. Prohibitiven, partizipialen und Relativkonstruktionen, sowie Fluchformulierungen andererseits, so zu legen, daß auf der Seite des apodiktischen Rechts nicht einmal formal, geschweige denn der Sache oder Intention nach, eine Gleichartigkeit oder Ähnlichkeit der verschiedenen Untergruppen zu erkennen ist. Die formalen Hauptkriterien Alts für die apodiktischen Sätze – metrische Struktur, die eine große Wucht und Geschlossenheit des Ausdrucks mit sich bringe, Reihenbildung, Stilisierung in der 2. Person Singular[2] – können, da sie teils zu allgemein, teils nur für eine Untergruppe des Apodiktischen brauchbar sind, die disparaten

---

[1] Vgl. die kritischen Bemerkungen B. Landsbergers, in: Festschrift P. Koschaker, Leiden 1939, S.223 Anm. 19 und Th. J. Meeks, Hebrew Origins, 2. Aufl. 1950 (Harper Torchbook edition 1960), S.72f.; ders., ANET² S.183, Anm.24. Weiter führten H. Geses „Beobachtungen zum Stil alttestamentlicher Rechtssätze", in: ThLZ 85, 1960, Sp.147f. Vgl. aber auch K. R. Sauber, Die Abstraktion im israelitischen Recht, 1951 (Bericht darüber in: ThLZ 77, 1952, Sp.574ff.); St. Gevirtz, in: VT 11, 1961, S.137ff.; R. Kilian, in: BZ Neue Folge 7, 1963, S.185ff.; J. G. Williams, in VT 14, 1964, S.484ff.; G. Fohrer, in: KuD 11, 1965, S.49ff.

[2] Alt I, S.308ff.; vgl. S.304,315.

Elemente des „genuin israelitischen Rechts" nicht zusammenhalten. Ebensowenig bilden Alts apodiktische Sätze *inhaltlich* eine homogene Einheit. Große Teile, vor allem die partizipialen Sätze und die Relativkonstruktionen, gehören eben auf die Seite der von Alt als kasuistisch bezeichneten Rechtssätze der Rechtsgemeinde im Tor, denn sie rechnen – wenngleich von anderen kulturellen Voraussetzungen und darum auch von anderen Rechtsgepflogenheiten her –, genau wie jene von einer hochentwickelten Rechtskultur zeugenden kasuistischen Bestimmungen mit einer geschehenen Verletzung der Rechtsnorm und setzen in einer Rechtsfoegebestimmung für diesen Fall, also doch kasuistisch!, eine Strafe fest. Und die Unbedingtheit des israelitischen Rechts, die ein subjektives Schwanken ausschließt, kurz das, was man das Kategorische, Autoritative an einem Rechtssatz nennen könnte[1], ist kein typisches Merkmal des apodiktischen Rechts. Vielmehr ist jeder Rechtssatz, er mag formuliert sein, wie er will, daraufhin angelegt, die in der Rechtsfolge bestimmte Sanktion mit Nachdruck, kategorisch, vorzutragen[2]. Die mit den sich verkomplizierenden Lebensverhältnissen zunehmende Differenzierung der Fälle – auch die Berücksichtigung des subjektiven Verschuldensmomentes muß unter diesem Gesichtswinkel gesehen werden – betrifft grammatisch gesehen nur den Vordersatz, sachlich gesehen nur die Klassifizierung der Tat, nicht aber den Zusammenhang zwischen Tatbestand und Rechtsfolge[3].

Das vorausgesetzt, muß dann eine neue Sichtung und Gruppierung des alttestamentlichen Rechtsmaterials unternommen werden, die Alts scharfsichtige Beobachtung, daß das Recht Israels auch gattungsgeschichtlich keine einheitliche Größe ist, neu aufnimmt. Alle echten Rechtssätze, d.h. normierende Setzungen, die als Be-

---

[1] Vgl. Alt I, S.305,309.

[2] Vielleicht kann man hier den Gebrauch des Imperfekts – nicht des Jussivs! – und des absoluten Infinitivs in Rechtsfolgebestimmungen anführen, vgl. G. Bergsträßer, Hebräische Grammatik, II. Teil, Leipzig 1929, §10m, 12k; anders: J. D. W. Watts, in ZAW 74, 1962, S.141ff.; H. Gese, in: ThLZ 85, 1960, Sp.148. Jedoch ist die indikativische Form der Apodosis eines Rechtssatzes eher aus der Tatsache zu erklären, daß Rechtssätze aus der Schilderung von Präzedenzfällen entstanden sind, vgl. P. Koschaker, Einleitung zu H. Ehelolf, Ein altassyrisches Rechtsbuch, Berlin 1922; Th. J. Meek, Origins, S.54; vgl. auch Lev 24,10ff.; Num 15,32ff.

[3] Vgl. K. Engisch, Einführung in das juristische Denken, Stuttgart 1956, S.21: „... die Rechtssätze sind Sollenssätze ... sie sprechen ein bedingtes, nämlich durch den ‚Tatbestand' bedingtes Sollen aus." Oder a.a.O. S.22: Die Rechtssätze drücken „einen Willen der Rechtsgemeinschaft bzw. des Staates bzw. des Gesetzgebers" aus; über die Imperativtheorie vgl. a.a.O. S.22ff.

stimmungsnormen, im Unterschied zu naturrechtlichen, sittlichen, idealen *Bewertungs*normen, im Prozeß verwertbar sein sollen, weisen sich durch ihre beiden Elemente: Tatbestandsdefinition und Rechtsfolgebestimmung[1], aus. Keins von beiden darf in einem vollständigen Rechtssatz fehlen. Mit dem Tatbestand, dem Vordersatz einer Rechtsbestimmung, muß der dem Gericht zur Verhandlung stehende, konkrete Fall zur Deckung gebracht werden, damit die in der Rechtsfolgebestimmung enthaltene Vorschrift wirksam werden kann[2]. Im Alten Testament bietet sich nun die gute Gelegenheit, den Rechtssatz, wie er dem Gerichtsverfahren entspricht, auf seinen verschiedenen Entwicklungsstufen kennenzulernen: angefangen von den einfachen Partizipialsätzen nach dem Muster von Ex 21,12. 15-17[3] – sie tragen, wie Alt ganz richtig bemerkt[4], alle Zeichen einer nomadischen Kultur und einer die Schrift als Hilfsmittel noch entbehrenden Prozeßordnung an sich –, über die Relativkonstruktionen, die durch Näherbestimmung des Subjekts den Fall präzisieren (etwa: Lev 20,9ff.), bis hin zu den von differenzierten Lebensverhältnissen zeugenden, meist verästelten Konditionalsatzgefügen (man vergleiche Ex 21,1ff.7ff.28ff.), die dann auch den Hauptbestandteil der bisher gefundenen altorientalischen Gesetzeskorpora ausmachen.

Demgegenüber stehen nun die Verbote und Gebote des alttestamentlichen Rechts, die keine Rechtsfolgebestimmung kennen. Ihre wesentlichen Merkmale sind in der völlig andersartigen Stellung zum Menschen als dem hypothetischen Täter und dem Unrecht als der hypothetischen Tat begründet. Wie das Gebot oder Verbot keine Rechtsfolgebestimmung kennt, so weiß es auch nichts von einer in

---

[1] Vgl. Engisch, Einführung S.12ff.; – B. Gemser, Suppl VT 1, 1953 S.64f. weist auf einige afrikanische Stämme hin, die einfache Weisheitssprüche zur Schlichtung und Rechtsfindung verwenden („... proverbs have the force of legal maxims", a.a.O. S.65; vgl. auch L. Röhrich, RGG³ Bd.VI, Sp.283). In einer Hochkultur, die schon kasuistische Normen ausgebildet hat, dürfte das ausgeschlossen sein.

[2] Zu diesem in Wirklichkeit viel verwickelteren Problem der Subsumtion vgl. Engisch, Einführung S.43ff. Über das Gerichtsverfahren im AT allgemein unterrichten: L. Köhler, Die hebräische Rechtsgemeinde, in: Der hebräische Mensch, Tübingen 1953. S.143ff.; H. J. Boecker, Redeformen des Rechtslebens im AT, Neukirchen 1964.

[3] Gese wertet diese Formen als „verkürzende Nachahmung der Konditionalsatzperiode" (ThLZ 85, 1960, Sp.148). Es ist schwer einzusehen, wie und warum aus hochdifferenzierten Rechtssätzen eine solche rigorose Kurzform hätte entwickelt werden sollen.

[4] Alt I, S.330.

der Vergangenheit geschehenen Tat. Ein bedingender Vordersatz fehlt in der Regel. Der Mensch wird als einer angesprochen, der in der Zukunft sein Leben zu gestalten hat. Vor bestimmten Handlungen und Verhaltensweisen wird das Verbotsschild aufgerichtet. Andererseits sind positive Richtungsweiser für das Leben gegeben. Das alles geschieht doch zu dem offenkundigen Zweck, das Leben des einzelnen in die Gemeinschaft einzufügen und in einer von dieser für Recht erkannten Bahn zu halten. In den Verboten und Geboten geschieht also kein Rückblick auf begangenes Unrecht, wie in den echten Rechtssätzen, sondern gleichsam eine Vorwarnung, die die Beachtung der Rechtsnorm nicht einmal erzwingen, sondern – eventuell unter Berufung auf den andernfalls eintretenden Schaden oder die göttliche Ungnade – dem einzelnen nahelegen will.

1. *Die Verbreitung des apodiktischen Rechts*

Haben wir bis jetzt nur versucht, neue Unterscheidungsmöglichkeiten zwischen den beiden hauptsächlichen Rechtsgattungen auszumachen, so soll nun die Gruppe der Gebote und Verbote genauer untersucht werden. Sie ist ja der Rest dessen, was Alt mit dem umfassenderen Begriff „apodiktisches Recht" gemeint hat. Die Frage nach dem genuin israelitischen Recht spitzt sich also auf die Sätze zu, die zur Behandlung eines juristischen Kasus nicht ausreichen. Es ist sinnvoll, einen Überblick über das in Frage kommende Material vorauszuschicken, bevor in den beiden folgenden Abschnitten, beginnend mit der Zeichnung der allgemeinen Wesenszüge, sodann auch unter Berücksichtigung der Formvariationen, eine Wesensbestimmung der apodiktischen Rechtssätze versucht werden soll.

Eine solche Bestandsaufnahme setzt voraus, daß bereits eine gewisse Vorstellung von den Eigentümlichkeiten des zu behandelnden Gegenstandes vorhanden ist. Auf die oben nur andeutungsweise skizzierte Neubestimmung des „Apodiktischen" zurückgreifend, können wir einige vorläufige, mehr formale Gesichtspunkte nennen, die den Ansprüchen einer Materialsichtung vorerst genügen.

a. Die gesuchten Gebote[1] müssen unabhängig von einem formulierten Tatbestand sein, von einer vorgegebenen, konkreten Situation, vom Bezug auf eine vorhergehende Handlung oder einen Zustand.

---

[1] Da auch die Verbote Sollenssätze sind, ist es nicht unpassend, für Vorschrift und Verbot den Oberbegriff „Gebot" zu verwenden, wobei allerdings nicht ein theologisches Verständnis des Wortes angedeutet sein soll.

Positiv heißt das: Wir erwarten nach allem, was die Gattungsforschung bisher über das apodiktische Recht ermittelt hat, Gebote, die frei auf sich selbst stehen, in sich verständlich sind und allgemein gültig sein wollen.
b. Die Prohibitive überwiegen im apodiktischen Recht. Auch hier sind die negativen Formulierungen hauptsächlicher Untersuchungsgegenstand; aber es soll nicht von vornherein ausgeschlossen werden, daß neben ihnen positive Begehrsformen auftauchen können, und sei es nur als Anhängsel zu Prohibitiven.
c. Die Gebote sind Normen für das alltägliche Leben. Als Normen sind sie nicht mit nur momentan geltenden Befehlen zu verwechseln. Und als Vorschriften für das alltägliche Leben werden sie sich von den kultisch-rituellen Priesterweisungen unterscheiden lassen, die ihrer ganzen Anlage nach lediglich für den korrekten Ablauf einer Kulthandlung Sorge tragen wollen[1].
d. Wir erwarten vor allem, Prohibitive in der 2. Person zu finden, wollen aber mit der Möglichkeit rechnen, daß unpersönliche oder gegen Dritte gerichtete Gebote mit zur Gattung gehören und daß auch sonst Umformungen und Weiterbildungen der alten Prohibitivgattung auftreten können.
e. Das Augenmerk ist vor allem auf die Texte zu richten, die bei aller ihrer Verschiedenartigkeit als Gesetzessammlungen angesprochen werden können: Bundesbuch, Deuteronomium und Heiligkeitsgesetz. Danach sind auch die Dekaloge und endlich auch andere Gattungen, die vielleicht apodiktisches Recht enthalten, zu beachten.
Gefragt ist also nach dem Vorkommen von nichtkonditionalen, nichtrituellen, meist negativ und in direkter Anrede formulierten und für das tägliche Leben normativen Geboten, hauptsächlich in den Gesetzessammlungen des Alten Testaments. Die Verfassung eines jeden Textes, in den solche Gebote hineingebettet sind, muß bei der Herauslösung ständig mitberücksichtigt werden. Das

---

[1] Vgl. J. Begrich, Die priesterliche Tora, BZAW 66, 1936, S.63ff. (jetzt auch: Ges. Stud., München 1964, S.232ff.; vgl. besonders a.a.O. S.237: „Die priesterliche Tora schafft und vermittelt keinerlei weltliches Recht, es sei gleichviel, welcher Art."). R. Rendtorff, Die Gesetze in der Priesterschrift, FRLANT, NF 44, 1954, S.12, definiert die Gattung des Rituals. Es zeigt sich, daß darin die positiven Sätze vorherrschen müssen, wenn die Priesterweisung überhaupt sinnvoll sein soll. In den apodiktischen Sammlungen andererseits mögen auch solche Sätze vorkommen, die einen Bezug zum Kultus haben. Aber das Interesse am Ritus, das wir etwa in Lev 1-7; 11-15 finden, ist dem apodiktischen Recht fremd.

Zurückfragen nach der vorliterarischen Gestalt der Gattung wird nämlich dadurch erschwert, daß die durchaus nicht vom Interesse an der Konservierung einzelner Spruch- oder Erzählungsformen bestimmte Überlieferung und die schließliche Fixierung im heute sichtbaren Zusammenhang die ursprünglichen Formen oft bis zur Unkenntlichkeit verdeckt oder verzerrt. Die Annahme, daß das apodiktische Recht eine Gattung eigener Art mit eigenem institutionellen Haftpunkt gewesen ist, ist jedoch durch die bisherigen Untersuchungen zum Thema gesichert. Das ermöglicht den hier eingeschlagenen Arbeitsgang, der stillschweigend beides voraussetzt.

a. Das Bundesbuch

Das Bundesbuch Ex 20,22-23,19 birgt ingesamt 26 Prohibitive und 21 positive Vorschriften; von den positiven Sätzen sind jedoch allein 19 in den mehr kulttechnisch ausgerichteten Rahmenpassagen Ex 20,22ff. und Ex 23,10ff. zu finden. In seinem alten kasuistischen Korpus Ex 21,2-22,19[1] weist es jedoch nicht einen einzigen selbständigen Prohibitiv auf. In den schon erwähnten kulttechnischen Rahmenvorschriften zu der eigentlichen Gesetzessammlung finden sich 10 solcher Verbote, die von den rituellen Anweisungen abhängig (Ex 23,13.15b) oder im Rahmen einer paränetischen Ansprache[2] nach einer Vorlage (Ex 20,4?) gebildet (Ex 20,23) oder aber relativ selbständig und nur durch ihren kultgesetzlichen Inhalt mit dem Rahmen verbunden sind (Ex 20,25f.; 23,18f. – Altargesetz und Opfervorschrift). In dem restlichen Stück des Bundesbuchs (Ex 22,20-23,9) aber konzentrieren sich die übrigen 16 unbedingten Verbote. Sie sind besonders interessant für uns. Nach vorn und hinten heben sie sich von ihrem Kontext ab durch ihre Formulierung – es sind durchweg direkte Verbote in der 2. Person – bzw. durch ihren Inhalt (Schutz des sozial Schwachen Ex 22,20-26; Tabu-Personen Ex 22,27; rechtes Opfern Ex 22,28; Verhalten in Rechtsangelegenheiten Ex 23,1-3.6-9):

---

[1] Zur Abgrenzung vgl. A. Jepsen, Untersuchungen zum Bundesbuch, BWANT 41, 1927, S.42,87. Er erkennt besser als Alt (I, S.285f.) den Rechtsentscheidcharakter der Verse Ex 22,17-19. Vers 17 bleibt allerdings zwielichtig, da er aber Tatbestand und Rechtsfolge impliziert, muß man ihn wohl zu den Rechtssätzen zählen.
[2] Die Verse Ex 20,22-23 sind predigtartig überformt (beachte auch die 2. P. Plural) und vielleicht nicht zum alten Bestand zu zählen, vgl. O. Eißfeldt, Einleitung³, S.290.

22,20 Den Fremdling darfst du nicht bedrücken,
nicht darfst du ihn bedrängen...
21 Keine Witwe, keine Waise darfst du beschweren ...
24 [Wenn du Geld verleihst an 'deinen' Stammesgenossen oder den Armen, der bei dir ist],
sollst du ihm nicht den Pfandleiher hervorkehren,
"ihm nicht Zins aufschlagen.
25 [Wenn du deinem Genossen doch den Mantel pfändest],
bis Sonnenuntergang sollst du ihn zurückerstatten...
27 Gott darfst du nicht fluchen,
noch den Fürsten in deinem Volke verdammen.
28 Deine Gabe und dein Opfer sollst du nicht schmälern...
23,1 Bringe kein nichtiges Gerücht auf,
mache keine gemeinsame Sache mit dem Bösewicht zu falschem Zeugnis.
2 Folge nicht der Menge zum Bösen,
tue im Verfahren keinen Spruch, der nach der Menge sich richtet".
3 Den 'Vornehmen' bevorzuge nicht in seinem Prozeß.
4 [Wenn du den Ochsen deines Feindes
oder seinen Esel streunend findest],
dann bringe ihn doch zu ihm zurück.
5 [Wenn du den Esel deines Widersachers
unter seiner Last liegen siehst],
dann gehe nicht davon, 'hilf ihm doch' damit.
6 Beuge nicht das Recht deines Armen in seinem Prozeß.
7 Von dem Schalkwort halte dich fern,
und den Unschuldigen und Gerechten bringe nicht um...
8 Bestechungsgeld nimm nicht an,
denn Bestechungsgeld verblendet der Sehenden Augen...
9 Den Fremdling bedrücke nicht...[1]

Die Ballung von apodiktischen Sätzen in einem Textabschnitt ist auffallend. Von einer gegenseitigen Durchdringung der Prohibitivgattung und der kasuistischen Form kann also nicht gut die Rede sein; beide Gattungen stehen unvermittelt nebeneinander. Die einzigen kasuistisch geformten Rechtssätze in unserem Abschnitt, nämlich Ex 22,24-26 und 23,4-5, machen einen uneinheitlichen bzw. versprengten Eindruck und erweisen sich bei näherem Zusehen ihrer Intention und Thematik nach eher als zur Gruppe der Prohibitive als zu der der kasuistischen Sätze gehörig. Ex 22,24-26 – beide darin enthaltenen Sätze sind abweichend vom kasuistischen Stil mit אם eingeführt – ist wohl durch sein Thema (Zinsverbot, rechte Pfandnahme) an diese Stelle gekommen. Beide Sätze führen

---

[1] Im Text sind einige Emendationen nötig, man vergleiche BHK (G. Quell) z.Stelle, und: M. Noth, Das zweite Buch Mose, ATD 5, 1959, S.138, 150ff.; E. Kautzsch, HSAT[4] Bd. I, z.St.

die Verbote, die den Schutz des schwachen Nächsten zum Ziel haben (vgl. V.20ff.), sinnvoll fort und sind im Grunde auch der Form nach nichts anderes als erweiterte Prohibitive (V.24) bzw. erweitertes positives Gebot (V.25). Dtn 23,20f.; 24,6.17; Ez 18,8; Ps 15,5 zeigen, daß das Zinsverbot in diese Umgebung gehört. Die Anrede in der 2. Person Singular, das Fehlen jeder Andeutung einer Gerichtssituation, jeder Strafandrohung, die Abzweckung der Sätze auf das zukünftige Handeln des einzelnen sind genügende Hinweise auf die sachliche Nähe zu den nichtkasuistischen Sätzen. – Schwieriger und unsicherer ist Ex 23,4f. dem Kontext zuzuordnen[1]. Einmal erscheinen die beiden Sätze völlig im Gewand der kasuistischen Gesetze. Weiter fügt sich der Inhalt schwer in den Zusammenhang, der geradezu durch V.4f. in seiner logischen Verbindung gesprengt erscheint. Allerdings fehlt auch hier ein Hinweis auf die Gerichtssituation; der Vordersatz nennt keine Tat im juristischen Sinne, er will dem Angeredeten (auch hier wird die 2. Person gebraucht!) die Situation, in der er zukünftig handeln soll, erklären. Nicht der Wiederherstellung verletzter Ordnung dienen die Weisungen, sondern der richtigen Lebensführung gegenüber dem persönlichen Feind. אֹיֵב und שֹׂנֵא sind die Haupttonwörter in diesen Sätzen; Rechtsbestimmungen reden nicht so emotional, sondern sachlicher, man vergleiche Ex 21,18ff. Eine Sachparallele ist Dtn 22,1-4, eine Stelle, die noch mehr die „apodiktische" Vergangenheit durchscheinen läßt.

Wir haben es in Ex 22,20-23,9 also mit einer formal und thematisch relativ geschlossenen Sammlung von Prohibitiven zu tun. Wenn wir von den Umbildungen in Ex 22,24ff. und Ex 23,4f. sowie von den Erweiterungen zu einigen ursprünglichen apodiktischen Sätzen einmal absehen, dann können wir die Verse Ex 22,20.21.27.28.30b; 23,1-3.6-9 für die gesuchte Gattung in Anspruch nehmen. Hinzu kommen aus den Rahmenstücken des Bundesbuches vielleicht noch Ex 20,26; (23,13b); 23,18f.

b. Das Deuteronomium

In seinem gesetzlichen Bestand (Kapitel 12-25) ist das Deuteronomium nach Thematik und Anlage dem Bundesbuch vergleichbar. Was allerdings die Stellung der einzelnen Prohibitive angeht, so ist

---

[1] Vgl. Jepsen, Untersuchungen, S.47; G. Beer, Exodus, HAT I,3, Tübingen 1939, S.118f.; Noth, ATD 5, S.153.

die Lage undurchsichtiger. Die im Bundesbuch fast geschlossen vorliegende Gruppe der Verbote ist hier zerstreut, oder sagen wir – da wir nicht wissen können, ob der Deuteronomiker eine Sammlung von Prohibitiven vor sich hatte – besser: Er hat Verbote an verschiedenen Stellen seines Gesetzeskorpus verwendet. Die typisch kasuistischen Bestimmungen, die im Bundesbuch in ihrer juristischen Objektivität beherrschend am Anfang standen und dem ganzen Korpus sein Gepräge gaben, sind im Deuteronomium, jedenfalls soweit formal noch erkennbar, in den Schlußteil (Dtn 21,15-25,12) verwiesen, während das Eingangsstück Dtn 12,1-21,14, das weitaus breiteren Raum einnimmt, fast durchgehend[1] als Ansprache des Mose an das Volk gefaßt ist und sich älteres Gut der Form, dem Stil und auch dem theologischen Gehalt nach weitgehend assimiliert hat. Auf diese mächtige, eindringliche Rede des ersten Teils der deuteronomischen Gesetzessammlung treffen hauptsächlich die Merkmale zu, die man mit dem Begriff dieses Werkes verbindet: beredter Eifer um die alleinige Verehrung Jahwes (Dtn 12,29ff.; 13; 14,1-2; 15,19; 17,2ff.; 18,9ff. u.ö.) am erwählten Ort (Dtn 12,2ff.; 14,22ff.; 15,20; 16,2.6; 17,8.10; 18,6[2]), enthusiastischer Hinweis auf den Segen und die Verheißung Jahwes für sein Volk, man vergleiche besonders Dtn 15,4ff[3]. Dieser erste, größere Abschnitt ist wirklich gepredigtes Gesetz.

Dagegen erscheinen von Dtn 21,15 ab zusammenhängende Stücke eines sehr sachlichen, gar nicht auf die Ehre Jahwes und das Halten seines Bundesgesetzes drängenden kasuistischen Korpus: Dtn 21,15-23; 22,13-29; 24,1-7; 25,1-12[4]. Wir können also zwei Partien im deuteronomischen Gesetzeswerk grob unterscheiden: Im ersten Stück wird älteres Material gründlich überarbeitet, im zweiten wesentlich schwächer. Wenden wir uns dem ersten Teil zu.

---

[1] Eine Ausnahme machen nur wenige Stellen, die in der 3. Person gehalten sind: Dtn 15,2 (Erlaßjahr; die Einleitungsformel läßt an ein Zitat denken); Dtn 17,6; 19,15 (Zweizeugenregel; Ex 20,16; 23,1; Spr 24,28 lassen vermuten, daß ein solcher Satz keine eigene Bildung des Dtn ist); Dtn 19,4ff.11f. (Bestimmung über den Totschläger; vgl. Ex 21,12f.; Num 35,11f. Dtn 19,24 zeigt wieder eine Einleitungsformel: „Das ist das Gesetz über ..."). Manches alte Material ist aber ganz umstilisiert worden, vgl. Ex 21,2ff. mit Dtn 15,12ff.
[2] Später wird der „Ort, den Jahwe erwählen wird" im Gesetzeskorpus nicht mehr genannt.
[3] G. v. Rad, Das Gottesvolk im Dtn, BWANT 47, 1929, S.10f.,24,29,38ff.
[4] Nur hier und da hat der Deuteronomiker, meist gegen Schluß des kasuistischen Abschnittes, in die Anredeform umstilisiert: Dtn 21,22f.; 24,4b; 25,3.12.

Es stellt sich bald heraus, daß nur noch wenige rein apodiktische Formen darin enthalten sind. Das Verbot des Blutgenusses (Dtn 12,16; 12,23-25; 15,23) könnte ein nur wenig in deuteronomische Hülle verpacktes, ursprünglich selbständiges Verbot sein. Im Bundesbuch findet es sich zwar nicht – dort nur ein Verbot, gerissene Tiere zu essen, Ex 22,30 –, wohl aber im Heiligkeitsgesetz (Lev 17,10.12.13.14; 19,26, die letztere Stelle in einer apodiktischen Reihe!). Dieser Prohibitiv hat also eine Sonderexistenz gehabt und ist im Deuteronomium nur beiläufig mit eingeschärft worden; der Hauptakzent liegt in allen deuteronomischen Stellen, die den Blutgenuß erwähnen, auf der Kultzentralisation.

Dtn 12 und 13 bringen sonst nur lange, mit כי eingeleitete[1] oder imperativische, ritualähnliche[2] Perioden, deren Prohibitive gebunden sind. Erst Dtn 14,1b.3.21b erscheinen wieder selbständige Prohibitive. Dtn 14,3 ist ein wuchtig vor die Liste der eßbaren und nichteßbaren Tiere gesetzter Satz:[3]:

> Du darfst nichts Abscheuliches essen.

Dtn 14,1b ist ohne seinen deuteronomischen Vorspruch V.1a[4] auch in Lev 19,28 (vgl. auch Lev 21,5) überliefert, stellt aber wohl priesterliche Laienbelehrung dar:

> Ihr sollt euch nicht die Haut aufritzen,
> noch auf eurem Kopf eine Glatze scheren für die Toten.

Dtn 14,21b schließlich – hier wegen seines Inhaltes wahrscheinlich nur nachgetragen – kommt unabhängig in Ex 23,19 und Ex 34,26 vor.

> Du sollst das Böckchen nicht in der Milch seiner Mutter kochen.

In Dtn 15 ist altes Rechtsgut verarbeitet; man kann V.19b, obwohl er in V.20 positiv, in V.21f. kasuistisch erweitert ist, als apodiktisch werten:

> Du sollst mit deinem erstgeborenen Ochsen nicht arbeiten,
> du darfst dein erstgeborenes Schaf nicht scheren,

---

[1] Dtn 12,20.21.29; 13,2.7.13.
[2] Dtn 12,2-19.26-28; die Sätze zeigen einen paränetischen Predigtstil.
[3] Ist er eine nachträglich gebildete Überschrift? Oder ist der Katalog aus dem V.3 herausgewachsen? Jedenfalls fällt doch wohl die listenmäßige Ausführung in den Zuständigkeitsbereich des Priesters.
[4] Die Bezeichnung „Söhne Jahwes" ist sonst im dtn Gesetz nicht bezeugt, sie entspringt eher prophetischem Sprachgebrauch. Für das Dtn charakteristisch ist aber das „Jahwe, euer Gott", V.1a.

denn auch in Ex 22,28 ist ein Erstgeburtsgebot in allerdings nicht ganz gesicherter, apodiktischer Form enthalten. Der folgende Festkalender trägt nichts aus; Dtn 16,19-17,1 jedoch, das einen Abschnitt über die verschiedenen Ämter des Leviten, Königs und Propheten einleitet, besteht aus zweimal drei nur sparsam deuteronomisch umrankten und nicht ganz glatt in den weiteren Kontext eingefügten[1] Prohibitiven:

16,19 Beuge nicht das Recht,
sieh die Person nicht an,
nimm kein Bestechungsgeld, denn Bestechungsgeld
verblendet die Augen der Weisen ...
21 Du darfst dir keine Holzaschere aufbauen ...
22 und du darfst dir keine Mazzebe aufrichten ...
17,1 Du darfst Jahwe, deinem Gott, weder Ochsen noch Esel
opfern, die einen Fehler haben ...

Bis Dtn 17,1 einschließlich sind demnach nur spurenweise unabhängige Prohibitive anzutreffen: Dtn (12,16.23-25; 15,23); 14,1b.3.21b; 15,19b; 16,19; 16,21-17,1; insgesamt 12 (15) an der Zahl.
Alle Stellen aus Dtn 17 erweisen sich als mehr oder weniger weitläufig mit Bedingungssätzen verkoppelt (Dtn 17,11.13.15-17), lediglich hinter dem Zweizeugengebot Dtn 17,6 könnte man, da es auch in Dtn 19,15 erscheint, einen alten Prohibitiv vermuten:

Auf die Aussage von zwei oder drei Zeugen hin soll der
Angeklagte sterben, nicht auf die Aussage (nur) eines Zeugen.

Dtn 18,1-2 und 19,14f. geben sich als unabhängige Prohibitive:

18,1 Die levitischen Priester, der ganze Stamm Levi,
sollen kein Erbteil in Israel bekommen ...
2 sie sollen kein Erbe unter ihren Brüdern haben ...
19,14 Verrücke nicht die Grenze deines Nachbarn ...
15 Es soll nicht (nur) ein Zeuge gegen einen Mann aufstehen ...

Erst im zweiten Teil der deuteronomischen Sammlung, der auch die alten kasuistischen Normen besser bewahrt hat, häufen sich die Verbote der gesuchten Art. Dtn 22-25 bringen nicht weniger als 31 solcher Sätze, die recht gut aus ihrer Umgebung herauszuheben sind. Es kommen in Frage: Dtn 22,5.9.10.11.(12 als einzelnes, positiv formuliertes Gebot); 23,1.2.3.4.(7).8.16.18.19.20.21; 24,6.14.15.16. 17; 25,4.13.14:

---

[1] Die LXX liest anders. Sie will die Verbote V.19 auf die „Richter und Schlichter" in V.18 beziehen.

22,5 Eine Frau soll keine Männerkleider tragen,
und ein Mann lege keine Frauenkleider an ...
9 Bepflanze deinen Weinberg nicht mit Zweierlei ...
10 Pflüge nicht mit Ochsen und Esel zugleich.
11 Trage kein Gewebe aus Wolle und Flachs gemischt.
12 Quasten sollst du dir machen an den vier Zipfeln deines Gewandes...
23,1 Keiner nehme die Frau seines Vaters,
damit er nicht seines Vaters Blöße aufdecke.
2 Einer, dessen Hoden zermalmt sind oder dessen Glied abgeschnitten ist, darf nicht in die Versammlung Jahwes kommen.
3 Ein Bastard darf nicht in die Versammlung Jahwes kommen,
auch seine Nachkommen im zehnten Glied dürfen nicht in die Versammlung Jahwes kommen.
4 Ein Ammoniter, Moabiter, darf nicht in die Versammlung Jahwes kommen,
auch ihre Nachkommen im zehnten Glied dürfen nicht in die Versammlung Jahwes kommen....
8 Verachte nicht den Edomiter ...
Verachte nicht den Ägypter ...
16 Liefere nicht den Sklaven an seinen Herrn aus ...
18 Unter den Israelitinnen darf es keine Hierodule geben,
und unter den Israeliten soll kein Tempelknabe sein.
19 Huren- und Hundelohn bringe nicht ins Haus Jahwes ...
20 Lege deinem Bruder keine Zinsen in Geld oder Naturalien auf...
21 Den Fremden kannst du zinsen,
den Bruder darfst du nicht zinsen...
24,6 Mahlsteine oder Laufer pfände nicht...
14 Du sollst den Lohnarbeiter, den armen und mittellosen, nicht bedrücken...
15 An seinem Arbeitstag gib ihm den Lohn,
die Sonne gehe darüber nicht unter ...
16 Nicht sterbe der Vater für den Sohn, oder der Sohn für den Vater...
17 Du sollst das Recht des Fremdlings 'und' der Waise nicht beugen ...
und das Kleid der Witwe sollst du nicht pfänden ....
25,4 Einem dreschenden Ochsen verbinde nicht das Maul.
13 Es seien nicht zweierlei Gewichtssteine in deinem Beutel...
14 es sei nicht zweierlei Maß in deinem Hause ...

Alle diese unabhängigen Verbote (Ausnahmen machen nur Dtn 24,6; 25,4) sind in den Textabschnitten zu finden, die zwischen den erwähnten kasuistischen Restbeständen stehen, nämlich in den Stücken Dtn 22,1-12 (5 Prohibitive); 23,1-26 (16 Prohibitive); 24,8-22 (6 Prohibitive); dazu in Dtn 25,13-15 (2 Prohibitive). Der unmittelbare Kontext der apodiktischen Sätze ist jedesmal bemerkenswert. Es handelt sich dabei um Vorschriften, die ihrem Inhalt nach kaum in den Bereich des juristisch in straf- oder privatrechtlichen Bestimmungsnormen Erfaßbaren fallen, sondern viel eher auf dem weiten Feld der Unterweisung in ethisch richtigem Verhalten gewachsen sein könnten. Hilfeleistung für das verirrte Vieh des Nachbarn fordert Dtn 22,1-4 (vgl. Ex.23,4f.); den brütenden und Junge ziehenden Vogel schützt Dtn 22,6[1]; eine Absicherung des Daches verlangt Dtn 22,8; Sauberkeit im Lager gebietet Dtn 23,10-15; die Pflicht, Gelübde zu halten, schärft Dtn 23,22-24 ein; Acker und Weinberg des Nachbarn werden vor gierigen Händen geschützt in Dtn 23,25f. Der Aussatz soll beobachtet werden (Dtn 24,8f), jedoch fällt dieser Satz stilistisch und sachlich aus dem Rahmen. Für den Armen sorgen Dtn 24,19-22 (über Ernterückstände) und Dtn 24,10-13 (schonungsvolle Pfandnahme); Ehrlichkeit im Handel verlangt Dtn 25,13-15. Kurz, das alles sind Vorschriften, die sachlich ganz in die Nähe der apodiktischen Sätze gehören. Sie verpflichten zu einem von der Verantwortung für die Gemeinschaft getragenen, richtigen Verhalten im Alltag[2]. Der Unterschied zu den alten kasuistischen Normen zeigt sich aber auch in der Form, nicht nur in Inhalt und Intention. Zwar beginnen diese Lebensregeln gern mit dem kasuistischen כי (Dtn 22,6.8; 23,10.11.22.25.26), fahren dann aber in der 2. Person fort und ziehen meistens einen Prohibitiv (Dtn 23,22) oder Imperativ (oder eine dem Imperativ entsprechende Form) – vgl. Dtn 22,8; 23,10 – oder eine Kette von beiden Formen (Dtn 22,6bf.; 23,25.26; 24,10f. 12f.19.20.21) nach sich. Die Gebote, die auf diese Weise dominierend im Nachsatz stehen, richten sich sämtlich an denjenigen, der schon im Vordersatz angeredet war.

Die Gesamtzahl von 47 (51) unabhängigen Prohibitiven, die im Blick auf das umfangreiche deuteronomische Gesetzeskorpus zunächst gering erscheint, besonders im Vergleich zum Bundesbuch, ist also nur eine Minimalzahl. Gerade im engeren Kontext der ermittelten reinen Prohibitive ist wahrscheinlich noch eine ganze Reihe weiterer apodiktischer Sätze verborgen.

Von dem weitergreifenden Einfluß der alten Verbotsformulierungen bekommt man aber erst dann einen richtigen Eindruck, wenn man auch die Rechtssätze beachtet, die im ersten Teil des Deuterono-

---

[1] Das geschieht sicher nicht aus humanitären Gründen, wie C. Steuernagel, Das Deuteronomium, HK I,3, 1.Teil, Göttingen 1923, z.St. meint; vgl. die Taburegeln Dtn 14,21b; Lev 20,14; 18,17; Ex 22,29 = Lev 22,27f.

[2] Vgl. auch die Zusätze: „damit es dir gut ergehe…" (Dtn 22,7) und: „denn das ist ein Greuel für Jahwe" (Dtn 22,5; 23,19; 25,16; vgl. Dtn 24,13b). Ob diese Begründungen dtn Bildungen sind, brauchen wir hier nicht zu entscheiden.

miums sachlich und ihrer Grundhaltung nach den Prohibitiven nahestehen, sei es, daß sie einmal aus ursprünglich selbständigen Prohibitiven durch Erweiterung gebildet sind, sei es, daß der Deuteronomist sich diese Prohibitivformen zum Vorbild genommen hat[1]. Weniger wahrscheinlich, aber nicht grundsätzlich von der Hand zu weisen ist die Annahme, daß von Anfang an erweiterte Prohibitivformen neben den Kurzformen existiert haben. Die Breitenwirkung der Prohibitivform ist jedenfalls in den Weiterungsformen spürbar, sie hat vielleicht sogar noch den paränetischen Predigtstil beeinflußt: In dem stereotypen „Hüte dich...", „Hütet euch..." der deuteronomischen Paränese klingt die abwehrende Haltung der apodiktischen Verbotssätze nach[2].

Der Gesamtbefund aus dem gesetzlichen Teil des Deuteronomiums zeigt also eine erstaunliche Bevorzugung des Prohibitivs bzw. der negativen Ausdrucksweise in der Formulierung der Rechtsmaterie. Gerade in Gesetzestexten sollte man dergleichen nicht erwarten. Strafrechtliche und privatrechtliche Normierungen verlangen sachliche, positive Vorschriften für den Fall, daß ein Gesetz übertreten, eine Pflicht verletzt, eine Rechtsforderung nicht erfüllt, ein Anspruch strittig ist. Prohibitive können innerhalb solcher für den konkreten Rechtsfall gedachten Normen nur bestehende Rechte außer Kraft setzen, grundsätzlich bestehende Ansprüche einschränken oder für nichtig erklären.

Wie auffällig Haltung und Stil der deuteronomischen Gesetze sind, beweist ein Vergleich mit den altorientalischen Gesetzeskorpora. Selbständige Prohibitive gibt es dort nur sehr selten[3], und auch die Zahl der negativ formulierten Rechtsfolgebestimmungen ist weit geringer als im Deuteronomium. San Nicolò sieht u.a. die vorherrschende Negativität in der Formulierung als Charakteristikum für das primitive Anfangsstadium einer rechtsgeschichtlichen Ent-

---

[1] Vgl. Dtn 13,4.9; 15,7-11.21-22; 18,9-13.
[2] Dtn 2,4; 4,9.15.23; 6,12; 8,11; 11,16; 12,13.19.30; 15,9; 23,10.
[3] Die 2. Person wird gar nicht verwendet. Verbote in der 3. Person: Gesetz des Bilalama (zitiert nach A. Goetze, The Laws of Eshnunna, AASOR 31, New Haven 1956) §16,15,51. Gesetz des Hammurapi (zitiert nach A. Pohl, R. Follet, Codex Hammurapi, 3. Aufl. Rom 1950) §36 (vgl. §30,32; passive Formulierung!); §38 (§39f. bilden dazu die positiv formulierten Konzessionen). Mittelassyrische Gesetze (zitiert nach G. R. Driver, J. C. Miles, The Assyrian Laws, Oxford 1935) Tafel A, §40 (vgl. ANET² S.187f.); Tafel F, §2. Hethitische Gesetze (zitiert nach J. Friedrich, Die hethitischen Gesetze, Leiden 1959) Tafel I, §48, 56 (§50,51,54 sind nichtkasuistisch, aber positiv formuliert). – Aber selbst diese wenigen Stellen wollen juristisch erhebliche

wicklung an: „Die charakteristische Vermischung von Rechtsnormen mit Vorschriften sittlichen und hygienischen Inhaltes, wie sie in der israelitischen Gesetzgebung, in den indischen Gesetzbüchern, und auch noch im islamischen Rechte begegnet, kann in Babylonien höchstens nur noch bei den ältesten Gesetzgebern aus Sumer beobachtet werden. Im Kodex Hammurabi ist diese theokratische Art, sowohl materiell hinsichtlich des Inhaltes als auch formell durch den Wegfall der Verbotsfassung bei den einzelnen Normen, bereits verschwunden."[1] Es mag noch dahingestellt bleiben, ob diese Auffassung richtig ist.

c. Das Heiligkeitsgesetz

Die jüngste Sammlung von Rechtsmaterialien im Alten Testament hat sich am weitesten von der aus dem Alten Orient bekannten und auch im Bundesbuch und im Deuteronomium noch deutlich sichtbaren Form der kasuistischen Gesetzessammlung entfernt. Normen, die der Laiengerichtsbarkeit zur Urteilsfindung dienen könnten, sind kaum vorhanden, wenn man von Lev 20 und 24,17ff. absieht. Das Interesse konzentriert sich ganz auf die kultischen Institutionen, aufs Priestertum und das Opfer. Älteres Material ist dem eingeordnet, so die Vorschriften in Lev 19 unter dem Leitmotiv von V.2: „Ihr sollt heilig sein, denn ich bin heilig ...". Das Ganze ist gleichmäßig als Offenbarungsrede Jahwes an Mose stilisiert[2]. Alle älteren Elemente werden so zusammengebunden zu der Sammlung, die mit Recht den Namen Heiligkeitsgesetz trägt.
Es ist schon lange aufgefallen, daß die apodiktischen Formulierungen – wieder sind es in der überwiegenden Mehrzahl Prohibitive – in gedrängter Fülle in den beiden Kapiteln Lev 18 und 19 vorkom-

---

Tatbestände und Rechtsfolgen fixieren und sind meist mit den streng kasuistisch formulierten Sätzen innerlich verbunden. Eine Ausnahme machen höchstens die Preis- und Maßbestimmungen (vgl. Hethit.Gesetze, Tafel II, §63,66,67,68,69,71; Bilalama §1-4,7f.,10f.) und Mittelassyrische Gesetze Tafel A, §40, eine Kleiderordnung für Frauen. Aufs Ganze gesehen wird man Parallelen zu den israelitischen Prohibitiven eben nicht in den altorientalischen Gesetzeskorpora, sondern in anderen Gattungen suchen müssen.
[1] M. San Nicolò, Beiträge zur Rechtsgeschichte im Bereich der keilschriftlichen Rechtsquellen, Oslo 1931, S.64.
[2] Vgl. Lev 17,1; 18,1; 19,1; 20,1; 21,1.16; 22,1.17.26; 23,1.23.26.33; 24,1; 25,1. Vgl. G. v. Rad, Deuteronomiumstudien, Göttingen 1947, S.16ff.

men¹. Alle übrigen Stücke des Heiligkeitsgesetzes sind fast frei von ihnen. In Lev 17; 21-25 überwiegen die kultischen Gemeinde- bzw. Priesterbelehrungen, in die nur hier und da unabhängige Prohibitive aufgenommen sind, so in Lev 17,12.14 das Verbot des Blutgenusses, das schon Dtn 12,16.23ff. begegnete, und hier wieder vom Kontext durch die Zitationsformel abgesetzt ist. – Die Verbote Lev 22,28.32² könnten eventuell mit selbständigen apodiktischen Sätzen in Verbindung gebracht werden, da sie eine gewisse Unabhängigkeit vom Kontext aufweisen und inhaltlich mit jenen verwandt scheinen. Im übrigen braucht uns das Material dieses Kapitels nicht näher zu beschäftigen, denn Kapitel 22 ist eindeutig Priesterbelehrung. In zwei Verbotskatalogen (Lev 22,2ff.;22,17ff.) sind Vorschriften zur Reinerhaltung des Priesteramtes und der Opfergaben zusammengestellt. Daß eventuell ursprünglich unabhängige Prohibitive darin aufgenommen sind, ist natürlich nicht ausgeschlossen. – Ferner weisen sich Lev 23,22; 25,17, für die Parallelsätze in Lev 19,9f. bzw. Ex 22,20 vorliegen, als apodiktisch aus.

Lev 24,10-23 enthält neben der Erzählung über einen Fall von Gotteslästerung Reste einer Sammlung von prozessualen Rechtsnormen in der urtümlichen Partizipialform (V.16.18), die z.T. schon von der weiterentwickelten אִישׁ כִּי-Konstruktion überholt ist (V.15b.17.19). Die Talionsformel (V.20) schließt sich an³. Ebenfalls Kasusbestimmungen finden wir in Lev 20,2-21.27. Wahrscheinlich aus Kap. 18 versprengt ist ein selbständiger Prohibitiv in Lev 20,19. Die übrigen Verse des Kapitels bringen paränetische Predigt. – Lev 21 wurde bisher übergangen. In drei großen Abschnitten (V.2-9.10-15.16-23) zählt es, darin stilistisch Dtn 17,15ff. und sach-

---

¹ Vgl. G. v. Rad, Dtn-Studien, S.17ff.; B. Baentsch, Das Heiligkeitsgesetz, Erfurt 1893, S.25ff.,138ff.; R. Kilian, Literarkritische und formgeschichtliche Untersuchung des Heiligkeitsgestzes, Bonn 1963 (BBB Nr. 19), S.21ff.
² Zu Lev 22,27f. ist Ex 22,29 zu vergleichen, das die Bestimmung über die Doppelschlachtung ausläßt, vgl. R. Kilian, BBB 19, S.96; inhaltlich vgl. Ex 23,19b, Dtn 14,21b, 22,6 mit Lev 22,28 und Ex 22,27 mit Lev 22,32.
³ Für H ist eigentlich nur das Fluchgesetz V.15f. interessant. An die Bestimmungen über den Gottesflucher schließen sich aber dann die Gesetze betreffs Mord, Körperverletzung (V.17ff.) an, weil sie organisch mit jenen verbunden gewesen sind, bevor H sie aufnahm; eine andere Erklärung für die Aufzeichnung der ganzen kasuistischen Sammlung in Lev 24 ist kaum möglich. Doch vgl. Baentsch, Heiligkeitsgesetz S.51: „Ist das Gesetz (i.e. Lev 24,15f.). Frucht der Geschichte, oder ist die Geschichte nur Illustration zum Gesetz? Nur das letztere ist möglich." – Die Abgrenzung Lev 24,1-14 – Lev 24,15ff. (v. Rad, Dtn-Studien, S.23) muß zumindest überprüft werden.

lich Lev 22 vergleichbar, Handlungen und Mängel auf, die einen Aaroniten von der Ausübung priesterlicher Funktionen ausschließen. Kurze, verneinte Sätze in der 3. Person, die aber durchweg von dem anfangs genannten Subjekt abhängig sind, werden dazu verwendet. Ob es sich bei diesen Priestervorschriften um sekundär vereinigte, ehemals selbständige Prohibitive handelt oder um eine alte, vom Deuteronomium wie vom Heiligkeitsgesetz aufgenommene und bearbeitete Gattung des „Priester- (bzw. Amts-, Gemeinde- oder Opfer-)spiegels", muß sich herausstellen. — So haben sich bis jetzt in den Kapiteln Lev 17; 20-25 erst sechs unabhängige Prohibitive entdecken lassen. Das Fluchkapitel Lev 26 steuert in V.1 noch drei weitere Sätze bei:

> Macht euch keine Götzen,
> Guß- oder Standbilder richtet euch nicht auf,
> Steingebilde sollt ihr euch nicht setzen in eurem Land ...

Die Hauptmasse der apodiktischen Sätze findet sich, wie gesagt, in Lev 18f. Umrahmt von paränetischen Predigtstücken führt Lev 18[1] zwei ursprünglich selbständige, thematisch in sich geschlossene Prohibitivreihen vor mit insgesamt 22 kurzen Verboten[2]. Während für Lev 18 der überlieferungsgeschichtliche Werdegang vor allem durch die Untersuchung Elligers klar ist, bietet Lev 19 das Bild einer völlig ungeordneten Sammlung der verschiedensten Vorschriften. Alle bisherigen Systematisierungsversuche sind gescheitert[3]. Begnügen wir uns hier mit einigen statistischen Feststellungen. Eine Zählung ergibt 37 Prohibitive. Sie sind in der Mehrzahl in V.9-19 (25 Verbote) vereinigt. Dieses Stück weist außerdem einige angehängte und die Verbote weiterführende positive Bestimmungen auf (V.10bα.14bα.15b.17bα.18aβ). Eine paränetische Einleitung ist V.19aα$_1$. Die Selbstvorstellungsformel „Ich bin Jahwe"[4], die im

---

[1] Zu Lev 18 vgl. vor allem die Untersuchung von K. Elliger, ZAW 67, 1955, S.1ff.

[2] In den sechs Verboten des paränetischen Rahmens spiegelt sich die Verbotsform des Korpus. Charakteristisch ist, daß im Rahmen der Gedanke der kultischen Reinheit als Summe der Sexualgebote aufgefaßt wird: „Ihr sollt euch mit diesem allem nicht verunreinigen, denn mit alledem haben sich die Heiden verunreinigt." (V.24). Die sekundären Prohibitive des Rahmens sind: Lev 18,3a.3bα.3bβ.24a.26aβ.30aβ.

[3] Vgl. S. Mowinckel, ZAW 55, 1937, S.218ff.; J. Morgenstern, HUCA 26, 1955, S.1ff. Beide wollen einen Dekalog herauskristallisieren, vgl. auch G. v. Rad, Theologie des Alten Testaments, Bd.I, München 1957, S.192.

[4] Vgl. hauptsächlich W. Zimmerli, Festschrift A. Alt, Tübingen 1953, S. 179ff. (jetzt auch: ders., Gottes Offenbarung, Ges. Aufsätze, München 1963, S.11ff.).

Heiligkeitsgesetz häufig verwendet wird, ist auch hier gelegentlich gliedernd eingeschoben. Eine zweite Gruppe von Geboten beginnt mit V.26, sie geht in zunehmendem Maße in positive Vorschriften über. V.37 ist abschließende, allgemeine Ermahnung, aber die Verse 26-36 enthalten so viele konkrete Gebote (z.B. V.32a.35f.), daß sie nicht auch auf das Konto des Redaktors gesetzt werden können. Die kasuistisch geformten Sätze schließlich bringen entweder spezifisch priesterliches Gut herein (V.5-8.23-25) oder gestalten anderes Material unter kultischen Gesichtspunkten um (V.20-22). Den Anfang des Kapitels bilden nach der allgemeinen Einleitung V.1-2 (Redaktor!) die apodiktischen Sätze V.3-4. Wie die Komposition von Lev 19 gewachsen ist, wird uns später beschäftigen.

Mit einer Gesamtzahl von 66 unabhängigen Prohibitiven steht das Heiligkeitsgesetz bei weitem an der Spitze aller alttestamentlichen Gesetzessammlungen. Ob sich eine Entwicklung vom Bundesbuch über das Deuteronomium zum Heiligkeitsgesetz in der Interpretation der apodiktischen Sätze feststellen läßt, ist eine bedenkenswerte Frage; die Verschiedenheit der Auffassungen der einzelnen Sammler ist deutlich genug geworden.

d. Dekaloge und sonstiges

Soll die Sichtung des alttestamentlichen Stoffes einigermaßen vollständig sein, dann darf sie sich nicht auf die Gesetzessammlungen beschränken. Die für den Alltag bestimmten apodiktischen Sätze können auch in anderen literarischen Gattungen ihre Spuren hinterlassen haben. Wir wollen darum zwar in der Hauptsache die in der Nachbarschaft von Rechtssätzen überlieferten Gebote untersuchen, aber dabei den Blick für andere Vorkommen offenhalten.

1. Für die Dekaloge ist der Sachverhalt ziemlich klar. Ex 20,2ff. (Dtn 5,6-21) besteht aus einer Abfolge von Prohibitiven[1], die am Anfang (Ex 20,2-6 bzw. Dtn 5,6-10) als Jahwerede stilisiert sind. Ex 34,12ff. nähert sich inhaltlich und auch in der positiven Formulierung – es stellen sich 13 positive und nur 7 negative Vorschriften heraus – mehr den kulttechnischen Vorschriften. Die paränetische Auflockerung (V.12.15f. usw.) und die Stilisierung als Jahwerede (V.18.19.20.24) hat in Ex 34 die Einzelvorschriften viel stärker erfaßt als in den beiden erstgenannten Dekalogen. Beide Dekalog-

---

[1] Die Zählung ist schwierig: 12 Prohibitive und 4 positive Formulierungen finden sich, wenn man jede Verbform zählt.

formen haben das gemein, daß sie mit keinerlei kasuistischen Gesetzen verkoppelt sind.

2. In prosaischen Texten verschiedenster Art können apodiktische Sätze als Zitate auftauchen. Eine Handlung kann gerechtfertigt oder begründet werden, indem der Handelnde auf einen apodiktischen Satz rekurriert, sofern dieser wirklich, wie unsere Voraussetzung war, eine autoritative Norm darstellt. In der Tat liegen einige Beispiele in dieser Richtung vor: Jer 35,6f. wird die Sippenordnung der Rechabiten zur Begründung eines Verhaltens angeführt. 1 Sam 2,16 hält man den pflichtvergessenen Eli-Söhnen wohl eine alte Opferregel entgegen. Dtn 1,17 zitiert das alte Unbestechlichkeitsgebot (vgl. Ex 23,1ff.6ff.; Lev 19,15; Dtn 16,19).

3. Erzählungen können auch in ihrem Bericht ausgesprochen oder unausgesprochen auf apodiktische Normen Bezug nehmen, ohne sie ausdrücklich zu zitieren, man vergleiche z.B. 2 Kön 18,4 (Hiskia verhält sich gesetzestreu), 2 Kön 23,3.4ff. (Josias Reformwerk kommt in Gang) und als Gegenstück 2 Kön 21,2-9 (Manasses Ungehorsam). Das deuteronomistische Geschichtswerk ist ein Paradebeispiel für das Bemühen, die ganze Geschichte fortwährend an Gesetzesbestimmungen zu messen[1]. Aber auch hinter anderen Erzählungen stehen Wertnormen, das ist etwa an der Josephsgeschichte (vgl. Gen 39, besonders V.9!; Gen 50,15-21) und der Novelle über die Moabiterin Ruth zu erkennen.

4. Unschuldsbekenntnisse, denen wir im Alten Testament und auch im Alten Orient häufig, meist in kultisch gebrauchten Texten, begegnen[2], orientieren sich ganz offensichtlich an listenweise

---

[1] Vgl. M. Noth, Überlieferungsgeschichtliche Studien, 2. Aufl. Darmstadt 1957, bes. S.100ff. Die offene Frage ist, warum der Deuteronomist die Gebote der Mitmenschlichkeit so völlig außer acht läßt und sich in seiner Bewertung der Geschichte auf das Gebot beschränkt, Jahwe allein und an einem Ort zu verehren; typisch dafür ist 2 Kön 17,2-23. – Vgl. auch D. Daube, ArOr 17, 1949, S.88ff., der alte Pentateucherzählungen für vorgesetzliche, geformte Rechtsnormen hält. So soll die Ausführungsgeschichte das Loskaufrecht veranschaulichen.

[2] Z.B. Dtn 26,12ff.; 1 Sam 12,1-3.(4.5); Gen 31,36-42; Ez 4,14; Dtn 21,7; Hi 31; Ps 26,3-6.11. Vgl. K. Galling, Der Beichtspiegel, ZAW 47, 1929, S.125ff.; H. Schmidt, Das Gebet des Angeklagten, BZAW 49, 1928; G. v. Rad, Gerechtigkeit und Leben in der Kultsprache der Psalmen (1950), in: Ges. Stud. bes. S.225ff.; ders., Die Vorgeschichte der Gattung 1 Kor 13 (1953), in: Ges. Stud. S.281ff.; H. Gunkel, J. Begrich, Einleitung in die Psalmen, Göttingen 1933, S.251 („Unschuldslieder"). Galling, a.a.O. S.126, verwendet unverständlicherweise für das Unschuldsbekenntnis selbst den Terminus Beichtspiegel.

zusammengestellten Prohibitiven. Die Grundform des Unschuldsbekenntnisses ist: „Ich habe nicht..." (es folgt die Nennung der verbotenen Handlung). Seltener sind innerhalb solcher Unschuldsbekenntnisse die positiven Aussagen, die die Erfüllung eines Gebotes konstatieren, man vergleiche Hi 31,16-18.

5. Die Normen selbst, die dem seine Unschuld Bekennenden vorschweben mögen, sind mit ihrer kultischen Umrahmung in den Toraliturgien überliefert[1]. Losgelöst vom kultischen Haftpunkt stehen solche Sammlungen dann einfach unter dem Leitgedanken: Wie ist und wie handelt ein „Gerechter"? (Vgl. Ez 18,5ff.). Ähnliche Kataloge, die unter dem Einfluß des Griechentums entstanden sind, beschreiben die Tugenden und Qualitäten des Weisen.

6. Viele prophetische Scheltworte greifen auf Lebensnormen, wie sie in den Prohibitiven zum Ausdruck kommen, zurück[2].

Dies sind in etwa die Quellen, die auch bei der bisherigen Diskussion über die sogenannten apodiktischen Rechtssätze eine Rolle gespielt haben. Daß sich darüber hinaus ähnliche, negativ formulierte Gebote in der altorientalischen Umwelt und vielleicht auch in fernerliegenden Kulturen zum Vergleich anbieten, daß man weiter nicht nur die Rechtssammlungen und verwandte Texte des Alten Testaments untersuchen darf, sondern z.B. auch die weisheitlichen Mahn- und Warnworte zur Erklärung des „apodiktischen Rechts" heranziehen muß, wird im Laufe der Arbeit klarwerden.

2. Die Hauptmerkmale der Prohibitivgattung

Die Frage nach dem Wesen der Prohibitive kann jetzt schon an dieser Stelle gestellt werden, obwohl die Materialübersicht klargemacht hat, daß normierende Prohibitive in verschiedenen Ausprägungen erhalten sind: Sie finden sich in unmittelbar an den Adressaten gerichteten Weisungen, wie in der Form unpersönlicher Aufreihung, sie sind in kultisch gebundenen Toraliturgien wie in alten Sippenordnungen noch erkennbar. Die Materialsichtung berechtigt

---

[1] Vgl. Ps 15,2ff.; 24,4; Jes 33,15f.; S. Mowinckel, Le décalogue, Paris 1927; H. Gunkel, ZAW 42, 1924, S.177ff.; K. Koch, Festschrift v. Rad, Neukirchen 1961, S.45ff.

[2] Z.B. Hos 4,2; Jer 7,9; Mi 6,10-12. Vgl. H. W. Wolff, Die Begründungen der prophetischen Heils- und Unheilssprüche, ZAW 52, 1934, S.1ff. (jetzt auch: Ges. Stud., München 1964, S.9ff.); E. Würthwein, Amos – Studien, ZAW 62, 1950, S.10ff. Neuerdings hat H. W. Wolff auf breiterer Grundlage die Beziehungen des Amos zu volkstümlichen Wertsystemen nachgewiesen, vgl. Amos' geistige Heimat, Neukirchen 1964.

uns aber – dadurch, daß sie gewisse Gemeinsamkeiten der verschiedenen Formen sichtbar werden ließ –, zumindest versuchsweise anzunehmen, daß sich die unterschiedlichen formalen Ausprägungen der apodiktischen Sätze in der Überlieferung auf einen gemeinsamen Ursprung zurückführen lassen. Also können wir einige charakteristische Züge unserer Gattung, die mit der Negativität der Form einerseits und dem Anspruch auf Verbindlichkeit für das tägliche Leben andererseits gegeben sind, vor einer eingehenderen Form- und Gattungsanalyse besprechen.

a. Negation und Position im apodiktischen Recht

1. Die Negativität des Ausdrucks wird allgemein nicht als eine lediglich formale Erscheinung im apodiktischen Recht gewertet. Man knüpft gelegentlich geradezu weitreichende theologische Folgerungen daran. Wir müssen darum zuerst die Frage stellen, ob denn die negative Formulierung für die apodiktischen Sätze ausnahmslos gebraucht wird und welche Bedeutung ihr zukommt. G. v. Rad bejaht die erste Frage und wehrt damit den Gedanken ab, das alttestamentliche Gesetz sei nomistisch zu verstehen. „... zu einem ‚Gesetz' im engeren Sinn des Wortes, zu einer Anweisung zum moralischen Leben, fehlt dem Dekalog das Wichtigste: die positive Füllung..."[1]. Und im Zusammenhang mit den positiven Formulierungen innerhalb des Unschuldsbekenntnisses Hi 31,16-18 nennt er die „Verlängerung ins Positive" eine „Verwilderung der Gattung", die auf ihre „Loslösung von ihrem ursprünglichen Sitz im Leben" schließen lasse[2].

Auch uns sind die negativ formulierten apodiktischen Sätze besonders aufgefallen. Wegen ihrer Anzahl, wegen ihres gehäuften Auftretens scheinen sie wirklich das absolute Übergewicht unter den nichtkasuistischen Sätzen zu haben. Jedoch kann man sie nicht völlig von den positiv überlieferten Geboten isolieren, indem man etwa alles Positive eliminiert oder in angeblich ältere Prohibitive zurückverwandelt. Die Diskussion dieser Frage konzentriert sich merkwürdiger- und ganz unberechtigterweise fast ganz auf das vierte und fünfte Gebot des Dekalogs[3]; wenn man die Frage aber im

---

[1] V. Rad, Theologie Bd. I, S.196.
[2] V. Rad, Ges. Stud. S.294; ders., Dtn-Studien, S.20.
[3] H. Schmidt z.B. tilgt beide Gebote als nicht stilgemäß, Festschrift H. Gunkel, Bd. I, Göttingen 1923, S.82. Alt (I, S.317f.) zieht die Verwandlung in die Verbotsform vor.

Blick auf die Gattung der apodiktischen Gebote grundsätzlich erwägt, dann wird klar, daß die positive Formulierung nicht eo ipso als sekundär verdächtigt werden darf. Das wird dann auch seine Konsequenzen für die Beurteilung der Grundhaltung der apodiktischen Sätze haben. – Der Beweis für diese Behauptung muß allerdings noch erbracht werden. Er wird sich auf einige exemplarische Stellen beschränken müssen.

Ex 23,7a („Von dem Falschwort bleibe fern.") läßt sich kaum einfach durch eine negative Formulierung, aus anderen Zusammenhängen entlehnt, ersetzen. Wenn sachliche Gründe für eine Emendation fehlen, ist es mißlich, sich von starr gehandhabten, postulierten Formkriterien leiten zu lassen. In unserem Fall ist nun weder formal noch inhaltlich Anlaß gegeben, den Halbvers von seinem Platze zu entfernen oder ihn in negative Form zu bringen. Die Warnung vor dem Bösen, hier sicher vor der verleumderischen Rede in einer Rechtssache, entspricht nämlich in ihrer Intention genau einem Prohibitiv. Und daß es sich bei dem nur äußerlich positiven, in Wirklichkeit aber auf ein Unterlassen gerichteten Ausdruck um eine gängige Weise des Verbietens, Abmahnens, der dringenden Warnung handelt, zeigt der Gebrauch des Verbs רחק in Spr 22,5 (im Hifil in Spr 4,24;5,8)[1]. Aber auch sinngemäß gehört Ex 23,7a in diesen Zusammenhang. Ex 23,6 leitet wahrscheinlich eine neue Reihe von Weisungen, das Verhalten in Rechtsangelegenheiten betreffend, ein. Der Vers hat in seiner umfassenden Aussage – ein Rechtsanspruch des Armen darf nicht abgebogen werden – ein die folgenden Verbote bestimmendes Gewicht[2]. Die sich dann anschließende Warnung vor dem Lügenwort (V.7a) kann zweierlei bedeuten: einmal das Verbot, einer unrichtigen, betrügerischen Darstellung des Sachverhaltes im Prozeß sein Ohr zu leihen; als solche

---

[1] Ein anderer positiver Ausdruck, der in diesem Sinne abwehrend gebraucht werden kann, ist סוּר מִן, z.B. Spr 3,7; 13,19; 14,16; 16,6.17; Num 16,26. Dem entsprechen andererseits die häufigen, nun negativ formulierten Mahnungen, nicht von Jahwe, vom Guten, abzuweichen, und die Feststellung: Israel ist abgewichen. – Vgl. auch die Ausdrücke שׁוּב מִן (Hifil: Ez 18,8a); חָדַל מִן Ex 23,5; חֲזַק לְבִלְתִּי Dtn 12,23; הִשָּׁמֶר לְךָ Ex 34,12. Mit den letzteren beiden Wendungen haben wir den paränetischen Sprachgebrauch erreicht, vgl. E. Würthwein, ThW IV, S.980f.; H. W. Wolff, Ges. Stud. S.130 ff.

[2] Vgl. Dtn 16,19; 24,17; Lev 19,15. מִשְׁפָּט = Rechtsanspruch, vgl. L. Köhler, Lexicon in Veteris Testamenti Libros, Leiden 1953, S.580 Nr.2,3. Der Ausdruck wird in dieser Bedeutung häufig mit dem Genitiv des Besitzers präzisiert, vgl. Dtn 10,18; 27,19; Jer 5,28.

würde sie sich mit dem Verdikt über den Falschzeugen[1] treffen und sich den Prohibitiven an die Seite stellen, die eine Einflußnahme auf das gerechte Urteil durch Befangene ausschließen wollen[2]. Oder aber es handelt sich um das Gebot, selbst von einer Verleumdung Abstand zu nehmen. Auch in diesem Falle fügt es sich in den Rahmen der Verhaltensmaßregeln für das Gerichtsverfahren gut ein[3].
Von ganz anderer Art sind die positiven Gebote, die z.B. in Lev 19,9f. oder Dtn 25,13-15 am Ende von Prohibitivketten auftauchen. Sie wollen kein Unterlassen fordern, sondern – indem sie das, was durch die Ausgrenzung des Verbotenen abgesteckt ist, noch einmal zusammenfassend vor Augen halten – den Hörer positiv auf den Sinn der Verbote hinweisen. In den detaillierten, positiv formulierten Kultvorschriften spielen Prohibitive manchmal eine ähnliche Rolle[4]. Daß hier eine ursprüngliche Verbindung von positiver und negativer Formulierung vorliegt und nicht eine nachträglich aus irgendwelchen Gründen hergestellte Verknüpfung, dürfte die Überlieferung jeweils derselben Verbote mit den entsprechenden Schluß*geboten* in verschiedenen literarischen Schichten beweisen: Zu Lev 19,9f. ist Dtn 24,19ff. die Parallelstelle. Trotz des verschiedenen Aufbaus beider Reihen und der in manchen Punkten auseinandergehenden Ausdrucksweise – ein Zeichen für die Eigenständigkeit beider Texte! – fehlt die positive Schlußmahnung nicht[5]. – Zu Dtn 25,13-15 wiederum findet sich eine Parallele in Lev 19,35f.; Ez 45,10. Es ist natürlich nicht ausgeschlossen, daß besonders die positiven Zusammenfassungen der Prohibitivreihen nachträgliche Erweiterungen erfahren haben. Hier kam es nur darauf an, die Originalität der Kombination von negativen und positiven Geboten zu zeigen.
Für die dritte Art der positiven Ergänzung von Prohibitiven, die positiv formulierte Konzession, die den Verbotssatz entweder einschränkt oder genauer bestimmt, ist die Ursprünglichkeit des positiven Teils nicht so deutlich. Immerhin findet sich in Dtn 23,20-21a eine derartige Weisung:

---

[1] Dtn 19,16ff.; Ex 23,1b; Spr 6,19; 12,17; 19,5.9; vgl. Jes 59,3f.
[2] Vgl. Ex 23,8; Lev 19,15aβγ; Dtn 16,19aβb.
[3] Vgl. Ex 23,1a; Lev 19,16aα; beide Aussagen kombiniert Ex 23,1b.
[4] Vgl. das Sabbatgebot und seine negative Schlußklausel, Ex 20,9f.; die Speiseregeln Dtn 14,4-8.9-10.
[5] Möglicherweise aber hat die jetzt vorhandene soziale Bestimmung eine ältere magische Deutung verdrängt, vgl. G. Beer, ZAW 31, 1911, S.152.

„Lade deinem Genossen keinen Zins auf...
den Fremden darfst du zinsen,
den Genossen darfst du nicht zinsen ..."

Die Verbotskette beruht ganz und gar auf der Unterscheidung von אָח und נָכְרִי[1]. Beide Sätze bilden eine logische Einheit: Wenn die Zinsnahme vom Stammesbruder verboten ist, muß sie von Nichtbrüdern erlaubt sein. Es ist nicht einzusehen, warum der positive Teil der Weisung nicht ursprünglich sein sollte.

Eine vierte Art von positiven Sätzen stellen die positiven, selbständigen Gebote dar; aus unserer Sammlung von apodiktischen Sätzen wären besonders Ex 20,8ff.; 20,12; Lev 19,32a und eventuell Dtn 22,12 zu nennen. Sie stehen in keinerlei Abhängigkeit zu den voraufgehenden Prohibitiven. Diese Gebote hätten leicht auch in einer Prohibitivform ausgedrückt werden können[2]. Warum sind sie positiv formuliert? Eine schlüssige Antwort wird sich nicht geben lassen. Wir können nur versuchen, wahrscheinlich zu machen, daß etwa das Sabbatgebot aus einer positiven Urform herausgewachsen ist. Die Texte Lev 19,2.30; Ex 23,12; 20,8ff.; 31,13-17; Jer 17,21f.; Ez 20,20 (es soll hiermit keine chronologische Reihenfolge bezeichnet werden) zeigen etwas von einer zunehmend kultisch-rituellen Differenzierung, die sich dieses Gebotes bemächtigt hat. Eine negative Urform ist jedoch nicht zu erkennen. – Das gleiche gilt vom Elterngebot[3], das im Dekalog und in Lev 19,2 mit dem Sabbatgebot gekoppelt ist.

2. Das positive Element in der apodiktischen Rechtsformulierung tritt also zwar stark in den Hintergrund, ist aber nicht als ein gattungsfremdes anzusprechen. Was verbirgt sich aber hinter der vorherrschenden negativen Ausdrucksweise? Wir haben nach der causa finalis zu suchen. Welchen Zweck verfolgen die Verbote? Worauf richten sie die Aufmerksamkeit dessen, den sie anreden? Welches Ziel geben sie ihm für sein Verhalten?

Ps 24,3 stellt die Frage, wer das Heiligtum Jahwes betreten dürfe. Es ist das die obligate Ermittlung, der der Wallfahrer sich stellen muß. Die Antwort enthält den Satz: „... der sich nicht nach dem Nichtigen sehnt." Ohne Zweifel ist damit richtig das Anliegen eines

---

[1] Vgl. Dtn 15,2f.; Lev 25,35ff.44ff.47ff.; Spr 20,16; 27,13.
[2] Vgl. Ex 20,10b; Dtn 5,14b; 16,8b; Lev 23,3.7b.8b.21a.25a.28a.31a.35b.36b; 25,4b.5.11; Dtn 27,16; Ex 21,15.17.
[3] Vgl. Lev 19,32a: Die Ehrfurcht vor dem Alter wird auch in einem positiven Satz eingeschärft. Dtn 22,12 ist nur ein priesterlicher Anhang zu alten Verboten.

Kataloges von Prohibitiven auf einen Nenner gebracht. Abgrenzung vom Bösen, Nichtigen, Gemeinschaftszerstörenden oder -gefährdenden ist verlangt[1]. Wenn die Verbote selbst auch nicht über ihre eigene Intention reflektieren, so tritt doch hier und da deutlich die Tendenz hervor. Die Warnung vor dem רָשָׁע und der Gemeinschaft mit ihm[2], die Abwehr der Meintat, besonders im Bereich der Rechtspflege[3], die Ausschließung sexueller Perversionen[4], eventuell auch die Sicherung der Gottesverehrung[5]: Das alles sind Dammbauten gegen einen möglichen Einbruch des Bösen, Verderblichen. Und auch dort, wo nicht verbaliter das Böse in seiner vielfachen Gestalt genannt wird[6], wo nicht schon im Wortsinn des verwendeten Verbs die Abscheu gegen das Böse mitgesetzt ist[7], finden schon im Verbieten allein diese Grenzziehungen gegenüber dem Nichtigen statt. Nun ist aber die Vermeidung des Bösen sachlich garnichts anderes als das Tun des Rechten. Wer das Gemeinschaftsgefährdende unterläßt, fördert die Gemeinschaft, weil er sich innerhalb der guten Ordnung hält. Eine andere Alternative gibt es für das Rechtsdenken des Alten Testaments nicht. Die gelegentlich mit den negativen zusammen verwendeten positiven Gebotsformen zeigen das deutlich. Und Dtn 16,20, obwohl wegen seines emphatischen Tones als deuteronomischer Zusatz verdächtig, hat der Sache nach völlig recht: Die Möglichkeit, die die Verbote allein offenlassen, ist das „der Gerechtigkeit und nur der Gerechtigkeit Nachjagen". Weder die positive noch die negative Form entscheiden also über die „Gesetzlichkeit" der Weisung. „Innerhalb des von den Geboten... umsteckten Lebensraumes liegt ein weites Gebiet sittlichen Handelns, das durchaus unnormiert bleibt[8]." Das gilt auch von den erwähnten positiven Vorschriften.

---

[1] Vgl. S. Mowinckel, Psalmenstudien Bd.I, Oslo 1921, S.39-58. „Sünde ist alles, was gegen die heilige Sitte verstößt, was dem Ethos der Gesellschaft, der Sippe, des Stammes widerspricht." (Mowinckel, a.a.O. S.48).
[2] Ex 23,1b; vgl. Lev 19,31a; Ps 1,1; 26,4f.
[3] Ex 23,1ff.6ff.; Lev 19,15.35; Dtn 16,19.
[4] Ex 20,14; Lev 18,6ff.
[5] Lev 26,1f.; Dtn 16,22ff.; Ex 20,3ff.
[6] Es begegnen die Ausdrücke שָׁוְא (Ex 23,1a; 20,7); רָשָׁע (Ex 23,1b; 23,7); חָמָס (Ex 23,1b; vgl. Dtn 19,16); רָעָה (Ex 23,2); שֶׁקֶר (Ex 23,7; Lev 19,12a); עָוֶל (Lev 19,15.35); ua.. hauptsächlich im Zusammenhang mit dem Gerichtsverfahren.
[7] Vgl. z.B. קלל, חלל, ינה, עשק, נאף, גנב, שקר, כחש, גזל, שנא, wahrscheinlich alles emotional sehr gefüllte Ausdrücke.
[8] V. Rad, Theologie Bd. I, S.196.

Wenn es gesichert ist, daß für den Israeliten das Verbot: „Tue nicht das Böse" gleichbedeutend war mit dem Gebot: „Tue das Gute", dann läßt sich daraus nur schließen, daß die Verbote der Sicherung einer Ordnung dienen sollten[1], die ganz selbstverständlichen Gesetzen unterworfen war; das dieser Ordnung angemessene Verhalten ergab sich ohne weitere positive Regelungen, und man brauchte nur an ihren Rändern Verbotstafeln aufzurichten, die den Unerfahrenen vor dem Verlassen des umhegten Bereiches warnen sollten. Eine solche intakte Ordnung ist uns freilich nicht mehr Lebenselement, und darum erscheint uns die Weise der Sicherung durch Negationen allein fremdartig. – Zwei Beobachtungen sollen das Gesagte noch stützen.

Als Äquivalent zu den obengenannten negativen Summarien treten zusammenfassende positive Überschriften vor Prohibitivkatalogen auf, die in legitimer Weise den Skopos der nachfolgenden Verbote erfassen. Ps 15,2 etwa: „Wer vollkommen lebt, Gemeinschaftstreue hält, wer Wahrhaftiges in seinem Herzen sinnt", der darf den heiligen Tempel betreten. Und worin diese Vollkommenheit besteht, erfahren wir gleich darauf: im Vermeiden der Abwege (V.3.5). Dies impliziert das Bleiben auf dem rechten Wege. Oder Jes 33,15:

> „Wer in Gerechtigkeit lebt,
> wer Richtiges redet,
> wer Ausbeutergewinn verschmäht,
> wer seine Hände schüttelt, daß sie Bestechungsgeschenk nicht anfassen,
> wer sein Ohr verstopft, daß es von Bluttaten nichts hört,
> wer seine Augen schließt, daß sie Böses nicht sehen ..."

der erfüllt die Voraussetzungen, in die Gegenwart Gottes treten zu dürfen. Nur die beiden ersten Glieder der Reihe reden von einer positiven Gebotserfüllung, die vier folgenden dagegen lassen Prohibitive durchscheinen. Sie verlangen die Aktivität des Tempelbesuchers in der Vermeidung des Bösen, d.h. im Bleiben in der guten Ordnung. Und darin bewährt er seine Gerechtigkeit. – Auch wenn diese positiven Summarien also sekundäre Zufügungen[2] sind, die die

---

[1] Vgl. M. Noth, Die Gesetze im Pentateuch (1940), Ges. Stud. 2. Aufl. München 1960, S.20ff., 53ff.

[2] K. Koch, Tempeleinlaßliturgien und Dekaloge, in: Studien zur Theologie der at. Überlieferungen (Festschrift G. v. Rad), Neukirchen 1961. S.46ff. hält seltsamerweise die Prohibitive für einen Zuwachs (aus dem Sippenethos?) zum partizipialen, apodiktischen Recht; er geht sicher zu weit, wenn er beide Formen, so wie er sie in der Einlaßliturgie vorfindet, grundsätzlich trennt, und die partizipialen Sätze (Ps 15,2) zum apodiktischen „Segen" (!) erklärt (a.a.O. S.49).

alten Prohibitivreihen für den Kultgebrauch interpretieren, so treffen sie doch darin das Richtige, daß sie die unanstößliche Lebensführung als den Sinn der Prohibitive erfassen.
Eine Grundhaltung, die der unserer Prohibitive sehr ähnlich ist, finden wir in der alttestamentlichen, aber darüber hinaus in der gesamten altorientalischen Weisheit. Vor der Gemeinschaft mit den Sündern und vor der Sünde, dem Bösen, wird unablässig gewarnt. Die echte Lebensweisheit schützt vor dem falschen Wege, vor jedem Fehltritt ins abgründig Zerstörerische[1]. „Fliehe das Böse!" (Spr 3,7), das könnte als Motto über dem ganzen Proverbienbuch stehen. Durch die Abweisung des Bösen ist aber schon das eigentliche Ziel der Weisheit erreicht: Einsicht und Vernunft siegen über das Verderben, das vom Bösen her droht, und behalten das Leben[2].
Erstreckt sich die Verwandtschaft beider Gattungen noch weiter als nur auf ihre Grundintention? Können wir aus der Weisheit noch mehr über die Abzweckung der Mahnungen und Verbote entnehmen, das für das Verständnis unserer Prohibitive wichtig wäre?
Für die Weisheit ist es klar, daß sie ihre abwehrende Haltung gegen das Böse in erster Linie zugunsten der bildungsbedürftigen Jugend propagiert. Ihr Ziel ist ein pädagogisches. Kann man den gesetzlichen Prohibitiven ursprünglich ähnliche Bildungsabsichten unterstellen? Eine formale Feststellung läßt sich für diese Annahme anführen: Wie die weisheitlichen Mahnungen haben die Prohibitive gelegentlich Begründungssätze[3] bei sich, die offenbar an die Urteils-

---

[1] Spr 1,10ff.; 2,12ff.; 4,14f.24.27; 5,1ff.; 6,5; 6,24ff.; 7,5ff.; 9,6; vgl. B. Gemser, Die Sprüche Salomos, HAT I, 16, Tübingen 1937, S. 15f. (2. Aufl. 1963; im Folgenden wird stets die 1. Aufl. zitiert).; W. Zimmerli, ZAW 51, 1933, S.194f.; G. Boström, Proverbiastudien, Lund 1935.
[2] Vgl. Spr 6,23; 3,13ff. u.ö.; vgl. K. Koch, ZThK 52, 1955, S.1ff., H. Gese, Lehre und Wirklichkeit in der alten Weisheit, Tübingen 1958, S.33ff.
[3] Zwar kann man mit Recht fragen, ob wir solche kausalen Nachsätze überhaupt zu den eigentlichen Verboten hinzurechnen dürfen. Manche Forscher verneinen das, so Alt, Rabast, Schmökel, Kraus. Es ist auch zuzugeben, daß B. Gemser, The Importance of the Motive Clause in Old Testament Law, VT Suppl I, 1953, S.50ff. zu souverän über diese Frage hinweggegangen ist und den jetzt vorliegenden, sicherlich von Sammlern und Bearbeitern stark veränderten Text unbesehen zum Ausgangspunkt seiner Untersuchung gemacht hat. Indessen erweisen sich einige Begründungssätze doch als relativ fest mit den Prohibitiven verbunden: Dtn 16,19 und Ex 23,8 z.B. begegnet, literarisch sicher unabhängig voneinander, der Begründungsnachsatz, der vor den Folgen des Bestechungsgeschenkes warnt. Auch die Begründungen in Dtn 23,8 und Lev 18,7ff. (Elliger, ZAW 67, 1955, S.4, läßt die letzteren doch wohl ohne Not weg), sowie in Dtn 24,6, machen einen ursprünglichen Ein-

kraft der Angeredeten appellieren. In einer durchaus pädagogischen Manier wird der Hörer des Gebotes an die Entscheidung für das Richtige herangeführt; das Gute läßt sich nicht autoritativ verordnen, es verlangt Zustimmung. – Diese Fragen greifen aber dem Gang unserer Untersuchung vor. Wir werden die Abzweckung der Prohibitive erst dann genauer bestimmen können, wenn wir ihren Sitz im Leben erkannt haben. Fürs erste wenden wir uns jetzt dem zweiten allgemeinen Wesensmerkmal der Verbote zu.

b. Die Intensität der Prohibitive

Die besonders seit Alts gattungsgeschichtlicher Analyse des apodiktischen Rechts immer wieder hervorgehobene kompromißlose Schärfe und Nachdrücklichkeit der Verbotsform ist in der Regel mit dem Hinweis auf die grammatische Form der Prohibitive begründet worden. Die Verbotssätze sind „apodiktisch" „dadurch, daß sie nicht die Normalform hebräischer Verbotssätze mit der Negation אַל und dem Jussiv des Imperfekts im verbalen Prädikat haben, sondern die sehr viel stärker wirkende Form reiner Aussagesätze mit der Negation לֹא und dem Indikativ des Imperfekts."[1] Also sollen die Negationspartikel und der modus verbi für die Differenzierung der negativen Willensäußerungen verantwortlich sein. Ihre Funktion gilt es zu untersuchen.

Der Hebräer kennt im wesentlichen die beiden obengenannten Möglichkeiten, einen negierten Willensausdruck sprachlich zu fassen. Die Auskunft, die in vielen Grammatiken gegeben wird, nämlich לֹא mit dem Imperfekt bezeichne das absolute, vorzugsweise das göttliche Verbot, während אַל mit dem Jussiv „mehr nur" eine „Abmahnung" darstelle[2], geht ganz in der Richtung der These Alts. Jedoch lehrt die Prüfung von Belegstellen aus verschiedenen literarischen Gattungen, daß besonders die Jussivkonstruktion eine bedeutende Variationsbreite im Aussagegehalt hat. Dringliche,

druck. Dtn 22,9 ist ein wenig langstilig; Dtn 22,5; 23,19 bringen die im Dtn häufige (17mal) aber auch in Ez (42mal) und Spr (20mal) vorkommende תּוֹעֵבָה-Formel mit in die Begründung hinein. Das muß nicht gegen ihre Ursprünglichkeit sprechen.

[1] Alt I, S.315; vgl. aber schon B. Baentsch, Das Bundesbuch, Halle, 1892, S. 27ff.
[2] W. Gesenius, Hebräische Grammatik, 28. Aufl. hg. v. E. Kautzsch, Leipzig 1909 (künftig: GesK), §107o; vgl. C. Brockelmann Hebräische Syntax, Neukirchen 1956, §5a, 52a; O. Grether, Hebräische Grammatik, 2. Aufl. München 1955, §28t.

negative Wünsche und Bitten eines Beters[1] werden ebenso mit der Jussivform ausgedrückt wie die Warnungen des Weisheitslehrers[2] und die strikten Verbote von Amtspersonen[3] oder gar Gottes Befehle[4]. Das mahnt zur Vorsicht. Diese Variationsbreite des verneinten Jussivs (die sich den mannigfachen Verwendungsmöglichkeiten des Imperfekts ebenbürtig an die Seite stellt) darf bei der Interpretation von gesetzlichen Texten nicht übersehen und die Jussivkonstruktion in solchen Texten nicht abschwächend als bloß subjektive Willensäußerung gedeutet werden.

Die Annahme nun, das Imperfekt in der Verbindung mit לא drücke eine schärfere oder gar die bestimmteste Form der Negation aus, ruht einmal auf der Voraussetzung, daß das Imperfekt nur zum Ausdruck der echten, unveränderlichen, durch keine subjektive Darstellung verzeichneten Wirklichkeit gebraucht werde. Die Negation dieser Wirklichkeit wäre dann – falls sie durch den Zusammenhang als Willensäußerung ausgewiesen ist – allerdings die bestimmteste. Sie könnte besonnenerweise nur von jemandem ausgesprochen werden, der die Wirklichkeit nach seinem Willen formen kann. Dieser Voraussetzung ist aber der Boden dadurch entzogen, daß das hebräische Imperfekt nicht nur Aussagecharakter hat, sondern eine Reihe von modalen Ausdrucksnuancen einschließt[5]. Von daher ist es wahrscheinlich, daß das Imperfekt, wird es zum Ausdruck einer Willensäußerung gebraucht, keine anderen Qualitäten als der Jussiv mitbringt[6].

[1] Ps 6,2; 9,20; 10,12; 22,12.20; 25,7 u.ö.
[2] Spr 3,1;3,7.11.21.25.27-31 u.ö.
[3] Ex 10,28; 16,29; 19,15; 36,6; Lev 10,6; Num 16,26.
[4] Ex 3,5; 12,9ff.; 16,29; 34,3 usw.; vgl. GesK §109c. G. Bergsträßer, Hebräische Grammatik, II. Teil, Leipzig 1929, §10, stellt die verschiedenen Verwendungsarten des (negierten) Jussivs phänomenologisch zusammen.
[5] GesK §107m; G. Beer, Hebräische Grammatik, Bd.II, 2.Aufl. bearb. v. R. Meyer, Berlin 1955, §100; Bergsträßer, Grammatik, §7i. Die modale Verwendung des Imperfekts wird allgemein anerkannt, jedoch bei den apodiktischen Verboten – wahrscheinlich weil man als Vertreter dieser Gattung fortwährend den Dekalog vor Augen hat – nicht ernsthaft in Erwägung gezogen.
[6] W. Kornfeld sieht die entscheidende Differenz in der Aktionsart von Imperativ (dem entspräche die verneinte Jussivbildung) einerseits und Imperfekt (analog dazu die negierte Imperfektkonstruktion) andererseits. Er meint, der Imperativ sei immer nur ein punktueller Befehl, dem keine bleibende Verpflichtung innewohne, allein das Imperfekt könne ein zeitlos gültiges Gebot ausdrücken (Studien zum Heiligkeitsgesetz, Wien 1952, S.57f.). Diese Theorie erweist sich als nicht stichhaltig. Die weishetlichen

Die zweite Voraussetzung ist die, daß die Negationspartikel לֹא eine stärker verneinende Kraft besitze als אַל und ihr der Ausdruck göttlicher oder autoritativer Verbote vorbehalten bleibe. Die Partikel לֹא diene von Hause aus „in der Regel zum Behuf der objektiven, unbedingten Verneinung"[1]. Sie greift also angeblich über ihren angestammten Wirkungsbereich hinaus, wenn sie in Begehrssätzen zur Anwendung kommt. Die Frage ist, ob die Partikel ihre „objektive" Negativität innerhalb eines Begehrssatzes bewahrt. Dafür spräche vielleicht die ausschließliche Verwendung von לֹא etwa in den Nachsätzen von Rechtsbestimmungen[2], die darauf hinzudeuten scheint, daß der Gesetzgeber im höchstmöglichen Maße subjektive Rücksichten ausschließen will. Dagegen aber läßt sich bemerken, daß gerade auch zur Formulierung autoritativer Befehle die Negation אַל eingesetzt werden kann[3]. Besonders in der späten Priesterschrift ist diese Benutzung von אַל sehr auffällig, wenn es wahr sein sollte, daß göttliche Verbote in einer obligatorischen לֹא-Imperfektverbindung auftreten müssen. Die Verfasser der Priesterschrift hätten diese Regel kennen müssen und darum weder ein unsachgemäß überliefertes אַל dulden noch selbst diese Konstruktion anwenden können. Dagegen spricht auch die Feststellung, daß die Prohibitive, die ja gelegentlich ihre Anweisung begründen, kaum eine autokratische Setzung („Du wirst nicht...") sein wollen. – Diese kurze Übersicht zeigt schon, daß die Prohibitive nach ihrem Aussagegehalt, wie er sich in der grammatischen Form zu erkennen gibt – im Einzelfall ist natürlich auch der Kontext zu vergleichen –, echte Begehrssätze und nicht verneinte Aussagesätze sind.

Warnungen, die ständig in der verneinten Jussivform erscheinen, wollen ja nicht lediglich punktuelle Bedeutung haben, sondern gültige Lebensregeln sein. In der Imperfektform als solcher kann also die zeitliche Dauer und die „göttliche" Gewalt des Verbotes nicht begründet sein.
[1] GesK §152b. Das Gesamtverhältnis von לֹא zu אַל im AT ist etwa wie zehn zu eins.
[2] Vgl. Ex 21,7b.8b.10b; Dtn 21,16b.23; 22,19b.29b; 24,4a.5a; 25,3a.5a.12b u.ö.; vgl. o.S. 24 Anm. 2.
[3] Eine Untersuchung der Bücher Ex – Dtn ergibt: Insgesamt sind es 58 Stellen, an denen אַל mit Jussiv vorkommt. Davon sind negativ formulierte Bitten und Wünsche: dreizehn; aktuelle Befehle: zwanzig. Es bleiben 24 Stellen, an denen gültige Verbote mit normierendem Charakter durch die Jussivform wiedergegeben sind: Ex 12,9; 16,19; 23,1.7; Lev 10,6.9; 11,43; 16,2; 18,24; 19,4.29.31 (2 mal); 25,14.26; Dtn 2,5.9.19; 9,4.7. Die Belege stammen überwiegend aus P, dazu kommen die Stellen aus der paränetischen, dtn Einleitung. Warum begnügen sie sich mit der „schwächeren" Jussivform?

Die Frage nach der Verwendung und Bedeutung von לֹא und אַל zeigt sich in ihrer ganzen geschichtlichen Verwickeltheit, wenn man andere semitische Sprachen zum Vergleich heranzieht. Morphologisch gesehen kann man die gebräuchlichsten Negationspartikeln im Semitischen auf die Konsonanten -n- und -l- zurückführen (vgl. A. Dillmann, Grammatik der Äthiopischen Sprache, 2. Aufl. hg. v. C. Bezold, 1899; Nachdruck Graz 1959, §62c.). Der Gebrauch der Partikeln ändert sich dann mit Sprachkreis, Sprachperiode und – was in den Grammatiken manchmal anklingt – mit der literarischen Gattung, in der sich die Negationen finden.

a. In der akkadischen Sprachfamilie konkurrieren die Negationen lā, ul und ai/ē miteinander. Die letztere ist für eine schwächere Wunschform (Vetitiv) reserviert (W. v. Soden, Grundriß der akkadischen Grammatik, Rom 1952, §81 i). lā scheint die umfassendere Bedeutung zu haben, es verneint im assyrischen Sprachgebrauch Aussage- und Begehrssätze (Soden, a.a.O. §122 a), während im Babylonischen die Negation ul für Aussage- und lā für Begehrssätze gebraucht wird (Soden, a.a.O. §122 b). Jedoch scheint der Sprachgebrauch nicht immer dieser Regel zu folgen, man vergleiche ul in Willensäußerungen im Kodex Hammurapi, §52; 142; 161; vgl. auch Soden, a.a.O. §161 b.

b Auch das Ugaritische kennt mehrere Negationspartikeln für Verbalsätze: l (lâ), al ('al) und bl (bal). Nach C. H. Gordon, Ugaritic Manual, Rom 1955, §12,4 verneint l realiter, al wird in Verbots- und bl in negativen Wunschsätzen gebraucht; vgl. Gordon, a.a.O. §13,34ff.; A. Götze, Festschrift Pedersen, Kopenhagen 1953, S. 123.

c. Im Phönizischen. fehlt die Negation לֹא ganz (J. Friedrich, Phönizisch-punische Grammatik, Rom 1951, S.114 Anm. 1 und §318,1). Zur tatsächlichen Verneinung (Friedrich, a.a.O. §318,2: „affirmative Negation") stehen בל, אי und die Zusammensetzung beider: אבל zur Verfügung. „Als prohibitive Negation dient wie im Hebräischen, Ugaritischen und Aramäischen אל mit Imperfekt (ursprünglich Jussiv)." (Friedrich, a.a.O. §318 a). „Bei besonders nachdrücklichem Verbot kann das Hebräische לֹא mit Imperfekt setzen..., das Phönizische בל mit Imperfekt verwenden." (Friedrich, a.a.O. §318,3c).

d. Im modernen Arabisch wird der Verbotssatz mit lā und Jussiv ausgedrückt (D. Cowan, An Introduction to Modern Literary Arabic, Cambridge 1958, S.98), während die tatsächliche Verneinung durch mā und Perfektform (Cowan, a.a.O. S.56; gleichbedeutend damit aber auch lam mit Jussiv, a.a.O. S.99) oder lan und Konjunktiv für das Futur (Cowan, a.a.O. S.93) geschieht. Vgl. auch A. Socin, C. Brockelmann, Arabische Grammatik, 10. Aufl. Berlin 1929, §94b.c, 143.

Es sind also meist zwei oder mehr Negationspartikeln zur Verneinung von verbalen Ausdrücken vorhanden; die Bedeutungsbereiche dieser Partikeln lassen sich selbst für die literarischen Zeugnisse einer Epoche nicht ganz streng festlegen. Immerhin scheinen sich in den einzelnen Sprachperioden jeweils in einem Sprachgebiet (und in einer Gattung?) feste Regeln für den Gebrauch einer Partikel in Aussage- und einer anderen in Begehrssätzen herausgebildet zu haben, wobei die Gründe, die zur Wahl der einen oder der anderen Partikel für diese oder jene

Funktion führten, unaufklärbar bleiben; die Anwendungsbereiche der Partikeln überschnitten sich in jedem Falle in einer Grenzzone. Wir müssen uns ferner darüber im klaren sein, daß unsere Unterscheidung von Aussage- und Begehrssatz sehr grob ist und die vielen Nuancen der Wunsch- und Willensäußerung einerseits und der feststellenden und beschreibenden Aussage andererseits nicht wiedergeben kann. Damit ist ebenfalls schon gesagt, daß eine Untersuchung der Negationspartikeln allein fruchtlos bleiben muß. Die komplizierte Frage nach der Bedeutung und Funktion hebräischer und semitischer Tempora und Modi spielt ja ständig mit herein; dazu vgl. S. R. Driver, A Treatise on the Use of the Tenses in Hebrew, 3. Aufl. London 1892; F. R. Blake, A Resurvey of Hebrew Tenses, Rom 1951. Es bleibt darum zweifelhaft, ob man überhaupt ein Entwicklungsschema für den Gebrauch der Negationen lā und 'al suchen darf; (vgl. C. Brockelmann, Grundriß der vergleichenden Grammatik der semitischen Sprache, Bd. 1, Berlin 1908 [Neudruck Hildesheim 1961], § 253b: „Im Hebr. und im Westaram. dient 'al, das im Ostaram. ganz verloren ist, nur zur Verneinung subjektiver Verbalformen...; das war vielleicht der ursemit. Sprachgebrauch. Das im Ass. entsprechende ul dient auch schon zur Vereinung objektiver Äußerungen ...").

Mit Generalisationen ist also in dieser Sache nicht weiterzukommen. Um eine eventuelle Spezialisierung gewisser Ausdrücke mit לא und אל feststellen zu können, muß man nicht nur die Sprachperiode, aus der die literarischen Überlieferungen stammen, beachten, sondern auch sorgfältig untersuchen, welcher Gattung ein gegebener Text im Laufe seiner Geschichte zugehört hat. Dabei ist selbstverständlich der Ursprung einer jeden Gattung von besonderer Wichtigkeit.
Obwohl viele Frage offenbleiben und weiterer linguistischer Klärung bedürfen, läßt sich ein vorläufiges Ergebnis so festhalten:
a. Selbst wenn die Negation לא in der hebräischen Sprache einmal die Aufgabe gehabt hat, in Begehrssätzen als verstärkende Verneinung zu dienen, ist der Sollenscharakter der Verbote nie zugunsten der Vorstellung von einer autoritären Setzung aufgehoben worden.
b. Verschiedene Textgattungen, wie verschiedene Sprachperioden, können sehr wohl unterschiedliche Gepflogenheiten im Gebrauch der beiden Negationen entwickelt haben.
c. Bei der Gattung der Prohibitive spricht der Promiskuegebrauch beider Partikeln, besonders in den priesterlich redigierten Texten, für eine Gleichheit der Imperfekt- und der Jussivverbote.
d. Aus der Imperfekt-לא-Verbindung läßt sich keinesfalls auf die göttliche Autorschaft der Verbote zurückschließen.
e. Die grammatische Form der Prohibitive spricht nicht gegen einen gewissen erzieherischen Impetus dieser Gattung.

c. Die das apodiktische Recht tragende Autorität

Im Zusammenhang mit der Frage nach der Intensität der Prohibitive ist sogleich die nach der das apodiktische Recht promulgierenden Person zu stellen. Gemeinhin werden die Prohibitive, besonders in den dekalogartigen Zusammenstellungen, direkt aus einem postulierten israelitischen Bundeserneuerungsfest hergeleitet[1], wobei es freilich schwierig wird, alle als apodiktisch erkannten Sätze in einem Hauptfest des Stämmeverbandes unterzubringen. Die These, wir hätten es bei den Prohibitiven mit der direkten Offenbarung Jahwes an sein Volk, d.h. mit der durch Priester im Rahmen des Bundesfestes wiederholten Gesetzesverkündigung vom Sinai, zu tun, stützt sich außer auf die bisher genannten Argumente hauptsächlich darauf, daß die Prohibitive zumeist in Redezusammenhängen erscheinen, deren Subjekt Jahwe ist[2]. Die Selbstvorstellungsformel Jahwes[3] taucht gelegentlich als Einleitung (Ex 20,2; Dtn 5,6) oder als Refrain (Lev 19,4.10.12.14.16.18.28.31) zu Prohibitiven auf; in Begründungs- und sonstigen Nachsätzen erscheint ebenfalls dann und wann Jahwe als Subjekt (Ex 22,21.28ff.). Diese Rahmung und Stilisierung der Prohibitivreihen ist ganz offensichtlich kultischen Ursprungs. Es fragt sich aber, ob die apodiktischen Sätze selbst, sofern die sich überhaupt ohne Nennung eines redenden Subjekts und ohne Nennung gerade eines göttlichen Urhebers verstehen lassen, in dem kultischen Rahmen, in dem sie jetzt stehen, entstanden sind.

Ex 22,20ff. schließt nicht an den voraufgehenden Vers an, scheint aber, wie wir schon sahen, in sich eine geschlossene Einheit zu sein. Gleich in V.20 wird die Heilsgeschichte als Begründung für die Verbote angeführt. Kein anderer als Jahwe oder der Priester in seinem

---

[1] Alt I, S.322ff. Nachdem Alt von Stil und Gehalt der apodiktischen Sätze her auf ihre kultische Entstehung geschlossen hat, lokalisiert er sie näher im Laubhüttenfest, hauptsächlich mit Hilfe der Fluchzeremonie Dtn 27 und der Verordnung Dtn 31,10-13.

[2] Vier der sechs Prohibitivsammlungen stehen direkt in der Sinaiperikope: Ex 22,20ff.; 34,12ff.; Lev 18f.; Ex 20,2ff. Dtn 5,6ff. wird rückschauend in eben diesen Zusammenhang gerückt. Nur Dtn 22ff. ist als Moserede stilisiert. Auf die Schwierigkeiten, die einer traditionsgeschichtlichen Analyse der überdimensionalen Sinaiperikope entgegenstehen, haben besonders G. v. Rad, Das formgeschichtliche Problem des Hexateuch (1938), in: Ges. Stud. S.22ff. und M. Noth, Überlieferungsgeschichte des Pentateuch, 2. Aufl. Darmstadt 1960, S.63ff. hingewiesen.

[3] Vgl. W. Zimmerli, Gottes Offenbarung, S.11ff., 41ff., 124ff.; K. Elliger, Ich bin der Herr – euer Gott, in: Festschrift K. Heim, Tübingen 1954, S. 9ff.

Namen kann so reden: „... denn ihr seid Fremde in Ägypten gewesen." Hat sich der Sprecher so indirekt vorgestellt, tritt er bald darauf auch mit seinem „Ich" hervor: V.22.23.24.26.28.29.30; (Ex 23,7b wird wohl in die 2. Person zu verbessern sein). Wenn es gilt, daß auch Begründungssätze zu den Prohibitiven gehören können, dann scheinen die Weiterungen von V.20.22f.29f. auch zunächst unverdächtig.

Indessen wird die ursprüngliche Zugehörigkeit der Stücke, die das redende Ich Jahwes enthalten, zu den Prohibitiven durch folgende Beobachtungen fragwürdig: 1. Die Selbstvorstellungformel an sich tritt in unserem Textabschnitt nicht auf. Folglich greift der Text von V.20ff. über die kasuistischen Bestimmungen des Bundesbuches, in die der Bearbeiter nur einmal in einer mit Händen zu greifenden Weise das Ich Jahwes eingefügt hat (Ex 21,13b.14; sonst wird Gott immer in der 3. Person genannt, vgl. Ex 21,6.13a; 22,7.8.10.19), zurück auf die Jahwerede Ex 20,22ff. Diese Verbindung erscheint aber aus sachlichen und stilistischen Gründen unnatürlich. Der kultische Rahmen Ex 20,22ff. und die sozialen Prohibitive Ex 22,20ff., die nicht primär am Ritus interessiert sind (auch Ex 22,28ff. ist das ursprünglich nicht), stimmen inhaltlich nicht gut zusammen. Stilistisch wird Ex 20,22ff. von paränetischen Prägungen beherrscht (Pluralform!), in Ex 22,20ff. bemüht sich dagegen eine Hand vergeblich, die Numeri miteinander auszusöhnen (V.20a – Singular; V.20b – Plural, usw., man vergleiche auch den Apparat der Biblia Hebraica zur Stelle). Muß diese Verklammerung mit dem Rahmengesetz zum Bundesbuch als sekundär beurteilt werden, dann fällt die Jahwerede in Ex 22,20ff. mit unter dieses Urteil. 2. Die Erweiterungen zu den Prohibitiven haben zum Teil deuteronomische Breite[1]. Sie tragen eine eindringlich mahnende Art zur Schau, die an den paränetischen Predigtstil erinnert[2]. 3. In V.27 wird Elohim in der 3. Person genannt. Es liegt augen-

---

[1] Vgl. besonders den an Wiederholungen reichen Stil V.22f. und V.26 („... dies ist allein seine Decke, dies ist sein Kleid für die Haut...") mit dem nachklappenden und fragmentarischen Bedingungssatz V.26bβ. V.29 ist dagegen prägnante, kultisch orientierte Weisung.

[2] Vgl. z.B. den gehäuften Gebrauch des absoluten Infinitivs (V.22!); die emphatische Steigerung durch Wiederholung; die priesterliche, allgemeine Ermahnung zur Heiligkeit (V.30a). Der Sprachgebrauch in V.26 אֲנִי חַנּוּן scheint spät zu sein, חַנּוּן kommt sonst nur noch – meist zusammen mit רַחוּם oder צַדִּיק – an zwölf späten Stellen vor, z.B. Neh 9,17.31; 2 Chron 30,9; Ps 86,15.

scheinlich eine Unausgeglichenheit vor, wenn gerade diese Verbotsreihe, die mit dem Verbot der Gotteslästerung (3. Person!) anfängt, auf das in der 1. Person stilisierte Erstgeburtsopfergebot hinausläuft (V.28b). 4. Ein klarer Eingriff liegt auch in V.24 vor. Der ursprüngliche Text war sicher nicht als Jahwerede gedacht. Die Lesart עַמִּי kann nur sekundär aus dem noch sinnvollen עִמָּךְ, dein Stammesgenosse; entstanden sein. 5. Der heilsgeschichtliche Begründungssatz (Ex 22,20b; 23,9b) ist ein im Deuteronomium beliebter Anhang zu Geboten und paränetischen Stücken[1]. 6. In Dtn 24,(6).10-22 finden wir eine thematisch verwandte Reihe von Verboten. Entsprechend der Anlage des Deuteronomiums sind hier die Absenderangaben auf Mose bezogen (V.18.22). Sie sind als deuteronomische Bildung kenntlich. 7. Die pluralische Formulierung scheint in Ex 22,20ff. primär an den Erweiterungssätzen zu haften (Ex 22,20b.23.30a.(30b); Ex 23,9b), während die Prohibitive selbst ursprünglich wohl im Singular stilisiert waren (Ex 22,20a. - V.21a ist wohl nach V.20b umgeformt; Ex 22,27.28a; 23,1-3.6-9a).
Aus alledem geht zur Genüge hervor, daß die Prohibitivreihen Ex 22,20a.21.27.28a; 23,1-3.6-9 von der Hand eines Bearbeiters oder im Laufe einer späteren Kollektion in die Jahwerede eingefügt oder mit Jahwerede umrahmt worden sind. Daß die Stilisierung als Jahwerede erst Ex 22,20ff. einsetzt, nicht aber schon an irgendeiner Stelle des kasuistischen Korpus, spricht für die relative Geschlossenheit des letzteren zur Zeit der Sammlung und für den relativ lockeren Zusammenhang der Prohibitive unter sich; sie waren zwar zu kleinen Ketten verklammert, ließen aber dazwischen viel Raum für Erweiterungen.
Der Dekalog Ex 20,2-17 (Dtn 5,6-22) ist das bekannteste Beispiel für die Stilisierung von Prohibitiven als Jahwerede. Der heutige Text setzt wuchtig mit der Selbstvorstellung Jahwes ein (Ex 20,2; Dtn 5,6), aber das Ich Jahwes trägt seltsamerweise nur die ersten beiden Gebote (Ex 20,3-6). Schon das Verbot, Jahwes Namen zum „Frevel" zu gebrauchen (V.7a), ergeht nicht mehr als Jahwes eigenes Wort, und die folgenden Glieder der Reihe nennen Jahwe ebenfalls nur mehr in der 3. Person: Ex 20,10.11.12; Dtn 5,11.12.15. 16. Das ist ein erstaunliches Ergebnis. Keine Gesetzessammlung erhebt so stark den Anspruch, Willenskundgabe Jahwes in eigener Person zu sein, wie der Dekalog.

---

[1] Vgl. Dtn 10,19; 23,8; 16,1.3.12; 5,15; 24,18.22; 6,21. Dtn 1-4 sind ganz auf den heilsgeschichtlichen Rückblick angelegt. Aber auch die priesterliche Paränese benutzt gern dieses Thema: Lev 18,3; 19,34.36; 22,33; 23,43; 25,38.42.55.

Übereinstimmung herrscht in der Ansicht, daß der Dekalog starke Veränderungen erfahren hat. Es wird hauptsächlich mit Zusätzen zu den ersten vier Geboten Ex 20,2-11 gerechnet[1]. Ist nun die Selbstaussage V.2: „Ich bin der Herr, dein Gott..." integrierender Bestandteil der Prohibitivreihe, die sich ihr anschließt? Das ist die erste und entscheidende Frage. Die gründlichen formgeschichtlichen Untersuchungen Elligers und Zimmerlis haben den kultischen Ursprung der Selbstvorstellungsformel erhellt. Sie ist bestimmt gewesen, hervorragende Stücke der Liturgie einzuleiten oder abzuschließen[2]. Gerade darin zeigt sich aber die Eigenständigkeit der Selbstvorstellungsformel: Sie kann frei an verschiedenen Stellen der Kultfeier, in verschiedenen liturgischen Partien eingesetzt werden. Zimmerli kommt selbst zu dem Ergebnis, „daß die Gebotssätze nicht primär auf die abschließende Selbstvorstellungsformel hin geformt sind, sondern daß es sich hier um eine sekundäre Verwendung ... handelt[3]." Was so von der Schlußstellung der Selbstprädikation Jahwes gilt, muß aber auch für die einleitende Stellung dieser Formel gefolgert werden, wenn man die Selbständigkeit der Formel, ihre priesterlich-kultische Herkunft, ihre späte Verbreitung und auch den Befund aus dem übrigen Alten Testament in Rechnung stellt:[4] Danach ist es vielleicht möglich, daß die Selbst-

---

[1] Vgl. W. Zimmerli, Das zweite Gebot, in: Festschrift A. Bertholet, Tübingen 1950, S.552 (jetzt auch: Gottes Offenbarung, S.236); Alt I, S.317f.; H. Schmidt, Festschrift H. Gunkel, Bd.I, S.85ff.

[2] W. Zimmerli, Festschrift Alt, S.192 (= Gottes Offenbarung, S.24): „Die Zusammenschau der priesterlichen Aussagen in P, H und Ez führt uns danach unverkennbar auf einen gottesdienstlichen Vorgang, bei welchem ein durch göttliches Geheiß legitimierter Sprecher gewichtigste Gehalte der Gemeinde im Wort vermittelt. Sowohl der Bericht über die geschichtlichen Rettungstaten Jahwes wie auch die Mitteilung des Gottesrechtes" (man beachte den weiten Verwendungsbereich!) „ist unter die vollmächtige, durch den menschlichen Beauftragten zu sprechende, einleitende oder abschließende Selbstvorstellungsformel Jahwes gerückt."

[3] Festschrift Alt, S.191, Anm.2 (= Gottes Offenbarung, S.23 Anm.26), nach einer Untersuchung der Belegstellen Ex 6,2; Ez 20,5.

[4] Elliger, Festschrift K. Heim, S.10: „Es ist gewiß nicht von ungefähr, daß sich der Gebrauch der Formeln gerade bei H, P, Ezechiel und Deuterojesaja konzentriert, also anscheinend in der Zeit des Exils." – Bei den Hauptbelegstellen außerhalb des Pentateuch, die immer wieder für die ursprüngliche und unzertrennliche Zusammengehörigkeit von Jahwerede und Rechtspromulgation angeführt werden, fehlt leider meistens das eine oder andere Element, oder es wird die Einheit beider nicht in aller wünschenswerten Deutlichkeit sichtbar. Ps 81,9-11 z.B. bringt nur das Fremdgötterverbot (V.10), die Selbstvorstellungsformel ist zudem nachgestellt (V.11a), und auch

vorstellungsformel und das Fremdgötter- und Bilderverbot eine ursprüngliche Einheit bildeten, aber es wird sehr unwahrscheinlich, daß die eigentliche Gebotsverkündigung, die ja schon im Dekalog nicht mehr von dem Ich Jahwes erfaßt wird, von jeher mit der Selbstvorstellungsformel zu einer Einheit verwachsen war.
Ex 34,12ff. gibt nach außen hin ein viel einheitlicheres Bild ab als der Dekalog von Ex 20. Die Stilisierung als Jahwerede ist entschiedener durchgeführt. Im Anschluß an den Redeeinsatz V.10 tauchen die Hinweise auf den Sprechenden, Jahwe, immer wieder auf: V.18.19.20.24.25, wenngleich Jahwe auch in der dritten Person erwähnt wird (V.10.14.23.24.26). Ist der Grund für diese durchgreifendere Umgestaltung etwa darin zu suchen, daß die Sammlung Ex 34 aus kultisch bedeutungsvollerem Material besteht, daß sie länger in der Festliturgie überliefert worden ist, als es mit dem Großteil von Ex 20,2ff. geschehen ist? Dennoch ist auch hier eine eindeutige Erklärung des Ursprungs der Einzelsätze aus der Kultliturgie nicht möglich. Versuche, den alten Dekalog, den man hinter Ex 34,12ff. sucht, zu erheben, rechnen sämtlich mit starkem Textzuwachs[1]. Bei den notwendig werdenden Streichungen fallen auch viele Zufügungen, die als Jahwerede formuliert sind, weg. Es bleiben nur die Verse 19a.20bβ.25a, die als apodiktische Sätze und als Jahweworte stilisiert sind. Bei ihnen ist ernsthaft zu erwägen, ob nicht alte Gottessprüche vorliegen. Die Themen dieser Gebote – Erstgeburtsforderung (vergleiche Ex 23,28b), das Verbot, leer vor Jahwe zu erscheinen, das Verbot, gesäuertes Brot beim Opfer zu benutzen – passen in einen kultischen Rahmen hinein. Eine sichere Entscheidung läßt sich nicht treffen[2].
Für Lev 18f. liegen die Dinge klarer, für Lev 18 so klar, daß Elliger

---

die Klage V.12ff. weiß nichts von einer Verletzung der übrigen Gebote. – Ps 50,7 steht die Selbstvorstellungsformel einsam, erst V.17-20 läßt die Gebotsverkündigung durchscheinen, und das, obwohl die Identifizierung von Bund und Bundessatzung schon geschehen ist (V.16a+b). Die Selbstvorstellungsformel gehört in die Theophaniefeier, und längst nicht alle Theophaniedarstellungen sind mit einer Gesetzesverkündigung verknüpft, vgl. A. Weiser, Die Darstellungen der Theophanie in den Psalmen, Festschrift A. Bertholet, S.513ff.; vgl. M.Noth, Ges. Stud. S.55, Anm.100.
[1] Vgl. G. Beer, HAT I,3, S.161; M. Noth, Überlieferungsgesch.d.Pent., S.33; ders., ATD 5, S.214,215ff.
[2] Ex 23,10-19 als Parallele trägt nichts aus, da wahrscheinlich literarische Abhängigkeit besteht, vgl. Jepsen, Untersuchungen, S.49,90ff. Doch sind ähnliche Verbote auch ohne das Ich Jahwes überliefert: Ex 13,3.7; Dtn 16,3.16.

nur unter stärkster Berücksichtigung der herkömmlichen Anschauung seine eigene Meinung, das Korpus stelle eine alte Sippenordnung dar, zurückstellen und den kultischen Ursprung behaupten kann: „Das Auffallendste ist ihr gänzlich untheologischer Charakter... Nur die apodiktische Form läßt es geraten erscheinen, mit der jetzigen Formulierung der Verbote in die Zeit hinunterzugehen, wo das unter Jahwes Willen sich beugende Israel bereits in Palästina saß..."[1]. In Lev 19 ist die Selbstvorstellungsformel schon so erstarrt und beweist so wenig Zusammenhang mit dem übrigen Text, in den sie scheinbar unmotiviert hier und da eingeschoben ist, daß eine ursprüngliche Einheit von Prohibitiven und Selbstprädikation Jahwes nicht angenommen werden kann. Auch Lev 19,2.19.37 stammen aus derselben Quelle. Nur V.12 macht dieser Annahme Schwierigkeiten. Hier ist die 1. Person Jahwes in einem Prohibitiv selbst verwendet. Das Nebeneinander der 1. und 3. Person Jahwes in V.12 kann noch nicht zugunsten der Ursprünglichkeit der 3. Person ausgelegt werden. Sind aber die Überschrift Lev 19,2 und die refrainartigen Einfügungen der Selbstvorstellungsformel als sekundär erkannt, dann wird auch das einsame Suffix der 1. Person in V.12 wurzellos. Des Nachweises, daß sich in Lev 19 Gebote gesammelt finden, die sich zum Teil – ohne als Jahwerede stilisiert zu sein – auch in anderen Textzusammenhängen ausmachen lassen, bedarf es dann gar nicht mehr, um sicherzustellen, daß auch in Lev 19 die Stilisierung als Jahwerede nicht zur ursprünglichen Prohibitivform dazugehört.
Läßt sich so bei fast allen Prohibitiven – Ausnahmen machen eventuell nur einige wenige apodiktische Sätze, die dann aber wegen ihrer streng kultischen Orientierung kaum zu den eigentlichen Prohibitiven gezählt werden können – nachweisen, daß die Stilisierung als Jahwerede sekundär ist, dann ist die Gattung wahrscheinlich nicht im Bundesfestkult zu Hause, dann hat Jahwes absolute Autorität diese Sätze nicht von jeher gestützt. Da die Prohibitive in der Urform selbst aber gar nichts über den oder die Sprecher oder Verwalter der in ihnen zum Ausdruck kommenden Ordnung aussagen, sind wir auf Indizien angewiesen. Die Mischung von Autorität und Vertrauen auf vernünftige Überzeugungskraft, die Art und Weise, eine einsichtige, überschaubare Ordnung sichern zu wollen, die wir bei den Prohibitiven meinten feststellen zu können, führen uns dazu, eine patriarchalische Institution als Autorität

---

[1] ZAW 67, 1955, S.12.

hinter den Verboten zu suchen und nicht eine staatliche oder priesterliche. – Eine Übersicht über den Themenkreis der Prohibitive soll aber zunächst die Wesensbestimmung dieser Gattung abrunden, bevor wir an die Einzeluntersuchung einiger charakteristischer Formelemente gehen.

d. Die Themen der Prohibitive und ihre Beziehungen zur Weisheitsliteratur

Ist die Herkunft aus dem Jahwefestkult für die Prohibitive auch abgelehnt, so könnten die apodiktischen Sätze doch Ausdruck einer genuin israelitischen Frömmigkeit sein; wenn nicht in der Ich-Rede Jahwes, so könnten sie doch in der persönlichen Anrede durch den Priester, Richter[1] – vielleicht gar im Rahmen einer gesamtisraelitischen Stammesinstitution gesprochen worden sein. Wie verhält sich das israelitische Ethos, wie es in den Prohibitiven erschließbar ist, zum Jahweglauben?
In der Tat weist einiges im Inhalt der Prohibitive auf eine enge Beziehung zum Jahweglauben hin. Der Mißbrauch des Namens Jahwes steht unter dem Verdikt, der Ausschließlichkeitsanspruch des Gottes Israels macht sich in den Verboten der Abgötterei und des Bilderdienstes geltend[2]. Und es kann kein Zweifel daran sein, daß sekundär die in das Sinaiereignis oder die deuteronomische Gesetzesverkündigung hineingezogenen Vorschriften mehr und mehr unter dem Gesichtspunkt der Bindung an Jahwe, die eine

---

[1] Vgl. M. Noth, Geschichte Israels, 2. Aufl. Göttingen 1954, S.97ff., ders., Das Amt des Richters Israels, Festschrift A. Bertholet, S.414, 417; H. J. Kraus, Gottesdienst in Israel, 2. Aufl. München 1962, S.220ff., ders., Die prophetische Verkündigung des Rechts in Israel, ThSt 51, Zollikon 1957. Durch H. J. Boecker, Redeformen des Rechtslebens im Alten Testament, Neukirchen 1964 (und vorher schon in der zugrunde liegenden Dissertation) S.106ff. angeregt, ist eine grundsätzliche Diskussion um das Amt des מַזְכִּיר entstanden, vgl. die bei Boecker, a.a.O. S.106 Anm.2 und passim zitierte Literatur.
[2] Namensmißbrauch verbieten: Ex 20,7; Dtn 5,11; vgl. Lev 18,21b; 19,12; 22,15.32. Wahrscheinlich ist an den Mißbrauch bei der Eidesleistung gedacht, vgl. J. Pedersen, Der Eid bei den Semiten, Straßburg 1914, S.142; S. Mowinckel, Psalmenstudien Bd.I, Oslo 1921, S.52 (Zauberei mit Jahwes Namen, d.h. schwarze Magie, sei verboten). – Abgötterei- und Bilderverbot gehören eng zusammen, meinen wohl ursprünglich dasselbe: Ex 20,2 (Dtn 5,7); Ex 23,13; 34,14; Lev 18,21a; 19,4a; (vgl. Lev 17,7; Dtn 6,14; 7,16b) – Ex 20,4 (Dtn 5,8); Ex 34,17; Lev 19,4b; 26,1; Dtn 16,21.22; 17,1. Vgl. K. H. Bernhardt, Gott und Bild, Berlin 1956.

Scheidung von der kanaanäischen Art verlangte, gesehen wurden[1]. Aber das Thema „Jahweverehrung" ist strenggenommen nur dem Fremdgötter- und Bilderverbot ursprünglich eigen, und nur diese beiden sind „genuin israelitisch"[2]. Das Übergewicht gerade dieser Verbote in der späteren Überlieferung ist durch geschichtliche und theologische Faktoren zustande gekommen, von denen die Aufnahme der Prohibitive in das kultische Leben (Sinaiperikope! Einlaßliturgien!) nur einen ersten Schritt darstellte. Das Generalthema unserer Gattung ist ursprünglich nicht die Jahweverehrung; die überwiegende Zahl der in den Gesetzessammlungen vorhandenen oder sonstwie rekonstruierbaren Prohibitive redet nun einmal kaum von „Gott" (vgl. Ex 22,27), geschweige denn von Jahwe. Den Kern der Verbotssammlungen bilden vielmehr die Vorschriften für das tägliche Leben in den allgemeinmenschlichen, sozialen Gruppierungen.

Überraschend groß ist dabei nun doch die Zahl der Prohibitive, die auf kultische Vorgänge Bezug nehmen. Das tägliche Leben ist im Altertum keinesfalls einer Profanität überlassen, die der kultischen Sphäre gleichgültig oder ablehnend gegenüberstände. Um die Opferpraxis, die Erstlingsgaben und die kultische Verunreinigung durch Speisen drehen sich die Verbote Ex 22,28; Dtn 15,19b; Lev 17,12. 14a; 19,26a; Dtn 14,3.21b. Ein Grundstock kultischer Regeln wird zu der alten Prohibitivgattung gehört haben, etwa:

> Ihr sollt nicht vom Blut essen (Lev 19,26a).
> Du sollst das Böckchen nicht in der Milch seiner Mutter kochen (Ex 23,19b).
> Du sollst nicht mit deinem erstgeborenen Rind arbeiten (Dtn 15,19bα).
> Du sollst dein erstgeborenes Schaf nicht scheren (Dtn 15,19bβ)[3].

---

[1] Vgl. etwa das Verbot, sich zu Ehren anderer Götter zu verstümmeln, Lev 19,27f.; 21,5; Dtn 14,1b; M. Noth, Ges. Stud. S.34f.; 70ff.

[2] Das Gotteslästerungsverbot z.B. scheint eine genaue Parallele im Alten Orient gehabt zu haben, vgl. die Satzungen Nr. 10, 11 der Hof- und Haremserlasse assyrischer Könige, AfO 17, 1956ff., S.279f.: „... entweder Gattinnen des Königs oder niedere Frauen, (die ...) ... in ihrem Streit den Na(men der Gotth)eit mißbräuchlich anrufen [a-na ma-šik-te ta-zak-ru-u-ni] (...) ... so schneidet man die Kehlen, die Aššur gel(ästert haben), ab." (A.a.O. S.279, Nr.10, Z.56ff.) – „(... den Nam)en des Königs (soll er) im Streite nicht (nennen, den Nam)en der Gottheit soll er ja nicht nennen!" [zakāru] (A.a.O. S.280, Nr.11, Z.61).

[3] Eine babylonische Opfervorschrift erinnert an die Speiseregeln in Prohibitivform: „Thou shalt not eat the omentum, and blood thou shalt not drink." [li-pa-a la ta-ak-kal u da-ma la te-te-iš-ta] (S. Langdon, AJSL 28, 1911/12, S.217ff., §18, Z.9.) Auch diese babylonische Weisung geschieht in direkter

Der Israelit braucht wie jeder antike Mensch eine gewisse Grundkenntnis der Opfergebräuche, weil er als Angehöriger eines auch kultisch funktionierenden Familien- oder Sippenverbandes notwendig mit dem Opfern in Berührung kam. Dieses Wissen ist aber nicht an rituellen Einzelheiten interessiert; die bleiben dem beamteten Fachmann, dem Priester oder Schamanen, überlassen. In der priesterlichen Überlieferung können solche urtümlichen Opfervorschriften dann zu besonderem Ansehen gelangt sein; sie wurden weiterentwickelt und in Liturgien und Rituale aufgenommen. Eine genaue Abgrenzung des alten Gutes von den späteren kultisch – rituellen Zuwächsen ist nicht mehr durchführbar. In ihrer ursprünglichen, einfachen Gestalt mögen die sich mit Opferhandlungen und dergleichen befassenden Prohibitive also für den Hausgebrauch der Sippe bestimmt gewesen sein[1].
Neben dem Kult spielt die Magie noch eine Rolle in den Prohibitiven, ein weiteres Zeichen für die Entstehung der Gattung im Volke. Der offizielle Jahwekult konnte Vorsichtsmaßnahmen, die der Angst vor Zauberei und dämonischen Mächten entsprangen, nicht dulden. So werden auf magische Bräuche zurückzuführen sein z.B. das Verbot, falsche Kleider anzulegen (Dtn 22,5a)[2]; das Verbot, ungleichartige Dinge zu vermischen (Lev 19,19; Dtn 22,9.10.11); das Gebot, einen Ernterückstand auf dem Felde stehenzulassen (Lev 19,9f.)[3], vielleicht auch das Grenzverrückungsverbot (Dtn 19,14). In Lev 19,31; Ex 22,17 dagegen meldet sich in Vorschriften, die magische Praktiken ausrotten wollen, die offizielle Religion zu Wort.
Wenn wir jetzt einen Blick auf die Weisheitsliteratur werfen, so werden wir im israelitischen Schrifttum kaum eine Parallele zu den

---

Anrede, und – was wichtiger ist, sie begegnet im Kontext von allgemeinen Verboten von Heimtücke, Lüge, Boshaftigkeit: Vgl. a.a.O. §19ff.: „Baseness thou shalt not do ...; Words thou shalt not employ falsely ...; Evil thou shalt not do...“; vgl. die neuere Ausgabe und Übersetzung des Textes u.S. 135.
[1] Auch beim Sabbatgebot ist die rituelle Unausgefülltheit aufgefallen, vgl. v. Rad, Theologie Bd.I, S.25, Anm.2; W. Eichrodt, Theologie des AT, Bd. I, Stuttgart 5. Aufl. 1957, S.76ff. und Anm.157. Priesterliche Interpretation und Kommentierung haben schon früh eingesetzt: Ex 20,8; Dtn 5,12; Ex 34,21; Lev 19,3.20. – Die Liste der nichtkultfähigen Personen Dtn 23,2ff. dagegen setzt eine organisierte Gemeinde voraus; vgl. Lev 21f.; Dtn 7,16a.25b.26 und K. Galling, Das Gemeindegesetz in Dtn 23, in: Festschrift A. Bertholet, S. 176ff.
[2] Vgl. die Kleiderordnung für Frauen, Mittelass. Ges. Taf.I, §40.
[3] Vgl. G. Beer, ZAW 31, 1911, S.152.

bisher erwähnten Prohibitivthemen finden können. Jahwegebundenheit, kultisches Interesse, magische Tendenzen kommen, soweit sie überhaupt in der Weisheitsliteratur vorhanden sind, jedenfalls in den älteren Partien des israelitischen Spruchgutes kaum zum Ausdruck[1]. Vielleicht ist der Mangel an kultischer Instruktion in der israelitischen Weisheit lediglich auf die besondere Traditionsgeschichte dieser Literatur zurückzuführen, deren Blütezeit weit in die Zeit des etablierten offiziellen Kultus hineinfällt, so daß für die „private" Unterweisung über Opferbräuche und dergleichen jeder Anlaß wegfiel.

Das Hauptanliegen der Prohibitive im Alten Testament ist aber noch nicht damit beschrieben, daß ihr kultisches Interesse herausgestellt wird. Weitaus die meisten Prohibitive, besonders die, die in den Sammlungen Ex 22,20ff.; Lev 18f.; Dtn 22ff. konzentriert sind, wollen nicht das Verhältnis zur Gottheit regeln. Sie beziehen sich auf Handlungen gegenüber Menschen und Dingen. Vor allem beschäftigen sich die Prohibitive mit dem durch Bluts- oder gesellschaftliche Bande verbundenen Mitmenschen[2]. Mord, Diebstahl und Raub, die Kapitalverbrechen, die eine Gemeinschaft zerrütten, sind geächtet[3]. Besonders breiten Raum nehmen die Weisungen für den Bereich des Sexuellen ein[4]. Das vor Gericht angemessene Verhalten schärft eine ganze Reihe von Verboten ein[5]. Eng damit in Zusammenhang stehen die Verbote, die einem Rechtsbruch, einer Verletzung des gerechten Anspruchs, besonders von Personen der unteren sozialen Schichten, wehren wollen: Die

---

[1] J. Fichtner, Die altorientalische Weisheit in ihrer israelitisch-jüdischen Ausprägung, BZAW 62, 1933, S.36,40ff. stellt das Material zusammen: Kultische Handlungen werden in der israelitischen Weisheit nur im Vorbeigehen erwähnt (vgl. Spr 3,9f.; 15,8; 21,3.27). Trotz zunehmender Kultfreundlichkeit (so Fichtner, a.a.O. S.46) ist auch Jesus Sirach noch sehr zurückhaltend mit kultischen Anweisungen (Fichtner, a.a.O. S.43f.).
[2] Die Hauptermini sind: רֵעַ (Ex 20,16.17; Lev 19,13.16.18; Dtn 24,10; vgl. Ex 22,25; Dtn 23,35f.; Ez 18,6.11.15); – אָח (Lev 18,16; 19,17; 25,14; Dtn 23,8.20f.; 24,14; vgl. Dtn 22,1ff.; Ez 18,18); – עָמִית (Lev 18,20; 19,11.15.17); so auch K. Koch, Festschrift v. Rad, S.51. Natürlich spielen die Verwandtschaftsgrade: „Vater", „Mutter", „Schwester", und die in der Sippenordnung entwurzelten Personen: „Witwe", „Waise" eine große Rolle.
[3] Ex 20,13.15.17; Dtn 5,17.19.21; Lev 19,11a.13a.
[4] Ex 20,14; Dtn 5,18; Lev 18,6ff.22f.; 19,29; 20,19; Dtn 23,1.18f. (die letzte Stelle richtet sich gegen die kultische Prostitution).
[5] Ex 20,16; Dtn 5,20; Ex 23,1-3.6-9; Lev 19,15f.35; Dtn 1,17; 16,19; 17,6b; 19,15.

Witwe, die Waise, der Beisasse, der Lohnarbeiter, der Verschuldete usw. werden ausdrücklich geschützt[1]. Der Fluch gegen einen Schwachen gilt, wie der gegen Gott und den נָשִׂיא (Ex 22,27), gegen die Eltern (vgl. Ex 21,17) als besonders schwerwiegend: Lev 19,14. Auch die Verbote von Betrug, Leugnung, falschem Schwur, also die Vorschriften gegen „Vergehen der Zunge", scheinen bei den Prohibitiven der Rechtssammlungen stark in die Gerichtssphäre hineinzuragen (Lev 19,11b.12.26b; Dtn 25,13f.). Die Festlegung und Unantastbarkeitserklärung von Besitzrechten an Grund und Boden gehört mit zu den sozialen Maßnahmen (Dtn 19,14; 18,1f.). Billigkeit für das arbeitende Tier verlangt Dtn 25,4.

Für diesen Sektor des mitmenschlichen Verhaltens liefert nun die Weisheitsliteratur weitgehend parallele Mahnungen, Warnungen und Sprüche. Zwar fehlt es an Verboten von Gewaltverbrechen fast ganz: In direkter Warnung kommen z.B. רצח und גנב nicht vor. Gegen Gewaltverbrechen gerichtet ist wohl nur Spr 22,22: „Beraube nicht den Geringen..."; man vergleiche Lev 19,13a, wo ebenfalls das Verb גזל gebraucht wird. Aber das korrekte sexuelle, sozialkaritative und das gerichtsgemäße[2] Verhalten sind bevorzugte Themen der weisheitlichen Unterweisung.

Der Einzelvergleich zwischen den Warnungen der Weisheitsliteratur und den gesetzlichen Prohibitiven soll hier noch nicht vorgenommen werden. Die thematische Übereinstimmung zwischen beiden Gattungen ist neben den schon früher beobachteten Analogien ein weiterer Anlaß, Prohibitive und Warnungen auf ihren Zusammenhang zu untersuchen. Dazu werden wir in unserem dritten Kapitel Gelegenheit haben. Vorher aber sollen die Einzelelemente der Prohibitivform noch etwas näher besprochen werden.

3. *Die Formelemente der Prohibitive*

Im Vorhergehenden sind die Prohibitive stets als eine einheitliche Gattung behandelt worden. Wir definierten sie als gültige Normen nicht-kulttechnischer Art und waren uns darüber im klaren, daß die Grenzen zu den rituellen Vorschriften auf der einen und den kasus-

---

[1] Ex 22,20f.; 23,9; Lev 19,13.26b; (25,17.27); (25,43.46b.53b); Dtn 23,16. 17b.20-21a; 24,6.10b.12b.14a.15.17a. Das Dtn nennt diese Menschen oft in typischer Gruppierung; das braucht nicht auf dtn Ursprung der betreffenden Stellen schließen zu lassen.

[2] Vgl. Boström, Proverbiastudien; Fichtner, Weisheit, S.19f., 30ff., 28ff. stellt das Material zusammen.

gebundenen Gesetzen auf der anderen Seite fließend sind. Das hinderte uns nicht daran, in den Prohibitiven das Resultat einer spezifischen, lokalisierbaren „Geistesbeschäftigung" (Jolles) zu sehen, die eigene Formen schuf, einen ihr eigentümlichen Inhalt formte und die darum mit einer bestimmten menschlichen Situation, einer gesellschaftlichen Institution in ursächlichem Zusammenhang gedacht werden muß. Um aber zum „Sitz im Leben" vorstoßen und die Frage entscheiden zu können, ob nicht möglicherweise mehrere unabhängige Quellorte für die Gattung der Prohibitive angenommen werden müssen, ist eine vorherige genauere Bestimmung der Formelemente der Prohibitive in dem bisher durch Definition und Analyse abgesteckten Rahmen unerläßlich.

a. Gebote in der dritten Person

Aus der überwiegenden Anzahl der Verbote, die in der 2. Person direkt jemanden anreden, heben sich deutlich die Verbote in der 3. Person ab. Natürlich ist hier nicht von solchen Sätzen die Rede, die lediglich ein grammatisches Subjekt in der 3. Person haben, im übrigen aber direkte Anrede enthalten. Sätze von der Art des ... לֹא יִהְיֶה לְךָ treten gelegentlich inmitten der direkten Anrede ganz gleichwertig auf, so Ex 20,3; Dtn 25,13f. Wichtiger als diese nur scheinbar unpersönlichen Sätze sind die anderen, selteneren Beispiele für den Gebrauch der 3. Person, der eine direkte Anrede ausschließt. Da sind zunächst die Bestimmungen, die sich noch – durch ihre Stellung im Kontext – in die Situation des Befehlens, Redens und Angeredetseins einfügen, z.B. Ex 23,18b: „Das Fett meines Festes darf nicht übrigbleiben bis zum Morgen"[1], dann aber eine Reihe von Geboten, die anscheinend an niemanden direkt gerichtet sind: Dtn 23,1-4; 18,1.2; 19,15; 22,5; 23,18; 24,16; (Ex 23,15b; 34,20bβ). Was man in diesen Fällen erwarten sollte, tritt tatsächlich häufig ein: Das (logische) Subjekt der verbotenen Handlung wird ausdrücklich genannt; zuweilen ist es eine besondere Menschenklasse, etwa in Dtn 23,2 (פָּצוּעַ); 23,3 (מַמְזֵר); 23,4 (עַמּוֹנִי); 23,18 (קָדֵשׁ[ה]), während die Fälle, in denen allgemein אִישׁ das unbestimmte Subjekt darstellt – in den kasuistischen Rechtssätzen ist diese generelle Nennung des Täters sehr häufig –, sehr in der Minderzahl sind (vgl. Dtn 23,1). Von diesem Befund aus gesehen läßt sich vorerst nur feststellen, daß offensichtlich solche Prohibitive, die

---

[1] Ebenso wird לִין gebraucht in Dtn 16,5; Lev 19,13.

Menschen am Rande oder außerhalb der gegebenen Gesellschaftsordnung betreffen, die direkte Anrede vermissen lassen. Sie werden, wie sich daraus ersehen läßt, *innerhalb* dieser Ordnung weitergegeben, um gegebenenfalls nach außen hin angewendet zu werden. Sie stellen sich nicht verbietend oder gebietend dem Genannten direkt in den Weg, sondern verlassen sich zu ihrer Ausrichtung anscheinend auf den esoterischen Zirkel derer, die diese Verbote tradieren. Trotz dieser Unterschiede ist es möglich, sogar wahrscheinlich, daß diese Prohibitive in der 3. Person mit denen der 2. Person in demselben Traditionsstrom entwickelt wurden. Jene gelten für Außenstehende, diese für die Mitglieder der Gruppe. Ebenso deutlich aber ist es, daß sich aus der verschiedenen Blickrichtung beider Formen alsbald recht unterschiedliche Gebilde ergeben konnten. Der katechismusartige Ruf in die persönliche Verantwortung: „Du sollst (nicht) ..." und die Handhabung von Bestimmungen, die in ihrer Anwendung zu Gesetzen gegen die Außenwelt werden, das sind verschiedene Geistesbeschäftigungen.

Ein Stück weit können wir die Entwicklung des unpersönlichen Zweiges der Prohibitive im Alten Testament selbst verfolgen. Die einzelnen Gebote in der 3. Person scheinen nämlich recht bald unter bestimmten Gesichtspunkten gesammelt worden zu sein. Die Verbote, die sich auf einen bestimmten Stand oder eine Menschengruppe beziehen, sind zu Katalogen zusammengefaßt worden. An charakteristischen Beispielen fehlt es nicht. Dtn 17,14-20, das Königsgesetz, legt starkes Gewicht auf die Verbote in V.16.17a, die ja offensichtlich den Kern des ganzen Abschnittes bilden[1]. Dieser Kern besteht – wenn man V.15b als spätere Zutat ausscheidet – aus einer Kette von fünf Verboten, die ziemlich gleichmäßig gebaut sind, mit Negationspartikel, aktivem Verb in der 3. Person Singular, Akkusativobjekt:[2]

> Er soll sich nicht viele Pferde halten,
> er soll das Volk nicht nach Ägypten zurückführen...
> er soll sich nicht viele Frauen nehmen,
> sein Herz soll nicht abweichen,
> Silber und Gold soll er nicht vermehren.

[1] C. Steuernagel, Das Deuteronomium, HK I,3,1, Göttingen 1923, z.St. S.118, scheidet V.15b.16b.18-19 wegen verschiedener literarischer Unregelmäßigkeiten aus und erkennt in dem Rest eine ältere Sammlung. Vgl. K. Galling, Das Königsgesetz im Dtn, ThLZ 76, 1951, Sp.133ff.

[2] In V.17aβ fehlt seltsamerweise jedes Objekt, סור wird gewöhnlich mit מן konstruiert. Der Satz ist vielleicht als spätere Interpretation eingefügt, d.h. dem dritten Verbot der Reihe untergeordnet.

Das Subjekt wird in den eigentlichen Prohibitiven nicht näher bezeichnet, ist aber in der deuteronomischen Einleitung V.14f. vorhanden: מֶלֶךְ, oder eine ähnliche Personenbezeichnung dürfte ursprünglich mit zu der Liste der alten Prohibitive gehört haben. Denn die Einleitung V.14f., die die Situation der Moseansprache ans Volk spiegelt und im Stil der deuteronomischen Paränese einhergeht, ist sicherlich (vgl. auch V.16b!) deuteronomische Einkleidung. Aber auch die positive Fortsetzung des Gesetzes in V.18ff. verrät in der Weitläufigkeit der Formulierungen, in der zugrunde liegenden Anschauung von der Tora die deuteronomische Abkunft. So kann als ursprüngliche Form ein fünf(vier)gliedriger Katalog angenommen werden, der sich möglicherweise noch auf die drei Sätze mit demselben verbalen Ausdruck zurückführen läßt:

לֹא יַרְבֶּה לּוֹ סוּסִים
לֹא יַרְבֶּה לּוֹ נָשִׁים
וְכֶסֶף וְזָהָב לֹא יַרְבֶּה לּוֹ

und der eingangs sicherlich den Betroffen (מֶלֶךְ) genannt hat. Das Reflexivpronomen schließt diese drei Verben mit dem vorangestellten Subjekt zusammen. Wann auch immer eine solche Einengung der königlichen Gewalt als Reaktion auf die frommen Kreisen in Altisrael anstößigen Hausmachtbestrebungen und internationalen Kontakte des Königs formuliert sein mag: Fest steht, daß sie nicht am Königshof, sondern in Kreisen entstanden sein muß, die das moralische und theologische Recht in Anspruch nahmen, dergestalt mit dem König zu verfahren. Die Beschränkungen für den König stammen aus einem Kreise, der sich zu jurisdiktioneller Gewaltausübung über das Königtum berufen fühlte. Das Verhältnis von Gesetzgeber und Betroffenem, von (moralischer) Autorität und (moralischer) Gehorsamsforderung ist im Gegensatz zu den Prohibitiven in der 2. Person unpersönlich, sachlich, juristisch. Wir haben nicht einen Katechismus vor uns, sondern eine Art Amtsspiegel.
Wenn auch in ihrer Grundtendenz etwas andersartig, so schließen sich doch die Priester- und Gemeindevorschriften in Lev 21 und Dtn 23 formal und wesensmäßig der Kategorie der „Amtsspiegel" an. Für die Priestergesetze ist das einsichtiger als für Dtn 23. Lev 21,1-8 verbietet in der 3. Person Handlungen, die den Priester verunreinigen würden. Auch innerhalb der priesterlichen Überlieferung scheint eine zunehmende „Juridisierung" der Gattung der unpersönlichen Prohibitive eingetreten zu sein. Das Ergebnis ist hier

eine kirchenrechtlich festgefügte Institution, die für die direkte Du-Anrede keinen Raum mehr hat. – Es ist natürlich theoretisch gut möglich, daß manche Bestimmungen auch den umgekehrten Weg gegangen sind, nicht von einem persönlichen Prohibitiv in einen unpersönlichen Katalog, sondern aus einer Liste in die persönliche Form. Ein Testfall könnte der Vergleich der Bestimmungen Dtn 14,1; Lev 19,27f. mit Lev 21,5 (über die Unzulässigkeit des Haarestutzens und Hautritzens) sein. Doch scheint die zweifache Überlieferung des Verbots in der Anredeform – in literarisch eigenständigen Texten – für die Priorität dieser Fassung zu sprechen.
Eine andere Blickrichtung innerhalb solcher Kataloge, die nicht der Reglementierung eines Standes oder Amtes, sondern der Reinerhaltung eines solchen zugewandt ist, treffen wir in Lev 21,17ff.; Dtn 23,1ff. Beide Kataloge sind Instrumente in der Hand der Befugten, die Legitimation von Anwärtern auf den privilegierten Stand zu prüfen. Sie stellen die Merkmale der Ausgeschlossenen zusammen, lassen dabei seine Handlungsweise aber ganz aus dem Spiel. Die kultische Eignung erweist sich für diese Kataloge an der physischen Beschaffenheit oder der völkischen Zugehörigkeit eines Menschen zu einem bestimmten Stamm. War in den vorher besprochenen Katalogen implizite noch immer der Anspruch an den Betreffenden oder die betreffende Menschengruppe enthalten, den Anforderungen zu folgen, so ist in den zuletzt aufgeführten Listen ein esoterisches Wertsystem unverkennbar, das auf den persönlichen Imperativ verzichtet.
In ähnlicher Weise esoterisch geben sich dann die Listen, die nicht mehr Standes-, sondern „Tugend"kataloge sind. Sie verallgemeinern die Fragestellung nach dem Allgemeinmenschlichen hin. Nicht darauf kommt es an, wie König, Priester, Richter beschaffen sein müssen oder sich zu verhalten haben, sondern darauf, wie der *Gerechte* zu leben habe. Der Gerechte ist dabei als Glied einer nach außen abgeschlossenen Gruppe gedacht. Ez 18,5-9.14-18; (vgl. Jes 33,15; Ps 15,2-5; Ps 24,4) sind Beispiele für diese Art von Katalogen. Es kann natürlich nicht davon die Rede sein, daß die Tugendkataloge unmittelbar aus den Amtsspiegeln hervorgegangen seien. Aber so viel scheint klar, daß dieselbe Tradition und Denkweise, die Anstoß zur Festlegung von Amtscharakteristiken gab, ebenfalls für die Bildung der Tugendkataloge verantwortlich ist und daß alle derartigen Sammlungen zur Beschreibung des Gerechten sekundär gegenüber den unmittelbaren, persönlichen Prohibitiven sind. Damit ist Mowinckels Theorie von der Reihenfolge der Entstehung

der Einzugstorot und der Dekaloge abgelehnt[1]. Aus der Untersuchung über die Herkunft der Prohibitive wird klar werden, warum die Anredeform die primäre ist.

b. Die Anredeform der Gebote

Damit sind wir zu den uns hauptsächlich interessierenden Prohibitiven der 2. Person vorgestoßen. Es kann kein Zweifel daran sein, daß diese Verbotssätze in der direkten Anrede, die wir in der Nachbarschaft nüchterner Rechtssätze, kultischer Exhortatio oder unpersönlicher Katalogaufstellungen vorfanden, ursprünglich auf ein hörendes Subjekt hin gesprochen sind. Die Anrede in der 2. Person ist für die überwiegende Mehrzahl der Prohibitive bezeugt. Auf einen Prohibitivsatz in der dritten kommen mindestens drei in der zweiten Person. Es ist undenkbar, daß die direkte Anrede nachträglich ursprünglich anders formulierten Sätzen aufgeprägt worden wäre. Der Charakter der kurzen Verbote selbst sowie ihr Verhältnis zum anders formulierten Kontext sind unverständlich, wenn man nicht mit der anfänglichen Stilisierung in der 2. Person rechnet. Welchen Grund sollte der Sammler des Bundesbuches haben, in Ex 22,20.(17) plötzlich in die 2. Person überzuspringen? Was könnte die Ursache für ähnliche Übergänge im Schlußteil des Deuteronomiums sein, wenn nicht die Tatsache, daß ursprünglich so geprägtes Gut übernommen, aber nicht formal an seine neue Umgebung angeglichen wurde? Die Möglichkeit, daß die Prohibitive im Zuge der großen Redekompositionen des Deuteronomiums und der Priesterschrift in die 2. Person gesetzt wurden, scheidet dadurch aus, daß sich beide Gattungen, die breite, allgemeine, paränetische Rede und das einfache, treffsichere Verbot, trotz mancher Berührungspunkte fremd gegeneinander zeigen: Der literarische Stil der Sammler hebt sich darum immer mehr oder weniger deutlich vom Stil des älteren Materials ab.

1. Die eigentliche Frage ist nun, wer in der direkten Anrede der Prohibitive gemeint sein kann, oder – das wäre die uns hier zunächst beschäftigende grammatische und formale Vorfrage: Sind die

---

[1] Vgl. S. Mowinckel, Le décalogue, Paris 1927, S.114ff., 141ff.; ders., ZAW 55, 1937, S.218ff.; ders.; ThLZ 79, 1954, Sp.641ff. In seinen späteren Äußerungen rechnet Mowinckel mit einem Ursprung der „Dekalogtradition" außerhalb der Einzugsliturgie: vgl. etwa: The Psalms in Israel's Worship, Bd.II, New York 1962, S.69: „... the whole ‚decalogical tradition' is attached to the cultic festival".

Formulierungen in der 2. Person singularisch oder pluralisch aufzufassen? Rein grammatisch ist das schnell entschieden: Wir zählen 126 singularische und 77 pluralische Verbote in der 2. Person[1]. Die statistische Feststellung der Singularmehrheit entscheidet jedoch noch nichts über die Zahl der Angeredeten. Der kollektive Gebrauch des Singulars ist besonders im Blick auf Volksgruppen durchaus üblich[2]. Und: Es fehlen in den uns erhaltenen Prohibitiven selbst alle direkten Hinweise auf den oder die Angeredeten. Das berührt seltsam, besonders wenn man das weisheitliche: „Höre, mein Sohn ..." (Spr 1,8.10.15; 2,1; 3,1 usw.) und ähnliche Zielangaben in der Weisheitsliteratur danebenhält. Es kommt daher darauf an, aus inneren Kriterien etwas über die Zahl der Angeredeten auszumachen.

Eine Prüfung der singularischen Prohibitive selbst macht es aber sehr wahrscheinlich, daß sie auf den einzelnen hin gesprochen sind. Der angeredete Einzelmensch wird zwar als ein Gemeinschaftswesen gesehen (soziale Pflichten!), aber er ist doch wohl nicht als Hörer in einer (Kult)versammlung angesprochen. Denn einmal sind die verbotenen Handlungen wesentlich solche, die von einem einzelnen und ohne Mithilfe anderer ausgeführt werden können. Sie fallen mit anderen Worten in den Verantwortungsbereich des Individuums. Eine kollektive, korporative Deutung von Taten, wie sie durch die Verben חמד (Ex 20,17); נאף (Ex 20,14); לחץ, ינה (Ex 22,20; Lev 19,33); קלל (Ex 22,27; Lev 19,14) usw. beschrieben sind, würde sich durch den Aussagegehalt dieser Verben selbst widerlegt finden[3]. Zweitens legt sich auch ein distributives Verständnis der singula-

---

[1] Vgl. auch die Aufstellungen Schmökels, ZSavRg Kan.Abt. 36, 1950, S.365ff. Auch er ermittelt eine größere Zahl singularischer Gebote und Verbote, stellt die pluralischen Weisungen zu eigenen Korpora zusammen und erklärt sie aus der Tempelbelehrung: Tempelkatechismen seien „weniger zur individuellen Belehrung als vielmehr zur Bußpredigt schlechtweg verwandt worden" (a.a.O. S.379). Der Ort dieser pluralischen Sätze, die meistens zum paränetischen Rahmenwerk gehören oder in enger Verbindung mit ihm stehen, ist richtig erkannt. Aber die gewaltsame Zusammenführung von weit verstreuten, pluralischen Geboten zu Katechismen ist noch unhaltbarer als die ähnlich gewaltsam vorgenommene Vereinigung der singularischen Sätze.

[2] Vgl. GesK §123a.b; 145f.h.k. J. H. Hospers, De Numeruswisseling in het boek Dtn, Diss. Utrecht, 1947, kommt zu dem Ergebnis, daß die singularische Anrede im Dtn immer auf Israel als Ganzes bezogen sei, vgl. Dtn 6,4ff. (a.a.O. S.59,100ff.), und selbst die individuellen Gebote innerhalb des Dtn könnten durchgehend als Ansprache verstanden werden.

[3] Vgl. dagegen die Ausdrucksweise der pluralischen Paränese: Lev 18,3.4.5 u.ö. Die Verben sind farblos, allgemein; עשה wird häufig gebraucht.

rischen Prohibitive durch nichts nahe. Wo immer, wie etwa in Lev 18,6; 19,3, die Vereinzelung aus einer Menge beabsichtigt ist, deutet der Autor oder Redaktor es durch ein אִישׁ oder אִישׁ אִישׁ an, fährt zudem noch mit dem Plural fort[1]. Drittens sind die Prohibitive in der 2. Person Plural größtenteils auf das Konto von späteren Schreibern, die sich eines paränetischen Stils bedienen, zu setzen. Die Spannung zwischen pluralischen und singularischen Stücken ist oft noch im vorliegenden Text zu erkennen[2]. Wenn – das mag hier und da vorgekommen sein – die ursprünglich der Einzelbelehrung dienenden Verbote zur Gruppenunterweisung verwendet worden sind, konnte natürlich eine pluralische Fassung entstehen. Ein Beispiel dafür wäre Jer 35,6f.

Das Feld der Prohibitive, die als zur eigentlichen Gattung gehörig angesehen werden können, ist kleiner geworden. Kataloge in der 3. Person sowie paränetische Verbote in der 2. Person Plural sind ausgeschieden, d.h. sie sind als Fortbildungen oder Ableitungen von

---

[1] Wo, wie in Ex 20,2ff., der Singular wirklich kollektiv zu verstehen ist („... der ich dich aus Ägypten gebracht habe ..."), erübrigt sich natürlich eine Zuspitzung auf den einzelnen. Allein der Inhalt und Kontext kann dann entscheiden, ob kollektive oder singularische Bedeutung vorliegt.

[2] Diese Spannung kommt deutlich im H zum Ausdruck, wo die Rahmenstücke (vgl. die Einleitungsformeln Lev 19,2; 20,2; 23,2; 24,2; 25,2; auch 17,2; 21,1; 22,2) eine Vielzahl von Zuhörern voraussetzen, eine Fiktion, die etwa in den uns am meisten interessierenden Kapiteln 18 und 19 bis zu einem gewissen Grade in die älteren Bestandteile hineingetragen worden ist. Nicht nur die priesterlichen, paränetischen Rahmenstücke Lev 18,1-5.24-30 benutzen die Pluralform, sie ist auch in Lev 18,6 – wahrscheinlich einer später gebildeten, allgemeinen Überschrift zu der Gebotssammlung – zu finden. Und in Lev 19,1-18 ist sehr schön zu beobachten, wie der Verfasser der pluralischen Einleitung gelegentlich seine Vorstellung in das alte, singularische Material hineinbringt, z.B. in Lev 19,3.4: Diese Gebote waren entweder noch nicht in einer bestimmten Form überlieferungsgeschichtlich festgelegt (vgl. Ex 20,12.8.3.4, wobei auch die veränderte Reihenfolge auffällt), oder es handelt sich hier um Prohibitive, die so starkes Interesse in der priesterlichen Tradition fanden, daß sie stark vom eigenen, priesterlichen Sprachgebrauch geprägt wurden, vgl. den Gebrauch von ירא an Stelle von כבד (Lev 19,3; auch in Lev 19,14.30), beachte den Plural von שַׁבָּת (Lev 19,3; auch in Lev 19,30), vgl. die Ausdrücke אֱלִיל (Lev 19,4; auch in Lev 26,1), פנה אל (Lev 19,4; im gleichen Sinn von „abwenden" auch in Lev 19,31; 20,6). Jedenfalls kann sich die Pluralform danach nur noch in V.5ff.11f. einigermaßen durchsetzen; die sekundären Einschübe in V.9 (בְּקֻצְרְכֶם) und V.10 (אֱלֹהֵיכֶם) sowie das zufällige תַּעֲשׂוּ in V.15a sind nur verlorene Spuren der redaktionellen Bearbeitung des alten Materials. In Lev 19,19-37 hat dann der Redaktor stärker nach seinen eigenen Ideen formend wirken können.

echten Prohibitiven erkannt. Es bleiben die Verbote in der 2. Person Singular, die sehr wahrscheinlich aus einer an den einzelnen gerichteten Unterweisung entstanden sind.

2. Als ein weiteres formales Kriterium für die Prohibitive wird gewöhnlich ihre Kürze und Wucht genannt, die sich, wie man vermutet, in einer ursprünglichen, rhythmischen Gliederung der Sätze ausdrücke[1]. Man könnte vermuten, daß möglicherweise das kürzeste Verbot, ein absolut gebrauchtes, negiertes Verb, die Normalform gewesen sei. Angesichts der grammatikalischen Variationsbreite der ermittelten Prohibitive ist es wohl geraten, das Material nach einer eventuellen Normalform durchzusehen.

Die einfachsten, kürzesten Formen, absolut gebrauchte Verben im Imperfekt, verneint durch die Negation לֹא, sind wenig zahlreich. Der Dekalog bietet fast die einzigen, wirklich stichhaltigen Beispiele dieser Art[2]. Alle anderen Belege sind insofern zweifelhaft, als an ihrem Horizont stets ein Objekt als Ergänzung erscheint. Lev 19,11.13α.18α; Dtn 14,1 sind dafür Belege. Lediglich Lev 19,26b kann mit keinerlei Ergänzung, weder grammatisch noch logisch, in Verbindung gebracht werden, es sei denn, man liest in V.26a mit der Septuaginta עַל הֶהָרִים anstatt עַל הַדָּם. Abgesehen von dieser Stelle aber ist es keine Frage, daß in der heutigen Fassung die scheinbar absoluten Verben der aufgezählten Verbote durch Ergänzungen näher bestimmt sind. Selbst das „Ihr sollt nicht stehlen" in Lev 19,11a, das sich grammatisch mit dem als Objekt genommenen בַּעֲמִיתוֹ schlecht reimt (man beachte auch die Setzung des Athnach!), steht logisch doch mit unter der Einschränkung: „... ein jeder im Blick auf seinen Stammesgenossen." Wenn aber in diesen Beispielen eine Art Näherbestimmung der Verbote durch allerlei grammatische Zusätze notwendig erscheint, so spricht auch von dieser formalen Seite her alles dafür, daß die „absoluten" Verbote seit jeher nicht einen allgemeinen, sondern einen sehr konkreten Sinn innerhalb bekannter sozialer Gefüge hatten. Die Kürzestform der Verbote kann also nicht die normale sein, denn sie ist ohne spezifizierende Objekte großenteils unverständlich, und wir können nicht damit rechnen, in ihr zeitlose, ethische Ideale ausgedrückt zu

---

[1] Vgl. z.B. Alt I, S.308,314,322f.
[2] Ex 20,13.14.15 (= Dtn 5,17.18.19). Die Verseinteilung hat diese Verbote ungebührlich auseinandergezerrt. Möglicherweise hat die dtn Fassung eine ältere Eigenart bewahrt: Das zweite und dritte Verbot der Reihe ist je mit waw-copulativum angeschlossen. Das würde auf eine engere Zusammengehörigkeit der Kurzverbote schließen lassen, vgl. auch Dtn 5,20.21.

finden¹. Die in den kürzesten Dekalogverboten verwendeten Verben erweisen sich im präzisen Sprachgebrauch denn auch sämtlich durch irgendwelche Zusätze näherbestimmt², und nur ihr emotionaler Gehalt und der natürlich gegebene Haftpunkt der Verbote machen den absoluten Gebrauch des Verbs möglich. Für uns ist es dann schwer, den präzisen Sinn solcher Verbote zu rekonstruieren. Also: Im Regelfall wird das Verb, das das verbotene Tun beschreibt, eine irgendwie geartete Ergänzung nötig haben. Dieser Ergänzungsbedürftigkeit haben sich die Prohibitive nur in Einzelfällen, in denen die Verbote von besonderer Durchsichtigkeit waren, entziehen können. Die Kürzestform der Prohibitive kann nicht als die klassische angesehen werden³.

3. Die Verbote, die ein Akkusativobjekt mit sich führen, sind bei weitem in der Mehrzahl. Das ist verständlich, denn gewöhnlich sind die verbotenen Handlungen nach außen gerichtete Akte, die irgendetwas oder irgendjemand „betreffen", das Objekt erscheint dann im Akkusativ. Die Akkusativobjekte haben nicht durchgängig die gleiche Stellung im Satz. Sie finden sich dem Verb vorangestellt⁴,

¹ Für לֹא תִגְנֹב hat Alt diese Annahme widerlegt: Das Verbot des Diebstahls im Dekalog, Alt I, S.333ff. Da er jedoch von falschen Voraussetzungen ausgeht – z.B. es handele sich um eine Reihe von Kapitalverbrechen, in die das Diebstahlsverbot aufgenommen sei –, mißinterpretiert er meines Erachtens dieses Verbot beträchtlich.

² גנב hat im genauen, juristischen Sprachgebrauch gewöhnlich ein Objekt, vgl. Ex 21,16.37; Dtn 24,7. Die Stellen, an denen das Verb absolut vorkommt, sind aus dem technischen Verständnis des Verbs oder aus der Konkretheit der Situation heraus klar: Jos 7,11; Jer 7,9; Hos 4,2; Sach 5,3; Spr 6,30; 30,9. – נאף ist gelegentlich ohne Objekt gebraucht (Hos 4,2; Jer 7,9; 23,14; im Piel Hos 4,13.14), denn die Bedeutung des Wortes ist in peiorem partem festgelegt. Dennoch verlangt die präzise Ausdrucksweise besonders der juristischen Sprache eine Ergänzung: Lev 20,10; Spr 6,32; Jer 3,7; 29,37; Ez 23,37. – רצח kommt fast ausschließlich in der partizipialen Form, die eine technische Bedeutung gewonnen hat, in den Asylgesetzen vor, vgl. Jos 20; Num 35; Dtn 4,42; 19,3ff.; vgl. auch 1 Kön 21,19. Objekte finden sich bei diesem Verb in Dtn 4,42 und 22,26. In der gesetzlichen Literatur ist die Wurzel außer an den genannten Stellen und Ex 21,27 nicht mehr zu finden.

³ Bei der „knappen Urform", die man in den letzten vier Gliedern des Dekalogs noch erhalten glaubte, (vgl. Alt I, S.317; H. Schmidt, Festschrift Gunkel, Bd.I, S.78ff.) dürfte es sich eher um eine Abschleifung ehemals präziserer Formen handeln.

⁴ Vgl. Ex 22,20.27.28a; 23,3.7b.8a.9a; 34,17.18aα_1.20bα; Lev 18,7ff.17f.; 19,9b.10a usw. Offensichtlich gibt es keine festen Regeln für die Satzstellung. Doch scheint gelegentlich in paarweisen Anordnungen der Verbote die chiastische Stellung des Objekts beabsichtigt (vgl. Lev 19,9) und in anderen

ebenso wie dem Verb folgend[1]. Aus der Vielfalt der angeschlagenen Themen ist es verständlich, daß die Länge der Prohibitivsätze nicht uniformiert werden kann. Prohibitive, in denen das Objekt der Handlung mit einem einzigen Nomen, eventuell mit Suffix, ausreichend bezeichnet ist, sind selten, vgl. Ex 22,20a.27a; 23,8a.9a; Dtn 16,19abα; 23,8aα.bα; Lev 19,13aα. Die verschiedensten Ergänzungen zum Objektnomen sind von Fall zu Fall durchaus zur Klärung des Sachverhaltes notwendig; genitivische (vgl. Ex 20,7a.8. 17a.17b; 23,6; 34,17), präpositionale Ergänzungen (vgl. Ex 22,27b), Attribute und Appositionen (vgl. Ex 23,1a; Dtn 24,14a) usw. kommen vor. Ergänzungen können natürlich auch zum Verbotssatz als Ganzem treten, z.B. präpositionale Ausdrücke, die sich nicht nur auf das Objekt beziehen[2].

4. Obwohl in der Minderzahl, müssen dann auch die intransitiven Konstruktionen berücksichtigt werden. Sie tragen weitere Variationsmöglichkeiten in die Gattung hinein. Und es ist sicher nicht zu behaupten, daß diese Prägungen weniger ursprünglich seien als die transitiven Sätze. Das reflexive Element spielt in ihnen eine Rolle[3]. Präpositionale[4] und Dativobjekte[5] dienen auch in diesen Prohibitiven der Konkretion der Verbote. Gelegentlich ist gar kein äußeres Objekt, sondern ein die Qualität anzeigendes Prädikatsnomen verwendet (vgl. Lev 19,16aα).
Die angeführten Beispiele bilden nur einen Ausschnitt aus der Fülle des Materials. Weitergehende Unterscheidungen könnten noch mehr die Verästelungen der Satzkonstruktionen in der Gattung der Prohibitive aufdecken. Für unsere Zwecke genügt das beigebrachte Material, wir können einige Schlußfolgerungen daraus ziehen: 1. Es geht unter keinen Umständen an, eine einzige Standardform für die Gattung der Prohibitive festlegen zu wollen. Es mögen einige der oben angeführten Einzelbeispiele eher für eine spätere Erweiterung als für eine ursprüngliche Form zeugen. Aber –

Fällen dem Objekt in Prohibitivreihen eine feste Stellung gegeben zu sein, vgl. Lev 18,7ff.; Ex 23,7bff. (vgl. das analoge Dtn 16,19).
[1] Vgl. Ex 20,17; 23,1a.6.19b; Dtn 16,19; 17,1; 19,14; 22,9; 23,1.8 usw. Das Dtn bietet kaum Beispiele für die Voranstellung des Objekts.
[2] Vgl. Ex 20,8; 23,1b.3.6.18a.19b; Lev 19,9a.12a.14aβ.15aα$_1$,17a; Dtn 23,16a; 25,4.
[3] Vgl. Ex 20,3.4; Dtn 16,4.21.22; 25,13.14.
[4] Vgl. Ex 20,16; 23,1b.2a.2b.7a; Lev 18,19a.20a; 19,19b; Dtn 15,19bα.
[5] Vgl. Ex 20,5; Lev 18,21b.23a; Dtn 18,1; 23,20f.

vorausgesetzt, daß eine möglichst kurze Fassung für die Verbote erstrebt wurde – grundsätzlich läßt sich die Notwendigkeit der mannigfachen Ergänzungen, meistens zum Objekt des Prohibitivsatzes, und ihre Originalität nicht bestreiten. 2. Damit werden die Übergänge zu den erweiterten Prohibitiven, wie wir sie etwa im Bundesbuch und im Deuteronomium fanden, fließend. 3. Das bedeutet nicht, daß nicht relativ feste Formgesetze bei der Bildung der Prohibitive eingehalten worden wären. Doch sind diese Bildungsgesetze nicht generell, sondern nur im Einzelfall zu erkennen. Das heißt: Die Gruppierung kleiner Einheiten von Prohibitivreihen ist auf das individuelle Bildungsgesetz hin zu befragen, das jeweils verschieden sein kann. In solchen kleinen Einheiten sind Angleichungen der einzelnen Sätze nach Wortstellung, Satzvolumen usw. zu erwarten. 4. Eine weitreichende Uniformität der Glieder einer Kette von Prohibitiven dürfte in jedem Falle nur bei Texten wie Lev 18,7ff. möglich sein, die ein und dasselbe Vergehen seinen verschiedenen Variationen nach behandeln und darum dasselbe Verb immer wieder benutzen können. Selbst liturgische Texte wie Dtn 27,15ff. erreichen diesen Grad der Einförmigkeit nicht. 5. Die Gründe, weswegen heute gewöhnlich eine weitgehende Gleichförmigkeit aller Prohibitive postuliert wird, sind ein praktischer: Man glaubt, die Einheitlichkeit sei eine notwendige Gedächtnishilfe für den Altisraeliten, und ein liturgischer: die Annahme des Ursprungs der Prohibitive im Kultus. Beide Anschauungen haben nicht allzuviel Gewicht. Der Lernfähigkeit des antiken Menschen sollte man nicht zu wenig und der kultischen Veranlassung der Prohibitive, wie wir gesehen haben, nicht zu viel zumuten. 6. Positiv läßt sich allgemein sagen, daß die Masse der Verbote in der Form eines negierten Verbalsatzes der 2. Person Singular, bestehend aus der Negation לא (selten אל mit Jussiv), dem Imperfekt des Verbs und einem Objekt nebst möglichen Erweiterungen, überliefert ist. Die einzelnen Verbote werden ursprünglich so gebildet und überliefert worden sein, daß sie allen Beteiligten klar genug das Verbotene zum Ausdruck brachten. Jedoch ist diese Klarheit, wie wir sahen, in keinem Falle eine juristische, vielmehr eine situationsgebundene und ethische: Es kommt darauf an, die (selbstevidente) böse Tat zu verbieten, nicht darauf, die Strafwürdigkeit eines begangenen Verbrechens zu definieren.

Die nun zu unternehmende Untersuchung kleinerer Einheiten von Prohibitivsammlungen muß nähere Einsicht in die Einzelstrukturen der Prohibitive bringen.

c. Die Prohibitivreihen

Die Reihenbildung der Prohibitive ist eines der wichtigsten formalen Kriterien zur Reindarstellung dieser Gattung. A. Alt und seine Schüler haben es ausgiebig benutzt, sind aber, verführt von der Tradition des dekalogischen Aufbaus der Prohibitive, fast ausschließlich auf die Zehner- und Zwölferreihen eingegangen. Nun scheint es aber so zu sein, daß einerseits die Überlieferung vom Zehngebot erst relativ spät einsetzt[1] und daß andererseits sich das Zusammenwachsen der Prohibitive zu Reihen viel natürlicher auf einer anderen als der Zehner- oder Zwölferbasis erklären läßt. Die Analyse einiger repräsentativer Texte müßte das bestätigen können.
1. Lev 19,1-18 ist, nach allgemeiner Überzeugung, in seiner Jetztgestalt das Ergebnis einer Kompilation und Redaktion von ehemals selbständigen Verboten[2]. Wenn, grob gerechnet, die Einführung zu Kapitel 19 (V.1.2a, Anfang) mit ihrer auch sonst in der Priesterschrift und im Heiligkeitsgesetz gebräuchlichen Formsprache[3], sodann die generelle Eingangsermahnung: „Ihr sollt heilig sein" nebst Begründung[4] sowie der typisch priesterliche Refrain: „Ich bin Jahwe"[5], als sekundäre Zutaten zum alten Bestand angesehen

---

[1] Die einzigen, ausdrücklich die zehn Worte nennenden Stellen, sind Ex 34,28; Dtn 4,13; 10,4. Da Ex 34,28 unsicher ist (vgl. Beer, HAT I,3, z.St.; Noth, ATD 5, z.St.), ist die literarische Bezeugung erst dtn. Da weiter in keinem der „Dekaloge" eine korrekte Zehnzahl von Geboten zu finden ist, scheint es sich zu bestätigen, daß die Überlieferung vom Zehngebot sekundär hereingekommen ist. Drittens ist für die älteste Zeit der terminus technicus דְּבָרִים für die Dekaloggebote noch unbekannt; er wird aber in der Tradition von den zehn „Worten" als gegeben vorausgesetzt.
[2] Vgl. die Versuche Mowinckels (ZAW 55, 1937, S.218ff.) und Morgensterns (HUCA 21, 1955, S.1ff.), eine ursprüngliche Gestalt der in Kapitel 19 enthaltenen Dekaloggebote zu rekonstruieren. Beide Versuche müssen, weil zu schematisch und literarisch, als Fehlschlag angesehen werden.
[3] Die Offenbarungsformel an Mose und das Volk scheint ein Gliederungselement für P, jedenfalls in Lev, zu sein, vgl. Lev 4,1f; 5,14.20; 6,1f.12.17; 7,22.28; 8,1; 11,1f.; 12,1f.; 13,1 usw. H ist an dieser Einteilung des Stoffes meistens mit der längeren, zweiteiligen Formel beteiligt: „Jahwe redete zu Mose... Rede mit den Israeliten (bzw. mit Aaron und seinen Söhnen) ..."; vgl. Lev 17,1f.; 18,1f.; 19,1f.; 20,1.16f.; 22,1f.17f.; 23,1f.9f.23f.33f.; 24,1f. 13+15; 25,1f. (Ausnahmen: Lev 22,26; 23,26).
[4] Diese Formel, die ähnlich noch in Lev 11,44.45; 20,7.26 (Lev 21,6.8) vorkommt – vgl. auch den Pielgebrauch des Verbs, der die heiligende Tat Gottes zum Ausdruck bringt: Lev 20,8; 21,8.15.23; 22,9.16.32 –, bildet jetzt eine Art Überschrift zu Lev 19. Die genannten Stellen machen indes deutlich, daß im H die Mahnung nicht wie in Lev 11,44f. einen nur kultischen Sinn hat.
[5] S.o. S. 39f. 55ff.

werden können, dann ist der Weg frei zu einer Analyse des Restbestandes von Lev 19,3-18.

V.3a scheint eine vom Sammler vorgefundene Einheit zu sein, die jedoch weder Form noch Satzstellung nach in der Tradition festliegt (vgl. Ex 20,12.8!):

> Ein jeder fürchte seine Mutter und seinen Vater,
> und meine Sabbate sollt ihr halten.

Der Ton liegt sicherlich im jetzigen Kontext auf dem Sabbatgebot (vgl. Lev 19,30; 23,3; 26,2), während das Elterngebot nur wegen seiner vorgefundenen Verbindung mit diesem hier erscheint. Es gehörte als Vorschrift für den Umgang mit den Mitmenschen viel natürlicher in den Zusammenhang mit anderen Familiengeboten[1]. Aber die seltsame Verkoppelung von Eltern- und Sabbatgebot wird an unserer Stelle vom Sammler geachtet. Jedoch wird er nicht ohne Grund die Selbstvorstellungsformel hinter V.3a eingefügt haben. Die Verbindung von Eltern-, Sabbat- und Abgöttereigebot ist in der dem Sammler vorliegenden Tradition nicht gegeben. Die Reihenfolge und Anordnung der entsprechenden Weisungen in Ex 20,12.8. 3.4(!) und die Einfügung des Verbots des Namensmißbrauchs Ex 20,7 beweisen die Instabilität der Überlieferung in dieser Hinsicht. Weiter deuten Formulierung und Theologie von Lev 19,4 darauf hin, daß dieses Verbot in solcher Gestalt ganz und gar aus der Rüstkammer der priesterlichen Tradition stammt[2]. Sachgemäß scheidet die Selbstvorstellungsformel dann wieder V.4 von V.5-8, das aus ganz anderen Zusammenhängen (vgl. Lev 7,11ff.), vielleicht, wie das Fehlen der Selbstvorstellungsformel am Ende von V.8 andeuten könnte, später in den Text eingefügt wurde.

In V.9 beginnt eine Zusammenstellung von ursprünglich selbständigen Verboten oder Verbotsgruppen. Ein Überblick zeigt sogleich, daß die einzelnen durch die Selbstvorstellungsformel abgezeichneten Einheiten zwar nicht gleichmäßig gebaut, aber thematisch relativ in sich geschlossen sind und je verschiedene Strukturen aufweisen. V.9-10 bringt Erntevorschriften, vier Prohibitive, abgeschlossen von einer positiven Vorschrift, die sicher zu dieser Vierergruppe und

---

[1] Vgl. Mi 7,6. Sachlich wäre dem Elterngebot Ex 22,27; Sir 7,32 an die Seite zu setzen.
[2] Vgl. den Sprachgebrauch in Lev 19,31; 26,1. Zu Lev 19,3 vgl. Lev 19,14b. 30; 25,17.36.43.

nicht nur zu ihrem zweiten Teil (V.10) gehört[1]. Die pluralische Einleitung zum Ganzen dagegen wirkt tautologisch (vgl. den folgenden Infinitiv לִקְצֹר), stimmt schlecht mit den singularischen Verboten zusammen und ist wahrscheinlich Zufügung des Sammlers. Wir haben also je ein Doppelverbot für Acker und Weinberg vor uns.

> 9 Den Rand deines Feldes sollst du nicht ganz abernten,
> die Nachlese der Ernte sollst du nicht ganz aufsammeln.
> 10 Deinen Weinberg darfst du nicht völlig ablesen,
> die Fallbeeren deines Weinbergs darfst du nicht einheimsen.
> Dem Armen und dem Fremdling sollst du sie überlassen.

Die beiden Paare zusammen bilden eine Reihe. Sie setzt mit Verb und Objekt zum ersten Verbot an, um in den übrigen drei Verboten die umgekehrte Satzstellung einzuhalten. Sachlich sind beide Paare genau parallel: Zuerst kommt das Verbot der restlosen Aberntung, danach die Regelung der Nachlese; im zweiten Verbot wird jeweils der Ausdruck לפט verwendet. Die Reihe der vier Verbote und des abschließenden Gebots läßt sich kaum auf kleinere Elemente zurückführen.

In der folgenden Gruppe (V.11) sind die Pluralformen auf den Sammler zurückzuführen, ebenso die 1. Person Jahwes, die sich sehr verloren ausnimmt und möglicherweise aus dem Text בְּשֵׁם יהוה verkürzt oder verlesen worden ist. Mit dem Plural fällt aber auch das die Reihe nun zusammenschließende und die Applikation an den einzelnen enthaltende אִישׁ בַּעֲמִיתוֹ. Das Wort עָמִית ist ein Lieblingsausdruck der Verfasser des Heiligkeitsgesetzes[2]. Die alte Dreierreihe, die so zum Vorschein kommt, wird einfach gelautet haben:

> Du sollst nicht stehlen,
> du sollst nicht lügen,
> du sollst nicht täuschen.

Als etwaige Ergänzung könnte einmal ein בַּעֲמִיתֶךָ oder בְּרֵעֶךָ gefolgt sein. Fest steht, daß kleine Gruppen von verbotenen Handlungen, häufig in der Dreizahl, gelegentlich im Alten Testament vorkommen: Ex 20,13-15; (21,15-17); Jos 7,11; Jer 7,9; Hos 4,2. Die Verben גנב, כחש, שקר spielen eine Rolle in diesen Aufstellungen. Stil und Inhalt von V.12a dagegen lassen vermuten, daß dieses Verbot

---

[1] Vgl. den Plural in אֹתָם, das auf לֶקֶט und פֶּרֶט zurückweisen könnte, obwohl פֶּרֶט als Kollektivum gebraucht ist, vgl. KBL S.778.
[2] Vgl. Lev 19,15.17; 24,19; 25,14.15.

(ursprünglich etwa: „Schwöre nicht fälschlich beim Namen Jahwes") erst später an die Dreiergruppe in V.11 angeschlossen worden ist, ob vor oder bei der Sammlung des Kapitels, bleibt schwer zu entscheiden. Jedenfalls fehlt zwischen beiden Versen die gliedernde Selbstvorstellungsformel, der Sammler hat, wenn er selber V.12a an V.11 anschloß, offenbar in dem Wunsch gehandelt, eine sachliche Einheit zu schaffen[1]. Denn die nächste Gruppe, V.13f., ist zwar in der Ausrichtung auf den Mitmenschen der eben besprochenen vergleichbar, jedoch durch gewisse Akzente und durch den Stil als eine eigenständig gewachsene Kleinstsammlung ausgewiesen:

13 Bedrücke nicht deinen Stammesbruder,
   raube nicht,
   der Lohn des Arbeiters bleibe nicht in deiner Hand bis zum (nächsten) Morgen.
14 Fluche keinem Tauben,
   dem Blinden stelle keine Falle
   (Fürchte dich vor deinem Gott)...

Der positive Schluß zu der jetzt fünf Prohibitive umfassenden Reihe V.13f. ist schon wegen seiner spezifisch priesterlichen Abzweckung als Redaktorenzutat zu erkennen. Die fünf Verbote machen in sich einen etwas bunten Eindruck. V.13a und 14a sind wohl je als Zwillingsverbote entstanden, die Regel über den Lohnarbeiter mag ein Eigenleben geführt haben, bis sie der kleinen Sammlung zur Regelung mitmenschlicher Beziehungen eingefügt wurde. Das Verhalten zum Genossen, zum Lohnarbeiter und zu den Krüppeln ist in dieser nicht zufälligen Reihenfolge festgehalten. Und die Nennung dieser Menschen gehört so notwendig zu den Verboten dieser Gruppe hinzu, wie sie in V.11 fehlen konnte. Die Fünfergruppierung ist wohl älter als das Heiligkeitsgesetz.
V.15f. ist wiederum eine prächtig geschlossene Gruppe von Verboten, die das Gerichtsleben betreffen:

15 Tut nichts Böses im Gericht,
   bevorzuge nicht den Armen,
   fördere nicht den Reichen,
   in Gerechtigkeit richte den Stammesbruder.
16 Gehe nicht als Verleumder umher unter deinen Brüdern,
   stelle dich nicht auf das Blut (?) deines Genossen...

Die Verbote in V.15 gehören gewiß zusammen, der erste Satz (vgl. V.35a) hatte vielleicht ursprünglich singularische Form, er wirkt in

---

[1] V.12b ist wahrscheinlich vom Redaktor persönlich, vgl. Lev 18,21; 19,8.12.29; 20,3; 21,6.12.23; 22,2.15.32.

seiner Allgemeinheit wie eine Überschrift[1]. So könnte das Zwillingsverbot V.15aβγ als eine alte Einheit angesehen werden, die möglicherweise mit dem positiven Wort V.15b abschloß (vgl. Dtn 16,20a). V.16a, ein besonders im zweiten Teil etwas dunkles, weisheitliches Mahnwort, ist sicher zu Recht an die Verbote von V.15 angekoppelt worden: Die Gerichtssituation wird auch in ihm vorausgesetzt, vgl. Ex 23,7.

Die beiden letzten Verse des ersten Komplexes in Lev 19, nämlich V.17.18, scheinen je zwei eigenständige Prohibitive zu enthalten, die je als Doppelgebot eine sachliche und grammatische Einheit bilden.

> 17 Du sollst deinen Bruder nicht hassen in deinem Herzen,
> (richtig zurechtweisen sollst du deinen Nächsten),
> häufe keine Sünde auf ihn.
> 18 Räche dich nicht,
> trage deinem Volksgenossen keinen Groll nach,
> (liebe deinen Genossen wie dich selbst).

Das Objekt der verbotenen Handlungen ist in beiden Einheiten nur einmal genannt, es ist der „Bruder" in V.17a, es sind die „Stammesgenossen" in V.18aα. Stillschweigend ist in dieser Betrachtung der Dinge vorausgesetzt, daß zumindest das positiv formulierte Element im ersten Teil sekundär ist[2]. Ist das richtig, dann liegen in V.17f. zwei unabhängig voneinander entstandene Verbotspaare vor, die jedoch wegen ihrer gleichen Thematik bald zusammengestellt worden sind.

2. In Ex 22,20ff. liegen die Dinge nicht so übersichtlich. Die redaktionelle Bearbeitung hat hier stärker eingegriffen. Jedoch

---

[1] Die Verbote gleichen Inhalts in Dtn 16,19a; Ex 23,6 sind sehr viel konkreter.
[2] Dafür spricht: „Zurechtweisen sollst du deinen Stammesbruder", schiebt sich ungeschickt zwischen die beiden Verbote; der Sprachgebrauch (Imperfekt, absoluter Infinitiv, das „moderne" עָמִית) deutet in seiner paränetischen Eindringlichkeit auf späteren Ursprung. Gegen den Abschluß von V.18a lassen sich so schwere Bedenken nicht erheben, nur die Wiederholung der Formel: „lieben ... wie dich selbst" in Lev 19,34 macht stutzig. In etwas anderer Form, ohne כָּמוֹךָ, begegnet die Wendung auch in Dtn 10,18.19. Da jedoch die dtn Theologie viel mehr vom Gedanken des Liebens (אהב) geprägt ist, hilft diese Parallele nicht viel weiter. Für das H dagegen sind die genannten Stellen die einzigen, an denen אהב vorkommt. Da das Gebot wenig konkret ist, mag es sich sehr wohl um eine paränetische Wendung des Sammlers handeln, in Lev 19,34 liegt dann nicht eine neue Zitation des alten Gebots, sondern eine Wiederholung der eigenen Formulierung vor.

läßt sich aus Ex 22,20a.21 eine Dreier-(Vierer)gruppe von Verboten zusammenstellen, die aus einem Guß ist: Fremdling, Witwe und Waise werden vor Ausbeutung geschützt, eine charakteristische Zusammenstellung[1].

> Den Fremdling darfst du nicht bedrücken,
> Witwe und Waise darfst du nicht beschweren.

In V.22-26 hat der Redaktor dann anscheinend stark nach eigenem Gutdünken geschaltet. Die konditionale Form des Prohibitivs, die uns hier nur am Rande interessiert (V.24ff.), könnte allerdings sehr alt sein. Erst V.27f. treffen wir wieder eine Gruppe von Prohibitiven. Sicher gehören die beiden Verbote in V.27 zu einer Einheit zusammen:

> Gott darfst du nicht fluchen,
> den Fürsten in deinem Volk darfst du nicht verdammen.

Das Verbot, die Abgaben zu schmälern (V.28a), das den gleichen Satzbau wie die vorangehenden Sätze innehält, setzt eine schon stärker kultisch organisierte Gesellschaft voraus, als das nach dem urtümlichen Fluchverbot anzunehmen wäre[2]. Die Opfer- und Abgabenvorschriften in V.28ff. wären dann im Zuge redaktioneller Kompilation an die Fluchverbote angefügt worden[3], woran sich dann V.30 noch ein Speisegebot schloß. So bleibt also als das ursprünglichste Greifbare das Doppelgebot in V.27, ein von Priester-

---

[1] Vgl. E. Häussler, Sklaven und Personen minderen Rechts im AT, Diss. Köln 1956; leider beschränkt sich die Arbeit auf den „Fremdling", den „Sklaven" und den „Leviten" (vgl. bes. S.52ff.). – Zu גֵּר, אַלְמָנָה, יָתוֹם vgl. Dtn 10,18; 14,29; 16,11.14; 24,17.19.20.21; 26,12.13; 27,19: eine typisch dtn Kombination, so will es scheinen. Aber sie kommt auch bei Jer (7,6; 22,3), in den Ps (94,6; 146,9), bei Mal (3,5), bei Ez (22,7) und bei Sach (7,10) vor, vgl. auch Jes 1,17; 10,2. Trotz dieser relativ späten Bezeugung wird schon die alte Tradition in Ex 22,20a.21 eine solche Gruppierung gekannt haben. Der Begründungssatz in V.20b (Plural!) ist eingeschoben, von ihm hat sich der Plural auf V.21a übertragen; vgl. F. Ch. Fensham, JNES 21, 1962, S.129ff.
[2] מְלֵאָה ist sonst nur noch Dtn 22,9 – im späteren Zusatz zu dem Verbot, zweierlei Samen in den Weinberg zu säen, vgl. Lev 19,19 – und Num 18,27 im typisch priesterlichen Abgabenprogramm bezeugt; דֶּמַע kommt nur hier vor. Beide Begriffe sind synonym: „Abgabe vom Überfluß". O. Eißfeldt, Erstlinge und Zehnten im AT, BWAT 22, 1917, nimmt ein hohes Alter auch für die Zehntabgabe an, vgl. a.a.O. S.30ff.
[3] Vgl. die Ausführlichkeit von V.29; die paränetische Mahnung zur Heiligkeit V.30a (vgl. Lev 19,2); die 1. Person Jahwes V.28ff.

hand überformtes doppeltes Abgabegebot V.28 und ein ebenfalls zweiteiliges Speisegebot V.30b.
Wie steht es nun um die Feinstruktur von Ex 23,1-9? Vermutlich liegen in V.1-3 und V.6-9 zwei ehemals selbständige Prohibitivsammlungen vor. Diese Einheiten sind aber in sich der Form nach wenig einheitlich, so daß mit einer langen gemeinsamen Traditionsgeschichte der in ihnen zusammengeschlossenen Einzelgebote nicht gerechnet werden kann. Die beiden Verbote des V.1, in der Länge zwei ungleiche Brüder, hängen durch ihre Thematik zusammen, wenn auch nicht so deutlich wie die meisten bisher besprochenen Paare: Verbreitung unwahrer Gerüchte und Auftreten als Falschzeuge sind die Themen[1]. Der Satz in V.1b ist seltsam umständlich, warum heißt es nicht einfach: „Du sollst kein Falschzeuge sein"? – Die beiden Prohibitive von V.2 sind eng durch Stil und Sache verbunden, in beiden Sätzen begegnet das אַחֲרֵי רַבִּים und eine Infinitivkonstruktion. Warnt das erste Verbot vor der Uniformierung der Meinung unter dem Einfluß der Masse, so spezifiziert das zweite diese Mahnung auf das Gerichtsverfahren, d.h. es sagt nun expressis verbis, was wahrscheinlich auch schon im ersten Verbot gemeint war. – Vers 3 schließlich mag nur zur Hälfte überliefert oder aber in דָּל וְגָדוֹל לֹא תֶהְדָּר zu verbessern sein (vgl. Lev 19,15): Er schließt sich nicht ganz reibungslos an die langstiligen Vorgänger an. Trotz aller dieser Unterschiede sind die fünf Prohibitive zu einem Ganzen zusammengefügt worden. Mit Recht, sie begleiten in gewissem Sinne das Gerichtsverfahren, von der Verleumdung bis zur Urteilsfindung, und runden sich so zu einer thematischen Einheit, die vielleicht einmal so ausgesehen hat:

> Bringe kein böses Gerücht auf,
> verbünde dich nicht mit dem Bösewicht zu falschem Zeugnis,
> richte dich nicht nach der Menge,
> tue keinen Rechtsspruch, der das Recht beugt,
> den Vornehmen bevorzuge nicht,
> den Geringen ziehe nicht vor im Gericht.

In V.6ff. greift der Sammler dann eine andere, organisch gewachsene Sammlung auf, die sich mit dem gleichen Thema, dem gerechten Verhalten vor Gericht, beschäftigt. Aber es sind Unterschiede zu V.1-3 vorhanden, die die Selbständigkeit dieser Gruppe

---

[1] Zu Ex 23,1 vgl. Noth, ATD 5, S. 152f.; Beer, HAT I,3, S.117f. נָשָׂא שֵׁמַע ist aktivisch und transitiv: falsches Gerücht aussprechen, vgl. KBL S.636; Ex 20,7; 23,1a und 23,1b sind selbständige Verbote.

bezeugen: Das erste Verbot der Reihe V.6ff. hat wie in Dtn 16,19 eine bevorzugte Stellung, es gibt eine Art allgemeiner Einleitung und Überschrift zum Ganzen. Lev 19,15.35 ist eine ähnliche, noch weiter generalisierte Formel. Weiter enthält Dtn 16,19 mit seinen drei Verboten auf eine kurze Form gebracht das Gerüst von Ex 23,6ff. „Du sollst Recht nicht beugen (vgl. Ex 23,6), du sollst Personen nicht ansehen[1], du sollst Bestechungsgeschenke nicht annehmen" (vgl. Ex 23,8a). Lev 19,15 gehört mit zur Familie dieser durch den Dreiklang: Rechtsbeugung, Ansehen der Person, Bestechung, bezeichneten Prohibitive[2]. Wir hätten dann verschiedene Stufen der Systematisierung und Vereinfachung dieser lebenswichtigen Maxime vor uns. Die Sammlung Ex 23,1-3 hat gegenüber V.6-9 einen breiteren Ausblick auch auf das Verhalten vor dem Prozeß, sie betont mehr die Gefahren, die von einer Majorisierung der Meinung ausgehen können, und ist stilistisch nicht so durchgeformt wie Ex 23,6-9, das trotz seiner angefügten Begründungssätze ein gewisses Ebenmaß in den einzelnen Gliedern aufweist. Vielleicht hat der Kern der Themengruppe Ex 23,6-9 so ausgesehen:

> Du sollst Recht nicht beugen,
> vor dem Lügenworte hüte dich;
> den Unschuldigen und Gerechten bringe nicht um,
> und sprich den Bösewicht nicht gerecht;
> Bestechungsgeschenk nimm nicht an,
> denn Bestechungsgeschenk verblendet Sehende.

Das Verbot V.9a („Den Fremden bedrücke nicht"), nun durch den Begründungssatz V.8b (vgl. Dtn 16,19), der sehr gut das Ende der alten Sammlung darstellen könnte, von diesem Kern getrennt, ist vielleicht später hinzugefügt. Möglicherweise kommt auch die Betonung des „Armen" in V.6 auf das Konto dieses Gedankenkreises: Der Schutz der minderberechtigten Personen wird erstrebt. In jedem Falle erweist sich Ex 23,6-8(9) in der Fünfer- oder Sechserformation als eine originale und von Ex 23,1-3 unabhängige Bildung.

3. Die Situation in Dtn 22-25 ist, wie oben schon angedeutet, verschieden von der in Lev 19 oder in Ex 22,20ff. Weit verstreut liegen

---

[1] Vgl. Ex 23,7b; mit LXX ist V.7bβ in לֹא תַצְדִּיק רָשָׁע abzuändern.

[2] Auch Dtn 24,17; 27,19 verwenden die Formel הִטָּה מִשְׁפָּט, legen aber allen Nachdruck auf die betroffenen Personen: Witwe, Waise, Fremdling. Dagegen scheinen 1Sam 8,3 (dtr); Am 5,12b; Spr 17,23; Jes 5,23; 2Chron 19,7; Dtn 10,17 (Jes 1,23) darauf hinzuweisen, daß die Dreiheit der genannten Stichworte ein Kristallisationspunkt für eine Sammlung entsprechender Verbote war.

die Prohibitive in einem Geflecht von andersartigen, meist kasuistischen Rechtssätzen. Aber gerade diese Position bietet die Möglichkeit, die ursprünglichen Einheiten sicherer auszugrenzen und so das Bild, das sich aus den beiden besprochenen Texten ergeben hat, zu bestätigen und zu vervollständigen.
Dtn 22,1.4, die an der Grenze zur konditionalen Formulierung stehen (vgl. Ex 23,5a), bilden eine sehr gleichmäßig gebaute, auch sachliche Einheit: Die Fürsorge für das versprengte oder geschwächte Vieh des Stammesbruders wird geboten:

1 Wenn du die streunenden Rinder deines Bruders siehst,
   geh' nicht davon,
4 wenn du den Esel oder das Rind deines Bruders am Wege (zusammengebrochen) findest,
   geh' nicht davon.

Dtn 22,5a stellt wiederum ein Doppelverbot dar, das keinerlei sachliche Beziehung zum Vorhergehenden hat und nur im Zuge der Sammlung an das Fürsorgegebot angeschlossen wurde:

Manneskleider sollen nicht auf eine Frau kommen,
der Mann darf keine Frauenkleider anziehen.

Die weitausgeführten erweiterten Prohibitive Dtn 22,6ff. können wir überspringen und finden in V.9a.10.11 eine alte Dreierreihe, die uns ebenso schon in Lev 19,19 begegnet ist:

9a Bepflanze deinen Weinberg nicht mit Zweierlei.
10 Pflüge nicht mit Ochs und Esel zugleich.
11 Trage kein Gewebe, aus Wolle und Flachs gemischt.

Erst Dtn 23,8 taucht dann wieder ein Doppelverbot in der 2. Person auf, es ist regelmäßig gebaut und hat möglicherweise ursprüngliche Begründungssätze bei sich. Jedoch schließt es sich eng an das in dritter Person gehaltene Gemeindegesetz an. Dtn 23,16 ist offenbar ein Einzelgänger (Schutz des entlaufenen Sklaven), aber Dtn 23,18a. 18b formieren sich zwanglos zu einer Einheit; sie verbieten die Tempelprostitution für beide Geschlechter, woran sich V.19 sachlich – wenn auch nicht stilistisch – gut anschließt. Der Wechsel von der 3. zur 2. Person in dieser Dreiergruppierung könnte (wie schon vorher im Falle von Dtn 23,2-8) andeuten, daß der Text sekundär für die direkte Unterweisung gebraucht wurde. – Dtn 23,20f. bildet wohl in einer einfachen Form eine echte Prohibitivreihe mit positiver Konzession; nur ist schwer zu sagen, ob das wiederholte Verbot (V.21aβ) ursprünglich ist. Läßt man die Wiederholung zu, dann ergibt sich die Form a-b-a, wobei der positive Satz in der Mitte Explikation der Verbote ist. Hält man die Wiederholung für sekundär, ergeben sich die Möglichkeiten a-b oder b-a. Formal ist die zweite Anordnung sehr ansprechend:

> Den Fremden magst du zinsen,
> den Bruder darfst du nicht zinsen.

Sie besticht durch die gleichmäßige Wortstellung, den geschlossenen Ausdruck, die Kürze. Bei der a - b-Stellung würde in chiastischer Wortfolge zweimal hintereinander das Dativobjekt genannt, und V.20aβb müßte erst als spätere Zutat ausgeschieden werden. Wir überspringen das in Dtn 23,22 - 24,13 angesammelte, verschiedenartige Material und finden in Dtn 24,14a.17a.17b drei Verbote, die sachlich zusammengehören, nun aber durch einen langen deuteronomischen Kommentar zu V.14a und eine eingeschobene Verheißung V.16 von einander getrennt sind:

> 14 Bedrücke nicht den Lohnarbeiter, den armen, mittellosen,
> 17 beuge nicht das Recht des Fremdlings 'und' der Waise,
> pfände nicht das Kleid der Witwe.

Alle drei Verbote gehören in die Gruppe der Schutzregeln für minderberechtigte Personen; die Zusammengehörigkeit wird durch die Gleichartigkeit des grammatischen Satzbaues unterstrichen. Das Einzelverbot, dem dreschenden Ochsen das Maul zu verbinden, findet sich noch in Dtn 25,4 und ein Doppelverbot in Dtn 25,13.14, das wahrscheinlich seit eh und je durch einen positiven Satz beschlossen wurde:

> Halte nicht zweierlei Gewichte in deinem Beutel,
> halte nicht zweierlei Maß in deinem Hause,
> du sollst richtiges und gerechtes Gewicht gebrauchen,
> du sollst volles und gerechtes Maß benutzen.

Die Übersicht über drei der für die Untersuchung der Prohibitivgattung wichtigsten Texte kann folgendes lehren: 1. Die Prohibitive entstehen in der Regel als Einzel-, vorzugsweise jedoch als Zweier- oder Dreiergebote; selten lassen sich längere ursprüngliche Reihungen finden. Die Zehn- oder Zwölfzahl ist ihnen von Natur aus fremd. Dieser Befund könnte durch eine Analyse der „Dekaloge" und „Dodekaloge" im Alten Testament bestätigt werden[1]. 2. Die klein-

---

[1] K. Koch, Was ist Formgeschichte?, Neukirchen 1964, nimmt an, daß das Einzelgebot am Anfang der Entwicklung stehe (a.a.O. S.23); aus dem Einzelgebot seien „in Israel, und nur hier, ganze Reihen" entstanden (a.a.O. S.24). Der Befund aus dem AT spricht gegen die erste, der Befund aus Texten wie

sten Prohibitivreihen haben gewöhnlich ein fest umrissenes Thema. Dieses Thema zieht im Laufe der Tradition die verschiedensten sachlichen Parallelen an. Es entstehen längere Reihen von vier, fünf, sechs Verboten. 3. Die kleinsten Reihen enthalten normalerweise auch syntaktisch gleichgestaltete Prohibitive. Positive Gebote dienen gelegentlich dazu, die Reihe abzurunden (oder auch einzuleiten?). Die formale Ebenmäßigkeit wird durch das Anwachsen zu größeren Reihen gestört, doch hat auch die größere Einheit die Tendenz zum formalen Ausgleich in sich. 4. Die Tradition selbst ist äußerst vielschichtig. Prohibitive und Reihen von Prohibitiven werden in den verschiedensten Formen und Zusammenstellungen weitergegeben und unterliegen einem ständigen Umformungsprozeß. Dennoch sind selbst die Reihungen der zweiten Stufe relativ stabil, sie lassen sich aus dem jeweiligen Kontext ohne große Schwierigkeiten herausheben. 5. Es bestehen mancherlei praktische Notwendigkeiten, die Einzelworte und die Reihen der ersten und zweiten Stufe zu noch größeren Katalogen zusammenzufassen. In erster Linie gibt wohl die Jugenderziehung dazu den Anstoß, aber auch die juristische Praxis und schriftstellerische, gelehrte Behandlung des Materials werden eine Rolle gespielt haben. Tugendkataloge, Bekenntnisformulare, prophetische Anklagereden geben Zeugnis davon, daß solche größeren Sammlungen bestanden oder ad hoc hergestellt wurden[1]. 6. Zehner- und Zwölfergruppierungen haben wahrscheinlich hauptsächlich im Kultus ihre Wurzel, denn die Überlieferung von den zehn Geboten ist eine kultische. Das bedeutet jedoch nicht, daß die Entstehungszeit der relativ späten Zehngebotsüberlieferung, die vielleicht exilisch ist, gleichzeitig auch die erste kultische Verwendung der Prohibitive markieren müsse. Die Unsicherheit in den Dekalogen im Blick auf die Zehnzahl läßt vielmehr vermuten, daß die Überlieferung von der „Zehnernorm" erst ein Resultat langer Vereinheitlichungsbestrebungen ist.

Im Blick auf diese Ergebnisse können wir versuchen, die kleinsten Prohibitivreihen, so weit sie erkennbar sind, zusammenzustellen. Es ist kein Wunder, daß bei der Vorliebe der Semiten für den paral-

---

der Weisheit des Amenemope (AOT² S.38ff.) und den „Counsels of Wisdom" (W. G. Lambert, Babylonian Wisdom Literature, Oxford 1960, S.96ff.) gegen die zweite Hälfte dieser These.
[1] Ezechiel, der priesterliche Prophet, scheint die umfangreichsten Sammlungen aufzuweisen, vgl. Ez 22,6-12; 18,5-9; doch vgl. auch Hi 31. Aber auch frühere Propheten nehmen solche Reihen auf: Hos 4,2; Am 2,6-8; 5,10-12; 8,4-6; Mi 6,10-12.

lelismus membrorum auch die Prohibitive sehr häufig in paariger Anordnung auftreten[1]. Es sind etwa 35 ursprüngliche Gebotspaare, die sich ausmachen lassen: Ex 20,17a.17bα$_1$; 22,27a.27b; 23,1a.1b; 23,2a.2b; 23,13bα.13bβ; 23,18a.18b; 34,14a.17; 34,21aα.21aβ; 34, 25a.25b; Lev 18,19.20a; 19,3aα.3aβ; 19,4aα.4aβ; 19,13aα.13aβ; 19,14aα.14aβ; 19,16aα.16aβ; 19,17a.17bβ; 19,18aα$_1$.18aα$_2$; 19,26bα. 26bβ; 19,31aα.31aβ; 19,32aα.32aβ; 23,22aα$_2$.22aβ; Dtn 14,1bα.1bβ; 15,19bα.19bβ; 22,1a.4a; 22,5aα.5aβ; 23,8a.8b; 23,18a.18b; 23,20a. 21aα (oder: 23,21aα.21aβ); 24,17a.17b; 25,13.14. Hinzu kommen eventuell: Ex 20,3.4 (Anfang); 22,28a.28b; 22,30bα.30bβ; Lev 19,30aα.30aβ; Dtn 19,14a.15aα.

Dreiergruppierungen sind seltener; die, welche sich als originale Dreierreihen zeigen, seien zuerst genannt, acht an der Zahl: Ex 20,13.14.15; 22,20aα.20aβ.21; Lev 18,22a.23a.23b; 19,11a.11bα. 11bβ; 19,19aα$_2$.19aβ.19b; 26,1aα$_1$.1aα$_2$.1aβ; Dtn 16,19aα.19aβ.19b; 16,21a.22a + 17,1a; 22,9a.10.11. Zweifelhafte Dreiergruppierungen oder später zur Dreizahl erweiterte Reihen sind die zehn folgenden: Ex 20,16.17a.17bα$_1$; 22,27a.27b.28a; Lev 18,19.20a.21a; 19,13aα. 13aβ.13b; 19,15aα.15aβ.15aγ (oder: 19,15aβ.15aγ.15b); 19,26a. 26bα.26bβ; Dtn 15,19a.19bα.19bβ; 23,18a.18b.19a; 23,20a.21aα. 21aβ; 24,14a.17a.17b. Fast alle längeren Listen lassen sich irgendwie auf kleinere Einheiten zurückführen, vielleicht mit Ausnahme von Ex 23,7-8a (vier); Lev 18,7-17a(18) (elf/dreizehn); Lev 19,9-10 (fünf); Lev 19,13-14 (fünf); Lev 19,27-28a (vier); Lev 19,36a (vier), die die in Klammern angegebene Zahl von Geboten aufweisen. Dazu vergleiche man die sekundären, aufgestockten, Listen Ex 23,1-3 (fünf); Ex 23,6-9a (sechs); Ex 23,18-19 (vier) = Ex 34,25-26; Lev 18,19-23 (sechs); Lev 19,17-18 (vier); Lev 19,26-28a (sieben); Dtn 16,19-20a (vier); Dtn 25,13-15a (vier).

Zum Abschluß seien noch die vermutlichen und die sicheren Beispiele für Einzelgebote genannt; es sind etwa 31 an der Zahl: Ex (20,3); (20,7a); (20,8); (20,12a); 20,16; 23,3; 23,6; 23,9a; 23,19b; 34,19a; 34,20bβ; 34,26a; 34,26b; Lev 17,12; 19,3aα; 19,3aβ; 19,12a; 19,13b; 19,26a; 19,33b; 19,35a; 20,19a; Dtn 12,23-25 (passim); 14,3; 14,21b; 19,14a; 19,15aα; 23,16; 24,14a; 25,4.

---

[1] Vgl. schon C. H. Cornill, BZAW 27, 1914, bes. S.113.

III. DIE HERKUNFT DER PROHIBITIVE

Die beiden vorausgehenden Kapitel wollten erstens die für Rechtsstudien besonders wichtigen systematischen und methodischen Voraussetzungen klären und zweitens die Gattung der Prohibitive in einigen Hauptwesenszügen darstellen. Beschränkte sich das erste, einleitende Kapitel auf die Darstellung einiger theologisch-philosophischer Grundmotive der Arbeit an alttestamentlichen Rechtstexten, so blieb das zweite Kapitel bei der bloßen Analyse der unabhängigen Prohibitive stehen und deutete nur gelegentlich auf einen möglichen Entstehungsort der Gattung hin. Die Hauptaufgabe dieses Kapitels nun ist es, die Herkunft der Prohibitive, die durch die bisherigen Lokalisierungsversuche noch nicht genügend geklärt scheint, zu bestimmen. An zweiter Stelle stehen dann die traditionsgeschichtlichen Fragen, wie und durch wen die Verbotsreihen weitergegeben worden sind, und die Frage nach den Motiven der Sammler, die die Verbote letzten Endes in die heute vorliegenden Rechtssammlungen und andere literarische Gebilde aufgenommen haben. Das bisher kritisch zur Sache Gesagte muß in diesem Abschnitt der Arbeit zusammengefaßt, in mancher Hinsicht erweitert und durch einen positiven Lösungsversuch ergänzt werden.

1. *Die Prohibitive und der Bund*

Mit immer neuem Nachdruck ist in der alttestamentlichen Wissenschaft seit A. Alt der Gedanke verfochten worden, die „genuin israelitischen" Gebote verdankten dem Bundesfestkult der Jahweamphiktyonie ihre Entstehung[1]. Die Argumentation zugunsten

---

[1] Vgl. o. S. 55 ff. Dort ist allerdings unter der einseitig formalen Frage, wer der Gebietende sei, das Problem nur eben angerührt worden. Es geht jetzt darum, die Bundesvorstellung als Ganze in Betracht zu ziehen. Das impliziert oder berührt a. die gattungsgeschichtliche Frage nach dem Bundesformular; b. die literarkritische Frage nach der Komposition der Sinaiperikope; c. die soziologische Frage nach der vorausgesetzten gesellschaftlichen Struktur; d. die kultgeschichtliche Frage nach Entstehung, Entwicklung des Bundesfestkultes. Die These Alts hat sich fast allgemein durchgesetzt, vgl. sogar S. Mowinckel, in: ThLZ 79, 1954, Sp. 644: „... in den

dieser These bewegt sich etwa in drei Kreisen: Einmal versucht man exegetisch, unter Zuhilfenahme der form- und gattungsgeschichtlichen Methode, aber mit Beschränkung auf das Alte Testament, das apodiktische Recht vom Bundesfestkult her verständlich zu machen. Zweitens, und das geschieht erst in neuester Zeit, zieht man zur Erklärung des Bundesformulars altorientalische, besonders hethitische, Parallelen heran und bringt so die gattungsgeschichtliche Methode zu ihrem vollen Recht. Ein dritter Argumentationskreis fällt in das systematisch-theologische Gebiet; er überschneidet die beiden anderen und soll hier nicht gesondert behandelt werden: Ausgehend vom alttestamentlichen Gottesbegriff, wertet er die Willensoffenbarung Jahwes in den sittlichen Geboten der Sinaioffenbarung als *den* Akt der Selbsterschließung Jahwes und bestimmt von daher die Zusammengehörigkeit von Geboten und Bundesschluß als eine natürliche und notwendige.

a. Die Sinaioffenbarung

A. Alt hatte bei der Lokalisierung der apodiktischen Sätze diesen Weg eingeschlagen: Da die Prohibitivreihen über ihre Entstehung oder ihren „Sitz im Leben" selbst nichts aussagen, ist man auf Indizien angewiesen[1]. Ton, Inhalt und feierlich rhythmische Form sollen auf einen kultischen Ursprung weisen. „Alles in ihnen ist ... volksgebunden israelitisch und gottgebunden jahwistisch"[2], kann also nicht aus einer so profanen Sphäre wie die der Laiengerichtsbarkeit im Tor zu erklären sein. Wo aber finden sich Hinweise auf das kultische Ereignis, in dem die Gebotsverkündigung stattgefunden haben könnte? Dtn 27,15-26 ist ein erster Fixpunkt. Das Fluchzeremoniell vom Garizim und Ebal bezieht sich ja deutlich auf apodiktische Gebote, wenn sich die Fluchreihe selbst auch mit

---

‚Einzugstorot' und der Mitteilung der ‚Bundeserneuerungsgebote' sehe ich jetzt zwei parallele Ergebnisse der Idee (und der Tatsache) des Bundesschlusses und der Kultsitte der ‚Zutrittsbedingungen' ...". Die relevante Literatur bespricht J. J. Stamm, ThR 27, 1961, S. 207ff. Eine gewisse Kritik an der herrschenden Auffassung macht sich erst bei D. McCarthy, Treaty and Covenant, AnBibl 21, Rom 1963, geltend; vgl. meine Besprechung in JBL 83, 1964, S. 198f.

[1] Es kann nicht einmal ein terminus technicus für sie ermittelt werden, vgl. Alt I, S.323 Anm.1. Die Vermutungen Morgensterns (דְּבָרִים, HUCA 21, 1955, S.1ff.), Alts (חֹק, a.a.O.), Jepsens (תּוֹרָה, Bundesbuch, S.103) sind sämtlich diskutabel, aber unbeweisbar.

[2] Alt I, S.323f.

keiner der ermittelten apodiktischen Reihen völlig deckt[1]. Es ist, so wird man Alt verstehen dürfen, Dtn 27 nichts anderes als die übliche Schlußformel zu einer gültigen Willenserklärung, die durch den ausgesprochenen Fluch gesichert wird. Dafür, daß es sich bei dem in Dtn 27 beschriebenen sakralen Akt um eine regelmäßig wiederkehrende Feier handelte, soll dann Dtn 31,10ff. bürgen, das von der Gesetzesverlesung in jedem siebenten Jahr zur Zeit des Laubhüttenfestes spricht. Allerdings ist dort das deuteronomische Gesetz gemeint, das nach Alt[2] aber schon wegen seines Umfanges nicht in Frage kommen kann und erst später in der Überlieferung an die Stelle des praktikableren Zehnergebotes getreten sein soll. Damit scheint dann nicht nur die spätere kultische Verwendung apodiktischer Reihen, über die kein Zweifel besteht, sondern auch über ihre *erste Entstehung* das letzte Wort gesprochen. Von der kultischen Verwendung im Laubhüttenfest aus sollen die apodiktischen Sätze dann in den Bericht vom Sinaibundesschluß selbst zurückprojiziert worden sein[3].

Diese anscheinend lückenlose Beweisführung hat, wie S. Mowinckel erkannte[4], eine große Schwäche gerade an der Stelle, an der sie am stärksten sein sollte: Sie stellt klar die kultische Verwendung der Prohibitive und ihrer Sammlungen heraus, kann aber keinen befriedigenden Nachweis über die kultische Entstehung dieser Gattung geben; die notwendige Zusammengehörigkeit der Bundesschlußerzählung mit den eingefügten Prohibitivsammlungen kann nicht bewiesen werden. Wir haben uns kurz der Sinaiperikope selbst zuzuwenden, um dies zu zeigen.

Die literarkritische Analyse des Abschnittes Ex 19-34 sah sich in der fast aussichtslosen Lage, aus dem Gewirr von sich wiederholenden und sich widersprechenden Texten zwei oder drei durchlaufende Quellenfäden zu rekonstruieren[5]. Dieses Bemühen kann höchstens zu der negativen Feststellung kommen: Die Gebots- und Gesetzessammlungen erscheinen als Einfügungen in die Quellenschriften. Auch die gattungsgeschichtliche Untersuchung der Sinaiperikope als Ganzer kann nur die Umrisse eines Kultfestes aus dem so formlos

---

[1] Alt I, S320 (Tabelle).
[2] Alt I, S.326.
[3] Alt I, S.329.
[4] ZAW 55, 1937, S.219f.
[5] Vgl. besonders J. Wellhausen, Die Composition des Hexateuch, 2. Aufl. Berlin 1889, S.83ff., 327ff.; O. Eißfeldt, Hexateuchsynopse, S.45ff.; ders., Einleitung³, S. 256.

scheinenden Material gewinnen. Es läßt sich vor allem nicht der genaue Inhalt der einzelnen liturgischen Stücke: Paränese, Gesetzespromulgation, Bundesschluß, Segen und Fluch, sicherstellen, und auch die Abfolge der einzelnen Elemente dieser Liturgie, die sich im Deuteronomium wiederholen soll, ist für die Sinaiperikope nicht mit Gewißheit festzustellen[1]. Wenn es darum geht, den Ursprung einer Gattung zu bestimmen, muß man aber die Verwurzelung der möglichst homogenen Gattung in der Situation oder Institution deutlich machen. Und man sollte besonders zurückhaltend darin sein, eine liturgische Feier als den Ursprungsort einer Redeform auszugeben. Erfahrungsgemäß – man denke nur an die christlichen Gottesdienstliturgien – werden in solchen liturgischen Formularen Stücke verschiedenster Herkunft sekundär zusammengestellt. Da zugestandenermaßen sehr verschiedene Gesetzesarten in der Sinaiüberlieferung angesiedelt worden sind, genügt der einfache Begriff „Gesetzespromulgation" nicht, die *Entstehung* der *apodiktischen* Sätze im Kult zu beweisen. Welcher Art also sind die Gesetze, die im Bundesschlußakt am Sinai (oder im Bundeserneuerungsfest) ursprünglich, falls überhaupt, „verkündet" worden sind? Oder: Welche Rolle spielen die apodiktischen Verbote in den Texten, die sich um den Bundesschlußakt am Sinai herum gebildet haben?

Der altertümlichste Bericht vom Sinaiereignis (Ex 24,1-2.9-11 E) kennt nur das Jahwe und die Stellvertreter Israels (Mose und die siebzig Ältesten) zum Pakt zusammenschließende Bundesmahl, Ex 24,11. Die Implikation ist gewiß, daß, wie in einem jeden Bundesverhältnis – man vergleiche etwa Gen 31,44ff.; 1 Sam 18,3f.; 20,8 – ein bundesgemäßes Verhalten entsprechend den selbstverständlichen Rechten und Pflichten eines solchen Lebensbundes von den Partnern erwartet, ja gefordert wird. Dieses bundesgemäße Verhalten braucht aber nicht in irgendwelchen Vorschriften festgelegt zu werden, es versteht sich von selbst. – Die andere in Ex 24 enthaltene Bundesschlußerzählung (Ex 24,3-8) rechnet mit der Abfolge von Gestzespromulgation (Ex 24,3a: „Mose kam und verkündete dem Volk alle Worte Jahwes und alle Gesetze..."), Verpflichtung des Volkes (24,3b), schriftliche Fixierung der Gebote und Altarbau

---

[1] Vgl. v. Rad, Ges. Stud. S.21ff.,33ff.,ders., Dtn-Studien, S.9. M. Noth, Ges. Stud. S.55 Anm. 100, bezweifelt, daß „die von v. Rad... herangezogenen Texte eine tragfähige Grundlage dafür abgeben, bestimmte Gesetze namhaft zu machen, die bei dieser Gelegenheit verlesen wurden...". Vgl. M. Buber, Das Königtum Gottes, 2. Aufl. Berlin 1936, S.127.

(24,2a), Bundesopfer und Blutbesprengungszeremoniell (24,5f.), erneute Gesetzesverlesung (24,7a), Verpflichtung des Volkes (24,7b). Aber die Tatsache, daß die דְּבָרִים und die מִשְׁפָּטִים nicht im Erzählungszusammenhang aufgeführt sind, sondern wahrscheinlich in V.3 ein Rückverweis auf das Bundesbuch vorliegt[1], welches ohne Zweifel nicht in den ursprünglichen Zusammenhang der Sinaierzählung hineingehört und nicht auf kultische Begehungen zurückgeführt werden kann: Dies alles spricht eher für die Annahme, daß formulierte „Worte" und „Gesetze" erst eine spätere Zutat zur Bundeserzählung sind.

Ex 34,10-28 weist nun auf der anderen Seite keine Bundesschluß*erzählung* auf, d.h. keinen Bericht über eine Theophanie, über Opferhandlungen, Verpflichtungszeremonien usw., obwohl der Bundesschluß in V.10.27f. erwähnt wird. Stattdessen sind die Gebote in eine Jahwerede eingebettet, die, für sich genommen, die paränetische Breite der „levitischen Predigt"[2] hat. Die darin mitgeteilten Gebote unterscheiden sich durch ihre kulttechnische Tendenz von den Prohibitiven, die wir untersuchten, obwohl einzelne von ihnen durchaus in die Gattung der Prohibitive gehören können. Da die kultische Ausrichtung der Sammlung in Ex 34,14ff. nicht abzustreiten ist, könnte hier ein liturgisches Fragment vorliegen – die Paränese und die Gesetzespromulgation der Festlegende –, dem aber, aus welchen Gründen auch immer, die anderen Elemente der Bundesliturgie fehlen. Und auch hier erweist sich die Gebotssammlung selbst wegen ihrer sachlichen und stilistischen Uneinheitlichkeit als Konglomerat von ursprünglich selbständigen Einzelsätzen und kleinen Gruppen, die in die Jahwerede wahrscheinlich erst später hineingezogen worden sind.

Und Ex 19f. schließlich weist eine ganz ähnliche Spaltung in Erzählung und Gesetz auf. Der Dekalog ist sehr unpassend in den Gang der Handlung eingeschoben. Das Volk, das die Stimme Gottes nicht aushalten kann (Ex 20,18ff.), soll nach dem vorliegenden Text die

---

[1] Vgl. M.Noth, Überlieferungsgeschichte, S.33 Anm.115; ders., ATD 5, S.160f. Die These, daß der ganze Abschnitt Ex 24,3-8 ursprünglich Abschluß des Bundesbuches gewesen ist, hat viel für sich. Man könnte aber vielleicht auch erwägen, ob die Einzelzüge der Ankündigung der Gottesworte, der Selbstverpflichtung des Volkes, der Niederschrift und Verlesung des „Bundesbuches" nicht deuteronomistisch sind, vgl. Ex 19,7f.; Jos 24,16ff.; 2 Kön 23,2.21. Dann wäre dieses enigmatische Stück nur Interpretation und Korrektur des späteren Bearbeiters zu Ex 24,1-2.9-11.

[2] G. v. Rad, Die levitische Predigt in den Büchern der Chronik, Ges. Stud. S.248ff.

ganze Dekalogoffenbarung mit anhören. Aber Ex 19,19 und 20,18ff. gehören doch offenbar zusammen[1]. Der Dekalog unterbricht den Gang der Erzählung. Eine bloße Umstellung des Absatzes Ex 20,18-21 kann den Schaden nicht beheben. Der Dekalog in seiner jetzigen Form ist eine sekundäre Einfügung in die Sinaierzählung. Das bestätigt sich auch an Dtn 5,4f., wo ausgleichend die Ernennung Moses zum Mittler *vor* die Dekalogoffenbarung gesetzt wird; dennoch erscheint das Motiv, dem alten Aufriß folgend, auch nach der Gebotsverkündigung (Dtn 5,20ff.). Dagegen würden die Vorschriften über Fremdgötter und Altarbau (Ex 20,23ff.) viel besser in den Erzählungszusammenhang von Ex 19,19; 20,18-21 passen. Eine solche Textgruppierung umfaßte dann wohl eine Theophanie und eine Willensoffenbarung Jahwes, aber noch keinen Bundesschlußakt. Soviel läßt sich feststellen: Die ursprünglichen Texte der Sinaierzählung, die den Bundesschluß zum Thema haben, geben unseren Prohibitiven keinen Raum. Ferner scheint es überhaupt so zu sein, daß die Schlußredaktoren der Sinaiperikope ihrer eigenen Vorstellung vom Bundesschluß (Gebotsverkündigung, Selbstverpflichtung des Volkes, Fixierung des Vertrages scheinen darin die Hauptelemente zu sein) denn auch nur an recht unmöglichen Stellen des Gesamtkomplexes Ausdruck geben konnten: am Anfang, vor Beginn des ganzen Dramas (Ex 19,3-8a); eine beträchtliche Strecke hinter den entscheidenden Ereignissen (Ex 24,3-8); in der Wiederholung der Gebotsübermittlung (Ex 34,10ff.). An diesen drei Textstücken hängt aber das ganze Verständnis der Sinaiperikope als einer Bundesschlußerzählung im strengen Wortsinn. Haben die Sammler des Materials etwa einen ursprünglichen Bericht von Theophanie und Willensoffenbarung Jahwes nachträglich im Sinne einer Bundestheologie umgeformt[2]?
Andererseits hat es sich bei der Untersuchung der Prohibitive gezeigt, daß nichts in ihnen selbst ihre Entstehung im Bundesschlußakt anzeigt, ja, daß die große Masse der behandelten Prohibitive in

---

[1] Beide Stellen werden E zugeschrieben; vgl. J. Wellhausen, Composition, S.327f.
[2] Auch R. Smend, Die Bundesformel, Zürich 1963, kommt nach einer Untersuchung der Jahweworte: Ich will euer Gott sein – ihr sollt mein Volk sein, zu dem Ergebnis, daß diese zweiteilige Erklärung eine frühestens zur Zeit der Staatenbildung entstandene Kombination der Einzelelemente ist, a.a.O. S.22f.; vgl. A. Jepsen, Berith, in: Festschrift W. Rudolph, Tübingen 1961, S.161ff. „So ist es wohl auch nicht möglich, die Berith-Vorstellung zur tragenden Grundlage der geschichtlichen Entwicklung der altisraelitischen Amphiktyonie zu erklären." (A.a.O. S.175).

einem Bundesschlußakt zwischen Jahwe und Israel sinnlos wäre. Denn vorausgesetzt, daß der Bund ein Verhältnis zwischen den Bundschließenden stiftet, muß man annehmen, daß etwaige Bundesforderungen ausschließlich auf dieses beiderseitige Verhältnis gerichtet sind. Von unseren Prohibitiven könnten also höchstens das Fremdgötter-, das Bilder- und das Fluchverbot oder etwa die Gesetze über den Altarbau in einem Bundesschlußakt beheimatet sein. Die überwiegende Zahl der Prohibitive befaßt sich aber mit zwischenmenschlichen Beziehungen; diese Verbote sind viel natürlicher – und ihre ganze akultische Art spricht dafür – in anderen Verhältnissen gewachsen. Die Folgerung aus der Analyse von Form und Inhalt der Sinaiperikope kann nur sein, daß die apodiktischen Sätze als Gattung erst allmählich in das Bundesschlußformular hineingezogen worden sind. Möglicherweise steht am Anfang dieser Entwicklung ein Bundesschlußzeremoniell, das lediglich die gegenseitige, sich selbst verstehende und darum nicht formulierte Verpflichtung in Form eines Opfermahles kennt. Erst nachdem die Bundessatzungen in der Reflexion über die Bedeutung des Bundes für Israel formuliert worden waren, hätte dann der Geist dieses Bundes zwischen Jahwe und Israel seinen Ausdruck in den Verboten des Fremdgötter- und Bilderdienstes, möglicherweise mehr und mehr in zusätzlichen, das Verhältnis von Jahwe und Israel näher bestimmenden Anweisungen (vgl. Ex 20,23ff.; 23,10ff.; 34,10ff.) gefunden. Bei der theologischen Durchgestaltung des Bundesfestes wurden dann früher oder später Satzungen auch für andere Lebensbereiche, die ja auch irgendwie das Gute und Rechte, d.h. aber, eine göttliche Ordnung repräsentierten, hereingenommen. Natürlich spielt bei diesem Vorgang die theologische Grundsatzentscheidung eine wichtige Rolle, daß Jahwe nicht nur der einzige, sondern auch der alle Lebensbereiche beherrschende Gott ist. Und wenn erst einmal der Versuch gemacht war, das Gottesverhältnis Israels gebotsmäßig zu erfassen, dann läßt sich nicht einsehen, warum nicht alle anderen Gesetze, Vorschriften, Regeln, mögen sie formuliert sein, wie sie wollen, innerhalb des Bundes, d.h. unter der Schirmherrschaft Jahwes, ihren Platz finden sollten. Kein Gebiet ist für Israel so profan, als daß seine Normen nicht von Jahwe geheiligt und geformt sein könnten. Das Bundesbuch, das Deuteronomium und Heiligkeitsgesetz sind Zeugen für den fortschreitenden Prozeß der Assimilation alles „Gebotenen" durch die Bundesschlußüberlieferung. Sie finden ihren Platz immer weiter vom Zentrum der Perikope entfernt.

b. Das Bundesformular

Die oben anklingenden Fragen können jedoch nur auf einer breiteren Basis, als sie die Sinaiperikope bietet, gelöst werden. Ist die Gattung der Prohibitive ein integrierender Bestandteil eines israelitischen oder gemeinsemitischen Bundesformulars? Ist etwa der Ursprung der Prohibitive nicht in einem kultischen Formular, wohl aber in einem profanen Bundeszeremoniell zu suchen?
Mit der formalen Analyse des Bundesschlußverfahrens hat sich eine Reihe von Forschern befaßt[1]. Im Gange dieser Untersuchungen ist mehr und mehr eine Berücksichtigung der außerisraelitischen Texte, besonders der in Mari und Boghazköy gefundenen, festzustellen. Die von Begrich bezogene Stellung, der alttestamentliche Bundesschluß sei ursprünglich eine reine Gnadensetzung von seiten Jahwes gewesen und habe erst nach und nach einem Bundesformular Platz gemacht, das Gesetzesforderungen einschloß, ist dankenswerterweise durch diesen Blick über den Zaun der israelitischen Tradition hinweg korrigiert worden. Begrichs Standpunkt verkennt, daß – wie auch immer das Bundeszeremoniell geartet sein mag – die Bundesforderung, d.h. die beide Partner verpflichtende Auflage, sich bundesgemäß zu verhalten oder: den Bund nicht zu brechen, darin schon jedesmal mitenthalten ist. Begrichs Ansicht trägt zu offenkundig das Anliegen des protestantischen sola gratia in das alttestamentliche Bundesgeschehen hinein. M. Noth ist im Recht, wenn er auch formal das Nebeneinander von drei Bundesformen im Alten Testament aufzeigt. Er unterscheidet den Bund zwischen Gleichgestellten, den Bund, den ein Mächtiger einem Vasallen oder Schwächeren „gewährt", und den Bund, der von einem Bundesmittler zwischen zwei Parteien gestiftet wird[2]; jedoch rechnet auch Noth damit, daß „die alten Erzählungsschichten in Ex 19-24 den Abschluß des Bundes sachlich der Verkündigung von Gesetzen voran-

---

[1] J. Begrich, ZAW 60, 1944, S.1ff. (jetzt auch Ges.Stud. S.55ff.); M. Noth, Das at.e Bundschließen im Lichte eines Mari-Textes (1955), Ges. Stud. S.142ff.; G. E. Mendenhall, Covenant Forms in Israelite Tradition, BA 17, 1954, S.50ff. (abgedruckt in: ders., Law and Covenant in Israel and the Ancient Near East, Pittsburgh 1955), deutsche Übersetzung von F.Dumermuth, Recht und Bund in Israel, Zürich 1960; G. Heinemann, Untersuchungen zum apodiktischen Recht, Diss. Hamburg, 1958; K. Baltzer, Das Bundesformular, Neukirchen 1960; D. McCarthy, Treaty and Covenant, AnBibl 21, Rom 1963; vgl. auch die o. S.94 Anm. 2 genannten Untersuchungen von Smend und Jepsen sowie die dort zitierte Literatur.
[2] Ges. Stud. S.150ff.,153f.

bzw. überordnen"[1]. Nach Mendenhall finden im Alten Testament abwechselnd eine gebotslose Form der Bundesschließung (Abraham – David – Form) und eine solche mit Bundessatzungen (Mose – Form) Verwendung. Die theologische Würdigung beider Formen sieht dann so aus: „On the one hand there is the emphasis on experience of the past as the foundation of obligation, the emphasis upon direct responsibility to God, upon freedom and self-determination – all of which, degenerating leads to chaos. On the other hand the emphasis upon stability and continuity, the attempt to reduce the actions of God to a readily communicable and comprehensible system, the preservation of a particular cultural pattern and the establishment of authority to hold in check the unpredictable and disruptive tendencies of undisciplined humanity – all of which may also degenerate and lead to stagnation and satisfaction with the status quo ..."[2].

Den bemerkenswertesten Versuch, die Prohibitive auf das Bundesformular zurückzuführen, unternehmen G. E. Mendenhall, G. Heinemann und K. Baltzer. Sie beziehen sich dabei auf eine Reihe von gut erhaltenen Vertragsformularen aus dem hethitischen Königsarchiv zu Boghazköy, die durch Hugo Wincklers Ausgrabungen zwischen 1906 und 1912 zu Tage kamen[3]. Ihr Ergebnis ist kurz dieses: Die israelitischen Prohibitive haben in den Bestimmungen der hethitischen Staatsverträge, die durch kurze oder auch konditional ausgeweitete Verbote das etablierte Vasallen-(Bundes-)verhältnis schützen wollen, ihre genaue formale Parallele. Diese Prohibitive erscheinen in andere Formelemente des Vertragsformulars eingebettet: Mendenhall, Heinemann und Baltzer nennen fast übereinstimmend im Anschluß an Korošec[4] folgende formale Einzelbestandteile des hethitischen Vertragsformulars: 1. Name und Titel

---

[1] Ges. Stud. S.56f.
[2] BA 17, 1954, S.76.
[3] In Umschrift und Übersetzung wurden die akkadischen Verträge herausgegeben von E. Weidner, Politische Dokumente aus Kleinasien, Boghazköy-Studien 8/9, Leipzig 1923 (insgesamt 10 Verträge; künftig zitiert als W 1 usw.); die in hethitischer Sprache verfaßten Verträge veröffentlichte J. Friedrich, Staatsverträge des Ḫatti-Reiches, MVÄG 31/1, 1926 und 34/1, 1930 (insgesamt 6 Verträge; künftig zitiert als F 1 usw.). V. Korošec, Hethitische Staatsverträge, Leipzig 1931, ist die grundlegende juristische Untersuchung. Die später veröffentlichten Vertragsdokumente, hauptsächlich aus Assyrien und Syrien stammend, sind z.T. bei K. Baltzer, umfassend erst bei D. McCarthy a.a.O. berücksichtigt.
[4] Staatsverträge, S.12ff.

des vertraggewährenden oder vertragschließenden (aber die genannten Forscher legen mehr Wert auf die Vasallenverträge als auf die paritätischen Abmachungen) Großkönigs; 2. historischer Prolog; 3. Vertragsbestimmungen, d.h. Prohibitive, Warnungen, Auflagen, Flüche gegen den Vertragsbrecher; 4. Bestimmung über Hinterlegung der Urkunde im Tempel und ihre Verlesung; 5. Anruf der Götter als Zeugen; 6. Fluch- und Segensformel. Das ist etwa die Normalstruktur aller Vasallenverträge, von der die einzelnen Vertragsexemplare mehr oder weniger abweichen. – Diese Ergebnisse sind mittlerweile in der schon genannten, eingehenderen Untersuchung von D. McCarthy[1] überprüft worden. McCarthy kommt dabei sowohl für einige Einzelelemente des Bundesformulars als auch im Blick auf die angebliche Übereinstimmung zwischen Vertragsbestimmungen und alttestamentlichen Geboten zu bemerkenswert andersartigen Schlußfolgerungen. Der „historische Prolog" kann z.B. recht vielgestaltig ausgeführt werden, auch an verschiedenen Stellen der Vertragsdokumente auftauchen oder ganz weggelassen werden[2]; die Vertragsbestimmungen sind äußerst variabel in der Form und stets auf den eigentlichen Vertragszweck bezogen[3]; Fluchbestimmungen gehören ebenso notwendig zum Vertragsschluß und z.T. auch zu den Vertragsbestimmungen wie die Zustimmung des (schwächeren) Vertragspartners, sei sie auch nur pro forma gegeben[4]. Da die semitischen Vertragsformulare, die hauptsächlich aus Syrien und Assyrien bekanntgeworden sind, zeitlich und geographisch näher an Israel heranreichen und da sie mit der hethitischen Form an für uns wesentlichen Punkten (z.B. fehlen in ihnen

---

[1] AnBibl 21; vgl. dazu JBL 83, 1964, S.198f. und den Aufsatz Covenant and Commandment, in: JBL 84, 1965, S.38ff.
[2] McCarthy, AnBibl 21, S.29ff.,99ff.,104.
[3] Mc Carthy, AnBibl 21, S.32ff.,47,52,71ff.,158ff. Im Blick auf die apodiktischen Formen in den hethitischen Verträgen (AnBibl 21, S.35ff.) stellt McCarthy folgendes fest: „Thus we have a usage, which does not pertain to the treaty as such but which is almost exclusively confined to the dealings with Asia Minor and unevenly applied even then. Why? Is it due to a certain intimacy in the relations with the parties? ... In other words, the familiar imperative form arose at least in part from the fact that the business was really all within the family, so to speak." (A.a.O. S.37). Sein Urteil über die Sinaiperikope lautet: „... the form of the Sinai story in Ex 19-24 which is reflected in the text without later additions does not bear out the contention that the story reflects an organization according to the covenant form. It reveals ... an idea of covenant in which the ritual looms larger than the verbal and contractual." (A.a.O. S.163).
[4] Vgl. McCarthy, AnBibl 21, S.5f.,34,40ff.

alle „apodiktischen" Bestimmungen) nicht übereinstimmen, vermutet McCarthy, daß sie einem ganz andersartigen, nämlich rituellen und nicht vertraglichen Bund zugehören[1].
Sicherlich ist es in dieser Auseinandersetzung noch nicht entscheidend, daß die hethitischen Verträge fast ausschließlich die Konditionalform für ihre Vertragsbestimmungen verwenden[2]. Es wäre gut möglich, daß die erweiterte Konditionalform sich als die präzisere für die Vertragswerke erwiesen hätte, dadurch, daß sie die Situation des Vertragsbruches oder die Situation, die eine Vertragshandlung erfordert, besser kennzeichnete. Und es ist zu sehen, wie sehr die ganze Situation, die Anrede des Vertragspartners (Vasallen) in der 2. Person, die Abgrenzung und Empfehlung eines bestimmten Vertragsverhaltens, sich als Hintergrund für die Prohibitivgattung eignen würde. Auch die Vertragsbestimmungen selbst nähern sich gelegentlich stark (in Form und Gehalt) den Prohibitiven, wie wir sie im Alten Testament fanden[3].
Dennoch scheint im Bundesformular, das sicherlich gemeinsemitischer Besitz und in ähnlicher Form wie im hethitischen Schrifttum und im Alten Testament für alle Kulturen des Alten Orients anzunehmen ist, keine befriedigende Erklärung für den Ursprung der Prohibitive gefunden werden zu können.
Es wäre erst ein allgemeiner, methodischer Einwand, wenn man darauf hinweisen wollte, daß es gewagt ist, eine Gattung, deren Eigenständigkeit so handgreiflich zu sein scheint wie im Fall unserer Prohibitive, auf eine komplexe Größe, sei es eine Liturgie oder ein formgeschichtlich ebenso stark zusammengesetztes Vertragsformular, zurückführen zu wollen. Alle Wahrscheinlichkeit spricht

---

[1] Vgl. McCarthy, AnBibl 21, S.37,51ff.,172ff.
[2] Vgl. z.B. den Vertrag des Muršiliš II. mit Duppi-Tešup von Amurru (F 1 §10,14; 11,25; 12,30; 13,39; 14,46; 14,49; 15,12; 16,23 usw.): Fast jeder Paragraph hat seinen durch „wenn" (hethit.: mān) eingeleiteten Konditionalsatz als Protasis.
[3] Nur zwei Beispiele: In W 9 schreibt Ḫattušiliš III. seinem Vasallen Bentesina von Amurru vor, auch beim Thronwechsel im Ḫatti-Reich loyal zu bleiben:
Vs. Z.41 „... sollst du, (Bentesina), meinen Sohn... nicht (ve)rlassen, nach
  dem Orte eines a(n)dere(n) 42: sollst du nicht gehen..."
Und: Muršiliš II. befiehlt dem Kupanta-ᵈKAL von Wiluša (F 3 §11):
Z.35 „so schütze (du), Kupanta-KAL, künftig die Sonne ...
  38 und Böses plane nicht gegen sie,
  39 (laß) dich auch mit keinem Bösen ein".
Weitere Belege für apodiktische Formen bei McCarthy, AnBibl 21, S.35ff. und in der Tabelle S.49.

dafür, daß man in einer solchen zusammengesetzten Gattung die ursprünglichen Einzelformen nur in ihrer sekundären Verwendung vorfindet. Aber das ist, wie gesagt, nur erst ein methodischer Einwand. Wichtiger ist eine Reihe von Einzelbeobachtungen, die eine formgeschichtliche Identifizierung der in den Vertragsformularen entdeckten Prohibitive mit den uns aus dem Alten Testament bekannten verbieten.

1. Die Bestimmungen der Vasallenverträge sind formal und sachlich streng auf den Vertragsschluß zwischen Großkönig und Vasall ausgerichtet. „Den Vasallen verbindet mit dem Großkönig das gegenseitige Schutz- und Treueverhältnis..."[1], und die Vertragsbestimmungen sind unmittelbare Folgerungen aus diesem Verhältnis. Ihr Inhalt ist: Schutz des Ḫattireiches, Abstandnahme von allen feindseligen Handlungen gegen das Ḫattireich (etwa: Verzicht auf Bündnisse, Gesandtenaustausch mit auswärtigen Mächten, d.h. potentiellen oder wirklichen Feinden), Verbot, aufrührerische Flüchtlinge aus dem Ḫattireich zu unterstützen usw. Die Essenz aller Bestimmungen (auch die paritätischen Verträge liegen in dieser Beziehung auf der gleichen Ebene) ist: „Mit meinem Freunde sei er freund, mit meinem Feinde sei er feind"[2]. Diese Ausrichtung auf den konkreten, politischen Vertrag ist auch in den Bestimmungen vorauszusetzen, die auf den ersten Blick allgemeingültige Verbote und Gebote enthalten, z.B. in der Forderung, dem Großkönig „Vertrauen" zu schenken und sich insbesondere bösen Gerüchten, Verleumdungen usw. gegen ihn zu verschließen[3]. Auch die allgemeinen Mahnungen an die Vasallen, untereinander Frieden zu halten und sich nichts Böses zuzufügen[4], sind in das Koordinatensystem des konkreten Vertrages hineingespannt; sie verbieten nicht Verleumdung und Meintat an sich und für jedermann, sondern speziell die gegen König und Reich gerichtete Übeltat. Sie wollen die Gefahr für König und Reich, die aus der ganz bestimmten Situation des jeweiligen Vasallen drohen könnte, abwehren. „Objekte der Vasallentreue sind der Ḫattiherrscher, seine Nachfolger und das Ḫattireich[5]." Letzten Endes sind also die Vertragsbestim-

---

[1] Korošec, Staatsverträge, S.66.
[2] Akkad.: itti šalmija lu šalim itti nakrija lu nakir. Korošec, Staatsverträge S.69 Anm.1, gibt alle Stellen aus den bearbeiteten Verträgen, die diese Formel aufweisen; vgl. JBL 84, 1965, S.41f.
[3] Vgl. F 1 §10; 2 §6; 3 §21-22,27; 5 §15; Korošec, Staatsverträge S.76ff.
[4] Vgl. F 2 §9-11; 3 §27; 5 §17; Korošec, Staatsverträge S.70,87.
[5] Korošec, Staatsverträge S.66.

mungen, wie sie von ihm formuliert werden, so auch auf den Großkönig persönlich zugeschnitten.
Damit soll nun nicht behauptet werden, daß die israelitischen Prohibitive „an sich" und „absolut" gültig wären. Auch sie setzen eine gegebene soziale Struktur voraus, und auch sie beziehen sich auf diese. Aber innerhalb der gegebenen, „natürlichen" Gesellschaftsstruktur erheben sie den Anspruch, allgemeingültig und dauernd zu sein. Die Loyalität gegenüber der Gesellschaftsstruktur wird zwar auch gefordert (z.B. in Ex 22,27), ist aber nicht das beherrschende Prinzip der Prohibitive. Vielmehr drückt sich in der Unbestimmtheit des Addressaten, in der Undefiniertheit der Situation, das Interesse aus, das Verhalten jedes zur Gemeinschaft gehörenden Mannes in seiner Begegnung mit Menschen und Verhältnissen der Umwelt so zu lenken, daß das allgemein Rechte als Resultat einer jeden Handlung geschieht. Und in der Spezifizierung der Bestimmungen auf König und Reich in den hethitischen Staatsverträgen andererseits meldet sich eine grundsätzlich andere Auffassung zu Wort, die das politisch Rechte zur Funktion des Staates macht. – Man könnte einwenden, die monarchische Verfassung des Hethiterreiches und die in den israelitischen Prohibitiven vorausgesetzten halbnomadischen oder kleinbürgerlichen Lebensverhältnisse (von einer staatlichen Organisation Israels ist in den Prohibitiven noch nichts zu spüren) seien keineswegs vergleichbar. Beide Institutionen jedoch, die Autorität des Großkönigs und die Ordnungsaufsicht des Sippenoberhaupts, haben in ihren sozialen Strukturen vergleichbare Funktionen. Nur zeigt eben die gattungsgeschichtliche Untersuchung von Vertragsbestimmungen und Prohibitiven die wesensmäßige Verschiedenheit beider Redeformen. Die Vertragsbestimmungen in den hethitischen Staatsverträgen, die im geschichtlich streng fixierten Augenblick durch Auflage (und Übernahme) von Verpflichtungen äußere Hilfsstützen zur Erhaltung des Ḫattireiches anbringen, und die Prohibitive, die das Ordnungsgefüge einer durch Verwandtschaftsbeziehungen begrenzten Gemeinschaft ausdrücken, gleichsam verkörpern, sind nicht auf ein und derselben Ebene zu sehen.

2. Aus gattungsgeschichtlicher Sicht muß man auch sagen, daß die allgemeine Form der Prohibitive aus einer spezialisierteren wie der der hethitischen Vertragsbestimmungen nicht abgeleitet werden kann. Die Spezialisierung setzt eher eine Verengung des Gesichtswinkels als Folge einer langen verfassungsgeschichtlichen Entwicklung und eine Indienstnahme des „gemeinen" Ethos für

staatspolitische Aufgaben voraus. Heinemann ist zwar der Ansicht[1], die zunehmende „Ethisierung"[2] der Vertragsbestimmungen habe dazu geführt, daß schließlich eine Art selbständige Prohibitive wie eine reife Frucht sich vom Baum des Vertragsformulars gelöst hätte. Er verweist zur Begründung dieser Hypothese auf den Vertrag zwischen Šuppiluliumaš und Ḫukkanaš, der in §29-32 außergewöhnliche Bestimmungen gegen geschlechtliche Vergehen enthält[3]. Aber gerade dieses Beispiel erweist sich als Bumerang für Heinemanns These. Šuppiluliumaš, Großkönig des hethitischen Reiches, hat seine Schwester in das armenische Hochland an einen halbwilden (vgl. § 29,31f.: „Weil (nun) euer Land ungesittet (ist)...") Kleinkönig Ḫukkanaš verheiratet (vgl. auch §1,5; §29,25.27). In diesem Zusammenhang lesen wir in § 29,28ff.:

28 Für das Land Ḫatti aber ist eine Vorschrift von Wichtigkeit:
29 „Der eigene Bruder darf die eigene Schwester (und) Kusine nicht (geschlechtlich) nehmen,
30 das (ist) nicht recht. Wer aber so etwas (doch) tut,
31 der bleibt in Ḫattušaš nicht am Leben, (sondern) stirbt."

Aus Sorge um die Schwester unter den Barbaren *zitiert* der König also eine ethische Regel aus seinem Land[4].
3. Die besondere Eigenart der Vertragsbestimmungen, ihre bewußte Gebundenheit an eine sehr bestimmte, einzigartige geschichtliche Situation, kann nun auch an Hand der Einzelformen dieser Bestimmungen im Unterschied zu den Prohibitiven demonstriert werden. – Die Vertragsbestimmungen richten sich an einen bestimmten Menschen, sogar sein Name wird gelegentlich in den Vorschriften selbst genannt[5]. Und die Gültigkeit der Verträge, obwohl gelegentlich nach der Art diplomatischer Abkommen für die Ewigkeit geplant, erlischt gewöhnlich nach der Regierungszeit eines Vertragspartners[6]. Zudem bemüht sich jeder Konditionalsatz einer Vertragsbestimmung, die besondere Situation des Vasallen zu er-

---

[1] Untersuchungen, §10.
[2] Vgl. auch Korošec, Staatsverträge S.76, der diesen Terminus verwendet, aber nicht auf die Form der Bestimmungen eingeht.
[3] F 6; vgl. Friedrichs Einleitung zu diesem Vertrag, a.a.O. S.103.
[4] Vgl. McCarthy, AnBibl. 21, S.37.
[5] Vgl. o.S. 99 Anm. 2.
[6] Vgl. die historischen Einleitungen F 1 §2ff.; 4 §1ff.; J. M. Munn-Rankin, Diplomacy in Western Asia in the Early Second Millenium B. C., in: Iraq 18, 1956, S.68ff.

fassen¹, gelegentlich wird sogar das spezifische Verhältnis, das zwischen dem Großkönig und dem jeweiligen Vasallen herrscht und das normalerweise im historischen Prolog eingehend geschildert wird, in die Kasusbestimmung hineingenommen: Muršiliš II. schreibt z.B. dem Manapa-Dattaš vor:

> 63 Siehe, ich habe dir das Seha-Fluß-Land
> und das Land (Appaw)ija gegeben,
> 64 das soll dein Land sein, d(as) behüte!...²

4. Vor allem aber sind alle Kasusbestimmungen darüber hinaus expressis verbis in dem bestimmten Vertragswerk verankert, in dem sie begegnen. Sie sind nämlich fast regelmäßig ausdrücklich mit den „Eiden" verknüpft, die ihnen im Vertragsrahmen Gültigkeit verschaffen. Die Normalform einer Vertragsbestimmung gibt erst den Vertragsfall (meist im konditionalen Vordersatz), dann die daraus resultierende Vertragspflicht (meist als Verbot oder Gebot). Dann folgt gewöhnlich in einem zweiten Konditionalsatz der Fall der Pflichtverletzung (Vertragsbruch) und die Schuldigsprechung durch die Formel: „... so verletzest du die Eide". F 1 §15,12ff. ist ein Paradigma für eine solche Bestimmung:

> 12 Wenn irgendein Land oder ein Flüchtling
> 13 sich aufmacht und ins Land Ḫatti
> 14 gehen will und durch dein Land
> 15 hindurch zieht, so setze sie heil auf den rechten Weg.
> 16 Den Weg ins Land Ḫatti aber weise ihnen an und sprich zu ihnen
> 17 freundliche Worte, zu einem anderen aber sende sie nirgendwohin.
> 18 Wenn du sie aber nicht auf den rechten Weg setzest
> 19 und ihnen nicht den Weg ins Land Ḫatti freigibst,
> 20 vielmehr ihre Augen nach dem Gebirge lenkst
> 21 oder böse Worte von ihnen sprichst,
> 22 so verletzest du die Eide³.

5. Es verdient besondere Beachtung, daß in dieser „Konstatierung der Eidverletzung" nichts anderes als der Fall des Vertragsbruches

---

¹ Vgl. etwa F 1 §10,14ff.: „Wenn nun im Lande Ḫatti irgendein (böses) Gerede aufkommt... du aber... hörst (es), (so) hilf (mit) deinen (Fußtruppen) (und) Wagenkämpfern... Wenn du aber (deinen Sohn)... mit deinen Truppen nicht entsendest, (so) verletzest du die göttlichen Eide."
² F 4 §5,63ff.
³ Vgl. F 1 §9,12; §10,24; §11,29; §12,37; §13,45; §14,11; §15,22 usw. Noch ausgeprägter ist diese Struktur etwa im Asarhaddon-Vertrag (veröffentlicht von D. J. Wiseman, in: Iraq 20, 1958; als Separatdruck: The Vassal Treaties of Essarhaddon, London 1958), vgl. McCarthy, AnBibl 21, S.71f.

ins Auge gefaßt wird, und zwar so, daß die lakonische Feststellung faktisch eine Sanktionsandrohung enthält. Der Vertragsbrüchige wird dem Fluch der Götter, die den Vertrag schützen, übergeben[1]. Daß die Sanktionen durchweg divini iuris sind, braucht nicht zu verwundern. Sicherlich schließt die Anrufung der Götter zu Zeugen und die Unterstellung des Vertrages unter ihre Oberaufsicht eine reguläre Bestrafung des vertragsbrüchigen Vasallen ein[2]. Aber nicht nur die konditional gebauten Sätze der Verträge weisen Sanktionen auf, auch die scheinbar formal unseren Prohibitiven gleichenden Bestimmungen sind in Wirklichkeit in das System der Situationsbestimmung und Sanktionsandrohung hineingenommen[3]. Die Prohibitive andererseits, die wir im Auge hatten, sind wesensmäßig frei von Sanktionen. Die Fluchzermonie von Dtn 27 kann sich zwar der Prohibitive bemächtigen, oder besser: sie zur Norm nehmen, aber die damit verbundene Umformung zeigt, daß sich bei einem solchen Vorgang ein Übergang auf eine andere Ebene abspielt:

(Dtn 27,17) אָרוּר מַסִּיג גְּבוּל רֵעֵהוּ und:

(Dtn 19,14) לֹא תַסִּיג גְּבוּל רֵעֲךָ

sind zwei verschiedene Gattungen. Die Prohibitive, anstatt die verbotene Handlung unter den Fluch zu stellen, tendieren viel eher dahin, die bösen Folgen einer Überschreitung des Verbots – falls überhaupt das Augenmerk auf diesen Fall gerichtet wird – in einem begründenden Satz anzugeben: „Nimm nicht Bestechungsgeschenk, denn Bestechungsgeschenk macht die Sehenden blind" (Ex 23,8).

6. Für die israelitischen Prohibitive ist die Tendenz zur Reihenbildung konstitutiv. Das Vertragsformular verhindert aber weitgehend jede Reihenbildung, sie geschehe denn unter dem Generalthema des Vertragsbruches. Die Reihenfolge der Bestimmungen in dem Vertrage zwischen Muršiliš II. und Targašnalliš von Ḫappala (= F 2) etwa ist typisch: §2 Auslieferung von Majestätsbeleidigern an den Großkönig, §3f. Verhalten bei Rebellionen, §5 Verhalten gegen die hethitischen Militärstützpunkte auf Vasallengebiet, §6 Verhalten bei Auftauchen böswilliger Gerüchte über den Großkönig, §7 Auslieferung von politischen Flüchtlingen (vgl. §2), §8 Muršiliš verspricht Gegenleistung: Auslieferung der Feinde des Vasallen,

---

[1] Vgl. Korošec, Staatsverträge S.99 Anm.1 (zu: „Übertretungsklauseln").
[2] Korošec, Staatsverträge S.93: Es ist „... nicht ausgeschlossen, daß der Eidbruch auch weltliche Sanktionen nach sich zog ...".
[3] Vgl. JBL 84, 1965, S.44.

§ 9f. Verhalten der Vasallen untereinander, § 11 der Großkönig reserviert sich das Recht, bei Vasallenstreitigkeiten zu entscheiden, usw. Das Leitmotiv für die Zusammenstellung der Vertragsbestimmungen ist der Schutz des Königs und des hethitischen Reiches, d.h. das Bündnisanliegen; es ist nicht eine den Bestimmungen selbst innewohnende Affinität, die diese Anordnung veranlaßt hätte.

Alles das zusammengenommen kann nur zu dem Ergebnis führen, daß die Prohibitive in der aus dem Alten Testament bekannten Art unter keinen Umständen aus dem Vertragsformular abgeleitet werden können.

Heinemann selbst spürt sehr deutlich die formalen und sachlichen Unterschiede zwischen den hethitischen Vertragsbestimmungen einerseits und dem apodiktischen Recht Israels andererseits. Er versucht sie in § 17 seiner Arbeit durch den einfachen Hinweis auf die kultische Verhaftung, die mündliche Weitergabe und die – weil von Jahwe direkt stammende – rhythmische Form der israelitischen Prohibitive zu erklären;[1] das überzeugt nicht.

Also muß man Begrichs Feststellung, Bund und Prohibitive seien von Grund auf verschiedene Dinge[2], in gewissem Sinne recht geben. Nur kann der protestantische Unterton, mit dem Begrich die „Gesetzesfreiheit" und den „Gnadencharakter" der ursprünglichen, unverfälschten Bundesidee verkündet, nicht als in der Sache liegend anerkannt werden. Die alttestamentliche Vorstellung vom Bundesschluß schließt die Verpflichtung beider Partner immer ein. Dazu wird ein Bundeszeichen aufgerichtet[3], daß die Partner des Bundes ihrer Verpflichtungen eingedenk bleiben. Und zu ebendiesem Zweck werden in manchen Bundesschlüssen auch die Bundesverpflichtungen explizit formuliert und kontraktmäßig festgehalten, obwohl das nicht unbedingt zur Voraussetzung eines gültigen Bundesschlusses gehört. Die uns erhaltenen Beispiele von Bundesschlüssen im Alten Testament, die die Bundesbestimmungen formulieren, zeigen aber deutlich, daß es sich bei den Bundesbestimmungen – wie in den hethitischen Vertragswerken – um durchweg streng auf den kon-

---

[1] Im Gegensatz dazu stellt er die schriftliche Fixierung der hethitischen Verträge, ihre unsakrale Grundhaltung und ihre zwischenmenschliche Vereinbarung heraus, Untersuchungen, S.77.
[2] ZAW 60, 1944, S.7; (= Ges.Stud. S.62).
[3] Vgl. Gen 9,12; 17,11; (Ex 31,13.17). Zum „Bundeszeichen" vgl. C. A. Keller, Das Wort Oth als „Offenbarungszeichen Gottes", Diss. Basel 1946, S.39f.,126ff. In Gen 31,48.52 ist das Zeichen עֵד genannt.

kreten Vertragsschluß gerichtete Gebote und Verbote handelt. Gen 31,44-54 kann trotz seines verwickelten quellengeschichtlichen Zustandes[1] als gutes Beispiel für die Fixierung der Vertragsbestimmungen beim Bundesschluß gelten. V.49f. ist nicht etwa in Prohibitivform ein allgemeines Verbot des Ehebruchs, sondern eine spezifische Ehekontraktform[2], die die Bedingungen des Bundes (Vertrages) ausspricht und sie gleichzeitig durch den Fluch schützt:

> Jahwe halte Wache zwischen mir und dir,
> wenn einer vom andern geschieden sein wird,
> daß du nicht (אם) meine Töchter benachteiligst
> und daß du nicht (אם) (andere) Frauen zu meinen Töchtern hinzunimmst.

Ganz genauso wird die Grenzfestlegung als konkrete, aktuelle Vertragsregelung dargestellt:

> Zeuge ist dieser Haufen und Zeuge ist diese Mazzebe,
> daß ich nicht (אם) zu dir hin diesen Haufen überschreite
> und daß du nicht (אם)[3] zu mir hin diesen Haufen und diese Mazzebe überschreitest zum Bösen. (Gen 31,52)[4].

In beiden Fällen erschöpft sich der Vertragsschluß in der gegebenen Vereinbarung, und in beiden Fällen trägt die fixierte Bestimmung des Bundes ganz den Stempel dieser einmaligen Übereinkunft. Der Bundesschluß rundet sich dann, wie nicht anders zu erwarten, durch Anrufung der Zeugen (der Götter beider Parteien in V.53, bzw. einer Partei in V.49, je nachdem der Vertrag als einseitiger oder doppelseitiger formuliert ist) und das Opfermahl (V.54) zur vollen Bundeszeremonie. Die Bundesbestimmungen sind integrierender Bestandteil des Ganzen.

Jos 24 läßt einen Bundesschluß durchschimmern, der ebenfalls eine einzige Bestimmung hatte: Die Ablegung der alten Götter (Jos 24,14.23 u.ö.) und die Verpflichtung auf Jahwe, die dem korrespondiert (Jos 24,14.16.18.20). Man könnte vermuten, daß in V.25f. zumindest die Stelle angedeutet ist, an dem die ganze Gesetzes-

---

[1] Vgl. H. Gunkel, Genesis⁵, S.350ff.; Eißfeldt, Hexateuchsynopse, S.16f.
[2] Vgl. H. Gunkel, Genesis⁵, S.358: Er verweist auf babylonische Ehekontrakte; vgl. G. Tucker, Contracts in the Old Test. Diss. New Haven 1963.
[3] Da es sich, wie in V.49, um Schwursätze handelt, ist das לא in beiden Fällen zu streichen, vgl. BHK z.St.
[4] Vgl. dagegen die völlig andere Form von „Du sollst die Grenze deines Nachbarn nicht verrücken ..." (Dtn 19,14).

promulgation in die Bundesschlußzeremonie hineinkommt: „... und er (i.e. Josua) setzte ihm (i.e. dem Volke) Gesetz (חֹק) und Recht (מִשְׁפָּט) zu Sichem, und Josua schrieb diese Worte in das Torabuch Gottes..."[1]. Nun ist aber zu beachten, daß die ganze Erzählung in einer sehr späten Gestalt vorliegt: Sie ist durchweg als Rede stilisiert und weist viele deuteronomistische Merkmale auf. Dieser Tradition war natürlich aus der Sinaiüberlieferung und dem Deuteronomium die Vorstellung von der mit dem Bundesschluß verkoppelten Gesetzgebung geläufig[2]. Aber es ist sehr wahrscheinlich, daß ursprünglich an Stelle der jetzt in V.25f. gemeinten Gesetzesverkündigung – wenn nicht doch Noth im Recht ist mit der Annahme, daß eben diese Stelle auf nichts weiteres als auf die Verkündung *amphiktyonischer* Ordnungen hindeute[3], die ihrerseits, z.B. als Anweisungen für die zentralen Kulthandlungen, ein unmittelbares Verhältnis zum Bundesschluß haben könnten – von nichts anderem als von der aus dem Duktus des ganzen Kapitels zu erhebenden einen Bundesforderung, der Treueerklärung gegenüber Jahwe, berichtet worden ist. Die Abwesenheit jeder formulierten Forderung an der strittigen Stelle selbst spricht durchaus dafür.

Welche anderen Texte des Alten Testaments, die Auskunft über das Verhältnis von Bundesschluß (Vertragsschluß) und Prohibitivgattung zu geben versprechen, auch immer untersucht werden mögen, seien es kultische[4] oder prophetische[5], nirgendwo läßt sich eine

---

[1] Vgl. Alt I, S.325; v. Rad, Ges.Stud. S.44; beide verstehen diesen Vers als Andeutung der Gesetzespromulgation.

[2] Vgl. M. Noth, Josua, HAT I,7, 2.Aufl. Tübingen 1953, S.135ff. Der Terminus סֵפֶר תּוֹרַת אֱלֹהִים (V.26) setzt das Wissen um das bereits schriftlich fixierte Gottesgesetz voraus.

[3] M. Noth, Das System der zwölf Stämme Israels, Stuttgart 1930, S.72ff.

[4] Vgl. besonders Ps 50 (zu V.18-21 meint v. Rad, Ges.Stud. S.31: „Hier ist der Dekalog, der offenbar unabtrennbar zu dem Ganzen gehörte, paraphrasiert.") und Ps 81 (zu V.11 meint v. Rad, Ges.Stud. S.31: Mit dem 1.Gebot tritt „natürlich [der Dekalog] in seiner Gesamtheit in das Bewußtsein...". Nach H. Schmidt, HAT I,15, S.155). Beide Psalmen können aber nicht als Zeugen für eine organische Verbindung von Bund und Prohibitiven angeführt werden, vgl. o.S. 58 Anm. 4.

[5] Vgl. besonders Hos 4,2; Jer 7,9. Bisher sind die prophetischen Bücher in unserer Untersuchung noch nicht berücksichtigt worden. Wir können hier nur kurz feststellen: Auch die prophetischen Scheltreden gegen die sozialen Mißstände in Israel gründen nicht so selbstverständlich, wie gemeinhin angenommen wird, im Bundesgedanken. R. Bach, Festschrift G. Dehn, Neukirchen 1957, S.23ff. und E. Würthwein, ZAW 62, 1950, S.50, können für Amos nicht eine Stelle anführen, die die Scheltrede mit dem *Bundes*bruch

organische Verbindung der Prohibitive, die überwiegend das zwischenmenschliche Verhalten regeln, mit dem Bundesschlußakt nachweisen. Überall hat das Bundeszeremoniell in der ältesten erreichbaren Gestalt höchstens einige auf das Verhältnis Jahwes zu Israel direkt bezügliche Anweisungen bei sich.

Aufs Ganze gesehen kann also gesagt werden, daß der Bund, gleichgültig, zwischen welchen Partnern er geschlossen wird, eine enge Gemeinschaft, eine „fiktive Blutsverwandtschaft"[1] stiftet, die gegenseitige Verpflichtung und gegenseitige Rechte einschließt, welche aber nicht notwendig formuliert zu werden brauchen. Werden sie dokumentarisch festgehalten, dann nennen sie eine konkrete Beziehung zwischen beiden vertragschließenden Parteien, eine Beziehung, auf die sich das Gemeinschaftsverhältnis gründet, oder die spezielle Rechtslage, von der aus sich die Bundesgemeinschaft entwickelt hat.

In diesem Lichte besehen haben wir die ältesten Nachrichten über den Bundesschluß zwischen Jahwe und Israel, wie sie besonders in der Sinaiperikope enthalten sind, ernst zu nehmen. Ex 24,1-2.9-11 weiß nur von der Theophanie und dem Bundesmahl der Führer Israels mit Jahwe; Ex 34 – obwohl später überarbeitet und ergänzt – legt dennoch den Hauptakzent auf die Verbote der Abgötterei und einige kultische Vorschriften, die direkt für das Gemeinschafts-

in Verbindung bringt. Daher die wenig überzeugende Beweisführung bei Bach, der eine Diskrepanz zwischen kasuistischem und Gottesrecht bei Amos erkennen will, vgl. besonders a.a.O. S.29f.,32f. Vgl. jetzt auch H. W. Wolff. Amos' geistige Heimat, Neukirchen 1964. W. Zimmerli, Das Gesetz und die Propheten, Göttingen 1963, S.55ff. meint dagegen, den Bundesgedanken durchweg als grundlegend für das Rechtsdenken der Propheten ansehen zu müssen (vgl. besonders a.a.O. S.103,109,120). – W. Beyerlin, Die Kulttraditionen Israels in der Verkündigung des Propheten Micha, FRLNAT NF 54, Göttingen 1959, S.42ff. hat für Micha nur einen einzigen Fixpunkt: Mi 6,8. Vom Bundesschluß und der Gebotsverkündigung ist dort direkt aber auch nicht die Rede, wenn man nicht נגד (im Hifil) als terminus technicus dafür festlegen will; das allgemeine אָדָם macht diese Annahme äußerst unwahrscheinlich. – Für Hosea dürfte eine genauere Untersuchung ergeben, daß der Zusammenhang zwischen בְּרִית und תּוֹרָה (vgl. Hos 3,20ff.; 4,2-6; 6,7; 8,1.12; 13,2) ein nur loser ist oder daß תּוֹרָה lediglich Bundessatzungen im engsten Sinne meint. – Jesaja beruft sich etwa in seinen Weherufen auf volkstümliche, ethische Regeln, nicht auf göttliches, offenbartes Recht, vgl. The Woe-Oracles of the Prophets, in: JBL 81, 1962, S.249ff. – Erst in einigen Abschnitten des Jeremiabuches rücken Bund und (Sozial) Gesetz nahe aneinander.

[1] Vgl. G. Quell, ThW II, S.116.

verhältnis zwischen Jahwe und dem Volk wichtig sind. (Ex 19,3)
– Ex 19,16b.17.19 – Ex 20,18-21 – Ex 20,22-26 wäre ebenfalls ein
Bundesschlußbericht, der angemessene Bestimmungen enthält (Ex
20,23-26); und selbst der Dekalog in Ex 20 enthält in seinem ersten
Teil (V.1-7) mögliche Bundesschlußbestimmungen. Alle echten
Bundesbestimmungen beschränken sich auf die Regelung des Verhältnisses der Bundespartner zueinander. Daß das Fremdgötter-
und Bilderverbot dabei einen hervorragenden Platz einnimmt,
braucht nach dem oben Gesagten nicht zu verwundern. In ihm ist
von Anfang an für das Bewußtsein Israels das Fundament des
Bundesverhältnisses gelegt[1]. Daß jedoch die Gattung der Prohibitive,
die deutlich auf das alltägliche Leben des Menschen und seine Entscheidungen in ihm angelegt ist, einen anderen Ursprungsort voraussetzt, dürfte aus ihrer Wesensbestimmung und aus ihrem unabhängigen Auftreten besonders in Lev 18f.; Dtn 22-25; Ex 22,20-23,9 klar sein.

Wir können zusammenfassen: 1. Die formalen Indizien reichen wohl
aus, eine Scheidung zwischen den Normen der gerichtlichen Praxis
(kasuistische Normen) und den Prohibitiven vorzunehmen, nicht
aber, um die Verankerung der letzteren im Bundesfestkult zu erweisen. Im Gegenteil sprechen formgeschichtliche Beobachtungen
mehr für eine privatere, individuellere, intimere Sphäre als dem
Entstehungsort der Prohibitive; ein Volksfest ist da schwerlich das
passende Milieu. 2. Die ursprüngliche nationale und religiöse Gebundenheit der Prohibitive ist eine Fiktion. Genügend freie Zitationen von Prohibitivketten und die erweislich sekundäre Einbettung
in Jahwerede im Falle des Dekalogs und anderer Texte weisen auf
die Unabhängigkeit vom (nationalen, amphiktyonischen usw.)
Kultus. 3. Die ältesten und besten Bezeugungen des Bundesschlusses zwischen Jahwe und Israel, die von gestellten Bedingungen reden,
zählen sachgemäß nur das Fremdgötter- und Bilderverbot und
Ähnliches auf. Diesem, dem kleineren Teil der Prohibitivgattung,
dem man wohl eine eigene Bezeichnung, etwa: Bundesbestimmungen, zubilligen könnte, müssen wir die Beheimatung im Bundesschluß zugestehen. Die Koppelung zwischen Bundesbestimmung und
(sozialen) Prohibitiven ist aber sekundär. 4. Die Erklärung der
Prohibitive aus einem gemein-altorientalischen Bundesformular ist
nicht zu halten, trotz einiger Übereinstimmungen zwischen Ver-

---

[1] Auch die frühesten Schriftpropheten und die in den Geschichtsbüchern
außerhalb des Pentateuch verarbeiteten Traditionen geben davon beredt
Zeugnis: Hos 4,12f.15ff.; 5,1ff.; Am 4,4ff.; 5,4ff.; Jes 1,2ff.; 1 Kön 18,17ff.

tragsbestimmungen und Prohibitiven. 5. Eine systematisch-theologische Begründung der ursprünglichen Zusammengehörigkeit von Jahweoffenbarung und Prohibitiven, wie sie etwa von Eichrodt intendiert wird[1], können wir nur für unsachgemäß halten.

2. *Das Sippenethos als Ursprungsort der Prohibitive*

Ist so weder das Aufkommen der Prohibitivgattung in der Liturgie des Bundesfestes noch ihre Verankerung im „profanen" und allgemeinsemitischen Bundesformular erfaßbar, dann muß nach Anzeichen gesucht werden, die eine andere Herkunft andeuten. Es wäre in der Tat merkwürdig, wenn das Alte Testament nirgends Aufklärung darüber geben könnte, wer diese Verbote ursprünglich gesprochen hat und wer in ihnen gemeint gewesen ist. Um das Ergebnis thesenhaft vorwegzunehmen: Der bisher beschriebenen Art der unabhängigen Prohibitive entspricht am ehesten die Herkunft aus dem semitischen Sippenverband. Die Prohibitive wären dann autoritative Gebote des Sippen- oder Familienältesten; sie empfangen ihre Würde aber nicht so sehr aus der individuellen Gewalt des Sippenoberhauptes, sondern aus der geheiligten Lebensordnung, die sie vertreten.

a. Wir besitzen zumindest einen Text, der als direkter Beleg herangezogen werden kann: Die Erzählung von der Traditionstreue der Rechabiten, die in Jer 35 enthalten ist. Jeremia soll – eben um die Prinzipienfestigkeit der Rechabiten als Beispiel für das verderbte Jerusalem aufzuzeigen (V.14) – sie verleiten, gegen das Gebot des Sippenvaters Wein zu trinken. Sie lehnen ab und berufen sich dabei ausdrücklich auf die Weisung Jonadabs, des Sohnes Rechabs. Die

---

[1] Vgl. W. Eichrodt, Theologie des Alten Testaments, Teil I, 5. Aufl. Stuttgart 1957, S.42: „Läßt sich so einwandfrei nachweisen, daß das israelitische Recht durch seine innige Verbindung mit der Religion eine Höhe des Rechtsbewußtseins ermöglichte, die wir bei anderen Völkern vergeblich suchen" (vgl. dazu a.a.O. S.37,39,51, wo Eichrodt versucht, die überlegene Sittlichkeit des israelitischen Rechts zu beweisen; die Milde der hethitischen Gesetze wird dabei zur „irregeleiteten Humanität" – a.a.O. S.39 – gestempelt, die assyrische Härte wohl als Sadismus, verstanden), „so stehen wir damit vor der Tatsache der sittlichen Persönlichkeit Gottes. Wenn von der Verehrung Jahwes eine solche Kräftigung und Klärung des sittlichen Bewußtseins ausgeht, dann muß dieser Gott als die Macht des Guten und das Vorbild aller menschlichen Gerechtigkeit erfaßt sein und ist weit über die Rolle eines blossen Beschützers des Gewohnheitsrechts hinausgehoben."

Einzelsätze, die sie anführen, sind genau wie unsere apodiktischen
Verbote in direkter Anrede und mit לא und Imperfekt konstruiert.

... Ihr sollt keinen Wein trinken ...
Häuser dürft ihr nicht bauen,
Saaten dürft ihr nicht aussäen,
und Weinberge dürft ihr nicht anpflanzen ... (Jer 35,6f.)

Dreierlei ist nun für uns wichtig: 1. Die Vorschrift, nach der man sich richtet, wird als eine geltende Norm zitiert. Aber: Nicht allein das Verbot des Weingenusses, das im hiesigen Zusammenhang allein von Belang wäre, erscheint wörtlich, sondern in seinem Gefolge rezitieren die Rechabiten eine ganze Kette von hier sachfremden Verboten. Es sind dies wiederum Verbote, die die nomadische Lebenshaltung der Rechabitensippe, die sie ja auch erst unter dem Druck der feindlichen Invasion aufgegeben hatte (V.11), sichern wollen, Verbote nämlich, Häuser zu bauen und zum seßhaften Leben des Acker- und Weinbergbesitzers überzugehen. Eine Prohibitivkette also, die sich auch in dieser formalen Hinsicht der Reihenbildung den „gesetzlichen" Prohibitiven ebenbürtig an die Seite stellt. 2. Der Autor dieser Worte ist der Sippenvater, der Sohn dessen, dem die Sippe ihren Namen verdankt. Jonadab steht als אָב die höchste Autorität in seiner Sippe zu, eine Autorität, die gewiß auch religiös verankert war[1] und die eine Belastungsprobe noch nach wenigstens zwei Generationen aushält[2]. Die Vorschriften dieses Ahnvaters werden מִצְוָה (im Singular!) genannt. Die Häufigkeit und Ausschließlichkeit des Ausdrucks läßt ihn hier fast als terminus technicus erscheinen[3]. 3. Bei den Verboten handelt es sich nicht um zeitlose, allgemeinmenschliche Maximen, sondern um fest lokalisierbare Neuprägungen für die spezielle Situation dieser Sippe. Dem Sippenvater steht also die rechtsschöpferische Gewalt zu, er kann der Urheber solcher Ordnungen sein, die die ihm untergebene Gemeinschaft zusammenhalten. Angeredet sind die Söhne, im

---

[1] Auch in der Weisheit (z.B. Spr 3,1; 4,1ff.) und in der Gesetzeserziehung (z.B. Dtn 6,20f.) hat der Vater eine exponierte Stellung; vgl. Jer 35,6.8.14.16. 18 und die göttliche Verheißung an die Rechabiten wegen ihrer Treue gegenüber dem Ahnvatergebot, V.18f.
[2] Vgl. die in V.3 genannte Generationenfolge. Wenn der in 2 Kön 10,15.23 erwähnte Jonadab ben Rechab mit dem hier gemeinten identisch ist, sind mehr als 200 Jahre seit dem Erlaß der Gebote vergangen.
[3] V.16.18 erscheint das Nomen מִצְוָה, in V.14 daneben auch (parallel zu „Jahwes Wort" in V.13?) der Ausdruck דְּבָרִים. Das Verb צוה begegnet in V.6.8.10.14.16.18.

weiteren Sinne alle männlichen Nachkommen. Daher ist die pluralische Anrede erklärlich. Aber es ist sehr gut denkbar, daß solche und ähnliche Verbote auch – da sie jeden einzelnen betreffen – in der singularischen Form weitergegeben worden sind. Die mündliche und direkte Weitergabe ist jedenfalls in der Rechabitenerzählung vorausgesetzt.

Mag nun dieses Rechabitengebot eine exklusive Angelegenheit einer fanatisch an alten Bräuchen festhaltenden Familie sein (vgl. 2. Kön 10,15.23), deren Ordnung sonst keine Parallele hatte: Fest steht, daß in der Großfamilie solche Ordnungen tradiert wurden. Ja, sie machten, wie das Rechabiten-Beispiel zeigt, geradezu ein Lebenselement der Großfamilie aus.

Ein zweiter, beweiskräftiger Text ist den Prohibitivsammlungen selbst entnommen: Lev 18 mit seiner Reihe von Sexualgeboten. Wir brauchen uns nur auf die schon erwähnte Untersuchung von K. Elliger zu berufen, die eindeutig den Sitz im Leben für die ursprüngliche Form dieser Prohibitivreihen bestimmt. Die Sätze Lev 18,7ff. „wollen einen bestimmten Zustand, eine bestimmte Lebensgemeinschaft umhegen, indem sie die Regeln der Sitte festlegen. Und in unserem Falle handelt es sich offenbar um das Zusammenleben der Großfamilie: es soll nicht in ein Durcheinander der Geschlechtsgemeinschaft ausarten, und der Friede innerhalb der Wohn- und Wirtschaftsgemeinschaft soll an einem empfindlichen Punkte gesichert werden."[1]

b. Diese beiden Texte können zwar noch nichts endgültig beweisen, aber sie geben uns begründeten Anlaß, die übrigen Prohibitive unter dem Gesichtspunkt dieses Ursprungs aus dem Sippenverband zu betrachten. Lassen sich die Prohibitivsammlungen mit ihren Wesenseigentümlichkeiten auf diese Weise besser verstehen als in den oben abgelehnten Erklärungsversuchen aus Bundesfest und Bundesformular, dann ist mit großer Wahrscheinlichkeit der ursprüngliche Sitz im Leben für diese Gattung in der Sippenordnung zu suchen.

Die persönliche Anrede, eine der Hauptcharakteristika der Prohibitive, wäre dann nicht auf die göttliche Selbstoffenbarung, sondern auf den Gebrauch der Prohibitive in der Sippenunter-

---

[1] ZAW 67, 1955, S.8. Elliger weist dann schlagend an Hand der in Lev 18,7ff. genannten Personen und Verwandtschaftsbeziehungen nach, daß nur die Großfamilie der Entstehungsort der Prohibitivreihen sein kann.

weisung zurückzuführen¹. Der Sippenvater ist letzten Endes verantwortlich für das Verhalten der ganzen Sippe². Er nimmt die Verantwortung auf sich, indem er durch Belehrung, Zurechtweisung und klaren Befehl seinen männlichen Nachkommen die Richtschnur für ihr Verhalten gibt. Wie Jonadab ben Rechab, so redet noch Tobias seinen Sohn an, und seine Ratschläge entsprechen inhaltlich noch weitgehend dem, was wir aus den alten Prohibitivreihen kennen³. Der Unterweisungsstil und die Gehalte der Jugendunterweisung erscheinen darüber hinaus in den verschiedensten Sammlungen und Büchern vorderasiatischer Literatur: im Testament der zwölf Patriarchen ebenso wie in der weitverbreiteten Aḥikarerzählung⁴, im Mischnatraktat Aboth⁵ wie in den Haustafeln des Neuen Testaments.

Es scheint in der Tat die einfachste und natürlichste Erklärung zu sein, wenn wir dem Sippenältesten die Prohibitive in den Mund legen. Die Autorität, die hinter den Prohibitiven steht, gibt sich in erster Linie als eine erzieherische, patriarchalische und nicht so sehr als eine absolutistische, Gericht sprechende zu erkennen. Wir sahen, daß die Sanktionen, die bei göttlichen Gesetzespromulgationen im Alten Orient die Regel sind, fehlen und daß stattdessen eine

---

¹ Diese Unterweisung in der Familie spielt im Alten Orient eine große Rolle; vgl. besonders L. Dürr, Das Erziehungswesen im AT und im antiken Orient, MVÄG 36/2, 1932, S.66ff.,79,81. Auf das die Weisheit durchziehende Motiv der Elternunterweisung ist schon hingewiesen worden.
² Vgl. Gen 34,30: Jakobs Name ist durch den Überfall seiner Söhne auf Sichem befleckt; Gen 35,2: Jakob leitet die Kultreform in seiner Sippe ein, usw.
³ Tob 4,2ff. Der Stil ist von der weisheitlichen Paränese geprägt, er ist langatmig; doch sind die sachlichen Parallelen zu den Prohibitiven offenkundig: Das Elterngebot (V.3f.), die Fürsorge für die Armen (V.7ff.16f.), die Warnung vor Unkeuschheit (V.12), die Fürsorge für den Lohnarbeiter (V.14), die Warnung vor Trunkenheit (V.15) usw. (vgl. E. Kautzsch, Apokryphen und Pseudepigraphen des AT, Bd.I, Tübingen 1900). Auch in der Gesetzesunterweisung (Dtn 6,7.20f.) und in der Segensspende vor dem Tode (Gen 49,1ff.; Dtn 33,1ff.) zeigt sich die vollmächtige Autorität des Vaters.
⁴ R. H. Charles, The Greek Versions of the Testament of the Twelve Patriarchs, Oxford 1908 (Nachdruck: Darmstadt 1960); ders., The Apocrypha and Pseudepigrapha of the Old Testament, Bd.II, Oxford 1913 (Neudruck: Oxford 1963), S.296ff.,728f. (die Versionen der letztgenannten Aḥikarerzählung sind bearbeitet von J. R. Harris, A. S. Lewis, F. C. Conybeare).
⁵ R. T. Herford, The Ethics of the Talmud, New York 1962 (Schocken Paperback); im ersten, zweiten und vierten Kapitel von Aboth erscheinen besonders viele direkte (2. Person Singular!) Mahnungen und Warnungen.

Tendenz zu beobachten ist, durch Begründungssätze die Verbote einsichtig zu machen.
Die herausgefundenen Themenkreise[1] decken sich weitgehend mit den Interessen der Großfamilie, die nicht nur Arbeits- und Familien-, sondern auch Rechtsgemeinschaft ist. Der Schutz der Familie wird durch die detaillierten sexuellen Tabus von Lev 18 gesucht, die Verhaltensvorschriften für das Gerichtsleben (Ex 23,1-3; 23,6-9 usw.) mögen ursprünglich für das Sippengericht (das Tor als Tagungsort der stadtsässigen Rechtsgemeinde ist noch nicht erwähnt), das sich aus den waffenfähigen Männern einer Großfamilie rekrutierte, gegolten haben. Die Vorschriften für die Ernte (Lev 19,9f.) mögen Reste von Regeln sein, die für die gemeinsame Arbeit zu beachten waren; die Gruppen von Verboten und Geboten, die das Verhältnis zu Außenstehenden und besonderen Menschenklassen beschreiben, sprechen aus einer festgefügten Sozialordnung heraus: der נָשִׂיא (Ex 22,27), Vater und Mutter (Ex 20,12; Lev 19,3), der Greis (Lev 19,32) genießen besondere Ehrfurcht; Verkrüppelte, Invalide (Lev 19,14), Minderprivilegierte (Lev 19,10.13; Ex 22,20ff. Dtn 24,14f.17ff.) stehen unter besonderem Schutz, die letztere Gruppe besteht wahrscheinlich völlig aus solchen Menschen, die sippenlos sind: Witwe, Waise, Fremdling. Natürlich ist auch eine Reihe von kultischen Regeln „für den Hausgebrauch" in diesem Kreise denkbar (Ex 23,18 u.ä.), von magischen Vorsichtsregeln und Tabuvorschriften (vgl. Lev 19,19) ganz zu schweigen. Das Fremdgötter- und Bilderverbot und dergleichen erkannten wir als Bestimmungen des Jahwebundes; in der alten Sippenordnung wurde lediglich die Ehrfurcht vor אֱלֹהִים eingeschärft, wie die alte Regel Ex 22,27 beweist. Das Jahwegebot hat nie völligen Eingang in die Sippenordnung selbst gefunden. Einerseits geschah wohl die Verkoppelung von Prohibitiven der Sippenordnung mit den Bundessatzungen Jahwes im Kult (vgl. Ex 20,2ff.), andererseits führte eine schriftstellernde Weisheit (vgl. Spr 1-9) die Jahwefurcht als Leitmotiv mit den alten Sippenvorschriften zusammen. Im Ganzen aber war die Forderung der Jahweallenverehrung eine amphiktyonische Angelegenheit.
Wesentlich ist ferner, daß die Prohibitive durch die häufige Nennung des אָח[2] oder des רֵעַ, des עַם (vgl. Ex 22,24?; Lev 19,16; vgl.

---

[1] S.o.S. 61ff.
[2] Vgl. J. Pedersen, Israel, its Life and Culture, Bd. I/II, 2.Aufl. London 1946, S.57ff.; vgl. o.S. 64 Anm. 2.

auch עָמִית Lev 19,11.15.17[1]) und durch die Ausschließung des נָכְרִי[2] sowie die Sonderbehandlung des גֵּר[3] ihre Verflochtenheit in die Blutsgemeinschaft der Sippe zu erkennen geben. Die klare, einsichtige Ordnung, die jedermann zugänglich ist und die nur durch Verbotsschilder geschützt zu werden braucht, ist die in überschaubarem Rahmen gültige Sippenordnung.
Auch die thematische Reihenbildung der Prohibitive ist im Prozeß der Unterweisung begründet. Lehrer und Schüler, unterweisende Autorität und Lernender sind gleichermaßen an der Systematisierung und dem Ausbau der Sammlungen zu längeren Listen interessiert. Wenn auch die direkten Hinweise auf einen solchen von uns angenommenen Ursprung im Sippenverband im Text der „gesetzlichen" Prohibitive selbst fehlen, so stimmt doch das ganze in ihnen erkennbare soziale und ökonomische Gefüge und die Struktur dieser Verbotssätze selbst mit dem genannten Erklärungsversuch überein. Wir dürfen also den hebräischen Sippenverband als möglichen Ursprungsort der Prohibitive näher ins Auge fassen.

c. Der hebräische Sippenverband, die Großfamilie, ist das eigentliche, konstitutive Element in der Nomaden- und Halbnomadenzeit Israels; der Sippenverband hat sich aber noch lange in die staatliche Zeit hinein unter den anderen sozialen Gruppierungen als ein sehr gewichtiger Faktor erhalten, bis sich in der grundbesitzenden, bürgerlichen Gesellschaft neue Ordnungen durchsetzten[4].
In der Familie, Großfamilie oder Sippe[5] ist der Vater die Autoritäts-

[1] אֶזְרָח kommt erst spät in Gebrauch, Lev 18,26; 19,24 usw. und findet keinen Eingang mehr in die Prohibitive selbst.
[2] (Ex 21,8); Dtn 15,3; 17,15; 23,21.
[3] (Ex 20,10); Ex 22,20; 23,9; Jer 7,6.
[4] Vgl. M. Weber, Das antike Judentum, Ges. Aufsätze Bd.III, Tübingen 1921, S. 14ff.; Pedersen, Israel I/II, S.33ff. In Jos 15,13.16 wird z.B. die Einheit von Wohn-und Sippengemeinschaft vorausgesetzt. – Wenn allerdings Weber konstatiert: „Von eigentlichem Beduinenrecht zeigen nun die altisraelitischen Rechtssammlungen nichts und der Tradition ist der Beduine der Todfeind Israels" (a.a.O. S.16), so dürfte das gerade im Blick auf die Prohibitive übertrieben sein. Zwar ist die Blutrachepflicht nicht erwähnt, aber das ganze Ethos der Prohibitive ist einfach, urtümlich und auf die (nomadische) Familiengemeinschaft hin orientiert. Zur sozialen Struktur allgemein vgl. Pedersen, Israel I/II, S.29ff.
[5] Zu diesen Organisationsformen vgl. Pedersen, Israel I/II, S.46ff.,51ff. בֵּית אָב und מִשְׁפָּחָה gehen in ihrer Bedeutung ineinander über, sie meinen jene feste Einheit der Gesellschaft, die noch heute unter Beduinen aus einer Großfamilie besteht, welche durch die gemeinsame Abstammung zusammen-

person, die im Zentrum des sozialen Gefüges steht. Selbst die erwachsenen Söhne gliedern sich organisch dem Familienkern an. Die ganze Gemeinschaft untersteht bis zu einem gewissen Grade der Jurisdiktions- und Exekutivgewalt des Vaters[1]. Wie das Beispiel Jonadabs ben Rechabs zeigt, hat er die Gewalt, gültige Normen für seine Gemeinschaft zu formulieren. Das Familienoberhaupt ist darum als der Urheber und Garant der das Sippenleben regulierenden Prohibitive und Gebote anzusehen. Die Einschränkung seiner Rechte ist jedoch dadurch gegeben, daß auch er sich innerhalb der ihm übergeordneten, durch Gott geschützten Rechte bewegt, die sich eben in der Familienordnung ausdrücken. So weiß sich Juda Gen 38,26 durch die „höhere Gerechtigkeit" überführt, und Jephta fühlt sich dem Gott gegebenen Gelübde bis zum letzten verpflichtet (Ri 11,30f.35ff.). Ferner ist die Feinstruktur der Sippen derart, daß jeder Erwachsene, vor allem jeder Verheiratete, in seinem größeren oder kleineren Kreis die Autorität eines Familienoberhauptes innehat. Dadurch entsteht eine Abstufung der Kompetenzen und ein weiterästeltes Gefüge der Verantwortlichkeiten.

Das Familienoberhaupt wäre also als Hüter und Wahrer des Sippenethos anzusprechen. Ihm gegenüber stehen Sohn, Enkel, Neffe, kurz, die männlichen Nachkommen in absteigender Linie, denn die 2. Person der Prohibitive richtet sich wohl ausschließlich an die männlichen Glieder der Familie. Die Prohibitive sind gewiß dem heranwachsenden jungen Mann mitgegeben worden. Vielleicht gehören sie in der einen oder anderen Weise zum Rüstzeug, das der Jüngling erwerben mußte, ehe er für volljährig erklärt wurde, vielleicht wächst der Knabe unter der Instruktion seines Vaters oder

---

gehalten wird. Nach E. Gräf, Das Rechtswesen der heutigen Beduinen, Walldorf o.J. (1951?) S.34ff., ist die ḥamsa, d.h. die Verwandtschaftskette des Mannes fünf Glieder aufwärts und fünf abwärts, die Kernzelle der Rechtsgemeinschaft; vgl. die sorgfältige, juristische Unterscheidung von Rechts- und Familiengemeinschaft, a.a.O. S.11.

[1] Gräf bringt Beispiele für die außerordentlich weitreichende Gewalt des Familienoberhaupts, Rechtswesen S.42ff.,45ff. Sie kann aber in keinem Falle als diktatorisch-absolute Gewalt aufgefaßt werden; vgl. Pedersen, Israel I/II, S.63: בַּעַל „... does not mean onesided sovereignty; ... In order that a man may become a ba'al there must be an intimate relation, and he exercises his power within its limits." Aber: „Round the man the house groups itself, forming a psychic community, which is stamped by him." (a.a.O. S.63). – Höchst interessantes Beispielmaterial aus einem gänzlich anderen Kulturkreis bietet die Autobiographie des Hopi-Indianers Don Talayeswa: Sun Chief, hg. v. L. W. Simmons, New Haven 1942, 5. Aufl. 1963.

des Sippenoberhauptes allmählich in den Sittenkodex der Gruppe hinein. Der Sittenkanon, der sicherlich umfassender war, als wir aus den spärlichen schriftlichen Überlieferungen wissen können, wird aber keineswegs mit den Kinderschuhen abgetan; er ist der Kanon für das Verhalten des Erwachsenen und als solcher das eigentliche moralische Gesetz des ganzen Lebens im Sippenverband, das Gesetz, dem auch das Sippenoberhaupt selbst unterworfen ist.

3. *Prohibitive und weisheitliches Mahn- und Warnwort*

a. Weisung und Sentenz in der Weisheit

Die Analyse der Prohibitivgattung kann nicht auf die gesetzliche Literatur, in welcher die Gattung ja selbst fremd ist, beschränkt bleiben. Die Weisheitsliteratur muß zum Vergleich herangezogen werden. Die Grundhaltung der weisheitlichen Mahnung und Warnung deckt sich, wie wir andeutungsweise schon feststellten, mit der der Prohibitivgattung[1]. Jedoch ist eine Verwandtschaft bzw. ein gemeinsamer Ursprung beider Gattungen immer wieder bestritten worden. Kornfeld z.B. will die Berührungen beider dadurch unterbinden, daß er u.a. auf die literarische Eigenständigkeit der Gattungen verweist und der weisheitlichen Mahnung den Gesetzescharakter abspricht[2]. Nach *literarischer* Abhängigkeit zu fahnden, wäre aber ein sinnloses Unterfangen, weil wir eine Gattung vor uns haben, die ohne Zweifel in der mündlichen Überlieferung wurzelt. Und wenn man schon den Gesetzescharakter der Weisheit in Frage stellt, was sicher richtig ist, dann muß man andererseits auch den Gesetzescharakter der Prohibitive überprüfen. In Wirklichkeit sieht Kornfeld den Offenbarungscharakter der Gebote in Frage gestellt, wenn er weisheitliche Parallelen zuläßt. Auch er argumentiert also im Grunde theologisch: „Der israelitische Gesetzgeber ... mußte ... sich bewußt sein, daß die von ihm promulgierten Gesetze ... den absoluten göttlichen Willen selbst zum Ausdruck bringen ... Der persönliche Ton direkter Anrede, insbesondere, wenn das angesprochene Subjekt im Singular steht, setzt eine hohe und einzigartige persönliche Autorität voraus, für die ein anonymer Willensentschluß einer Kollektivgemeinschaft oder eine konkrete

---

[1] Diese Beobachtung ist freilich schon häufig gemacht worden vgl. etwa B. Gemser, VTSuppl I, 1953, S.64f.; Fichtner, Weisheit S.25,30,31f.; Kornfeld, Heiligkeitsgesetz, S.59.
[2] Heiligkeitsgesetz, S.59f.

gesetzgebende Körperschaft, wie etwa der Rat der Ältesten im Stadttor, ebenso als ungenügend, wie die Kraft einer bereits bestehenden Rechtsgewohnheit, die nun apodiktisch für die Zukunft verpflichten will, als unzulänglich bezeichnet werden muß. Die Gesetzeskraft des apodiktischen Rechtes liegt nicht in einer bereits im Volke beheimateten Gewohnheit, sondern in der strikten Gehorsamspflicht einer kategorischen und absolut anerkannten Befehlsgewalt gegenüber."[1]

Offenbar beurteilt auch G. v. Rad die Weisheit aus dieser Richtung. Er sieht die Prohibitive ins Sinaigeschehen hineingebunden, in die geschichtsmächtige Offenbarung und den Bundesschluß Jahwes[2]. Das im Psalter und den weisheitlichen Schriften begegnende Singen und Reden Israels kann er nur als „Antwort"[3], und das heißt doch wohl, als theologisch zweitrangig, verstehen. In der Entwicklung der Erfahrungsweisheit geht Israel, so meint von Rad, in mühsamem Versuch, mit der Lebenswirklichkeit fertig zu werden, der lebendigen Vielfalt des Lebens die verborgenen Gesetze abzulauschen, einen Weg hart am Rande seines Offenbarungsglaubens[4]. Zwar weiß es, daß die ganze Umwelt der Natur und des Menschenlebens „ein tragendes Handeln Jahwes" ist[5], aber die Weisheit, das Produkt des selbsttätigen Bemühens um eine Erfassung der Ordnung der Welt, um eine Ausfüllung der garstigen Lücke, die das apodiktische und kasuistische Recht im Blick auf die tägliche Lebensführung lassen[6], dieses Produkt menschlicher Erfahrung steht ja nur in einem allgemeinen Verhältnis zur Offenbarung, ist aber im „wesentlichen aus der Erfahrung abgeleitet"[7], aus „jenem Bereich des Rationalen und Empirischen", von dem aus „Jahwe nicht anders erfaßbar" ist „denn als Begrenzung"[8]. Wie die Konkretheit des Jahwegebotes, d.h. die Durchdringung des ganzen Lebens von der Jahweoffenbarung her, und die auf dem weiten Feld der Alltäglichkeit alleingelassene menschliche Erfahrung zusammenstimmen und wie die

---

[1] Heiligkeitsgesetz, S.58.
[2] Theologie I, bes. S.188ff.
[3] Theologie I, S.352ff.
[4] Theologie I, S.419. „Das aber ist die Weisheit: Dieser penetrante Wille zur rationalen Auflichtung und Ordnung der Welt, in der sich der Mensch vorfindet ...", a.a.O. S.423.
[5] Theologie I, S.425; vgl. S.431ff.
[6] Vgl. Theologie I, S.431f.
[7] Theologie I, S.432.
[8] Theologie I, S.437f.

Jahwegebundenheit und die Autonomie der Weisheit auf einen Nenner zu bringen sind, wird nicht ganz klar.

Da nun eine ausführliche Bestimmung der verschiedenen Gattungen weisheitlicher Rede noch fehlt und die Weisheitsliteratur gattungsmäßig sehr komplex ist[1], können hier nur kurze Andeutungen gemacht werden. Soviel scheint sicher, daß zwei große Kategorien von weisheitlichen Spruchformen unterschieden werden können:[2] die im unpersönlichen Stil abgefaßten Sentenzen, Parabeln, Rätselsprüche usw., die gleichsam in der ihnen je eigentümlichen Art – mit Witz, Lebensklugheit, in tödlichem Ernst oder mit gutem Sinn für Karriere – eine Wahrheit erkennen, ergreifen und modellieren, und die andere Gattung jener Sprüche, die sich in direkter Anrede an ein Gegenüber wenden. Das alttestamentliche Spruchbuch bietet sehr deutliche Beispiele für beide Gruppen.

> Gehorche deinem Vater, der dich erzeugt,
> und verachte nicht, wenn sie alt geworden, deine Mutter (Spr 23,22)

und:

> Ein weiser Sohn erfreut den Vater,
> aber ein törichter Sohn ist seiner Mutter Grämen (Spr 10,1).
> Ein Auge, das des Vaters spottet
> und den Gehorsam gegen die Mutter verachtet,
> aushacken werden es die Raben am Bach
> und fressen die jungen Adler (Spr 30,17).

---

[1] Vgl. O. Eißfeldt, Der Maschal im AT, BZAW 24, 1913, S.51f.; ders., Einleitung³ S.109ff.; H. Ringgren, W. Zimmerli, ATD 16,1, Göttingen 1962, S.3ff.; J. J. v. Dijk, La sagesse Suméro-Accadienne, Leiden 1953; E. Gordon, Sumerian Proverbs, Philadelphia 1959, S.1f. Eine befriedigende und umfassende Analyse der verschiedenen Weisheitsformen und ihres Sitzes im Leben fehlt noch. Die vorhandenen Ansätze, vor allem soweit sie das AT betreffen, sind z.T. zu sehr mit überholten Vorstellungen belastet: Sie betonen den fundamentalen Unterschied zwischen Volkssprichwort und Kunstwort, sie legen zu starkes Gewicht auf die inhaltlichen Merkmale, sie rechnen mit einem zu gradlinigen Entwicklungsgang der Gattung und übersehen ihre Mannigfaltigkeit sowie die möglichen verschiedenen Haftpunkte und Verästelungen.

[2] Auf den fundamentalen Unterschied zwischen Aussagewort und Mahnwort in der Weisheitsliteratur wird oft hingewiesen, vgl. W. Baumgartner, ZAW 34, 1914, S.161ff.; W. Zimmerli, ZAW 51, 1933, S.184; H. Gese, Lehre und Wirklichkeit in der alten Weisheit, Tübingen 1958, S.5f.; ders., RGG³ Bd.VI, Sp.1577; Gordon, Proverbs, S.1f. – Komplexere Gebilde wie Lehrgedichte und Lehrerzählungen können wir für unsere Zwecke von vornherein außer acht lassen.

Oder man vergleiche Spr 22,22:

> Beraube nicht den Geringen, weil er gering,
> und zermalme nicht den Elenden im Tore,

mit Spr 14,31:

> Wer den Geringen bedrückt, schmäht den Schöpfer,
> aber ihn ehrt, wer sich des Armen erbarmt[1].

Der feine Unterschied zwischen den an erster Stelle genannten Weisungen und den ihnen gegenübergestellten Sentenzen wird nicht dadurch aufgehoben, daß auch die letzteren deutlich spürbar den Anspruch erheben, als gültige Lebensregeln zu gelten. Denn der Unterschied besteht gerade in der Art der Applikation. Die Sentenzen überlassen es dem Hörer selbst, die Schlußfolgerung zu ziehen: Ich tue dieses nicht, ich tue jenes (weil es richtiger, vorteilhafter, ist). Dagegen sind die Weisungen unmittelbar; sie bemühen sich nicht mehr um die Klärung der verwickelten Frage: Was ist gut und statthaft im täglichen Leben? sondern sie setzen diese Überlegung als abgeschlossen voraus und sprechen die erkannte Wahrheit dem Hörer im Befehlston zu.

Die Vermutung, in der Verschiedenheit dieser beiden so unterschiedenen Gruppen von Sprüchen könnte sich auch eine verschiedene Herkunft, die erst im Laufe des Zusammenwachsens beider Gattungen in der uns überlieferten Weisheitsliteratur verdeckt worden ist, verstecken, erhält weiteren Antrieb durch die Tatsache, daß zumindest das Proverbienbuch noch deutlich eine Schichtung beider Arten von Sprüchen aufweist, die sich überraschend weitgehend mit den als literarischen Einheiten erkennbaren Spruchsammlungen deckt[2]. Die größte und vielleicht älteste Sammlung Spr 10,1-22,16 enthält nur regelrechte Sentenzen, die man als die eigentlichen Sprichwörter bezeichnen kann. Auch Kapitel 25-29 sind größtenteils – mit Ausnahme von Spr 25,6-10. 16f.21f.; 26,12; 27,1f.10f.13.23 – im unpersönlichen, objektiven Stil gehalten. Auf der anderen Seite finden sich zwei Sammlungen von Sprüchen, die überwiegend dem paränetischen Stil der direkten Anrede folgen: Spr 1-9 und 22,17-24,22. Dazu ist natürlich die Instruktion an Lemuel Spr 31,1-9 in direkter Anrede verfaßt.

Diese Verteilung der persönlichen und unpersönlichen Spruch-

---

[1] Übersetzung nach Gemser, HAT I,16.
[2] Vgl. Gemser, HAT I,16, S.3f.; U. Skladny, Die ältesten Spruchsammlungen in Israel, Göttingen 1962.

formen auf verschiedene Sammlungen[1] ist in der Tat kaum anders
zu erklären als durch die Annahme, daß beide Formen ursprünglich
ihre eigene Herkunft haben. Für die Form der direkten Weisung ist
die Situation des „Unterrichts" durch den Vater oder das Familienoberhaupt anzunehmen[2]. Und die noch in späteren Weisheitssamm-
lungen ausdrücklich vorausgesetzte mündliche Unterweisung – meistens erscheint der Vater im Gespräch mit dem Sohne – bestätigt diese
Annahme. Die stereotypen Einleitungsformeln: „Höre, mein Sohn"
o.ä. fehlen normalerweise in Sentenzensammlungen[3].

b. Analyse von Spr 22-24

Um einen besseren Einblick in die Gestaltung der weisheitlichen
Mahn- und Warnworte zu bekommen, wenden wir uns einer
Analyse der Sammlung Spr 22,17-24,22 zu, die eine der beiden Ab-
schnitte mit persönlichen Anredeformen ist, aber sicher mehr älteres
Material in ursprünglicherer Form bewahrt hat als die vergleichbare
Sammlung Spr 1-9[4].

[1] Wie besonders Spr 25-29 mit den oben angeführten Ausnahmen zeigt, hat
sich dann tatsächlich eine Mischung der Formen vollzogen. Das mehr oder
weniger rhetorische „du" drängt sich zwischen die eigentlichen Sprichwörter.
Aber trotz gelegentlicher Stilmischungen hält sogar noch Jesus Sirach, der
als typischer, gelehrter Weiser sehr viel altes Material kompiliert (Sir Vorrede,
V.3) gelegentlich an dieser Unterscheidung fest, bringt Gruppen von Sentenzen (z.B. Sir 1,1-31; 2,14-23; 3,27-34; 4,12-21 usw.) und relativ geschlossene
paränetische Stücke, die stereotyp mit einer Anrede eingeleitet sind, z.B.Sir
1,32-38; 2,1-6; 3,1ff.; 3,19-26; 4,1-11; 4,23-6,13; 6,18-23.24-32; 6,33-9,23 usw.
[2] Besonders schön ist das Vater-Sohn-Verhältnis in Spr 4,3f. geschildert:
„Denn da ich meinem Vater ein Sohn war, ein zarter und einziger unter der
Obhut meiner Mutter, da unterwies er mich und sprach zu mir: Laß dein Herz
meine Worte festhalten, bewahre meine Gebote..." (nach Gemser, HAT I,16).
[3] Die Unterrichtssituation erscheint auch noch in späten Texten vgl. z.B.
Tob 4,2-22; 10,13; Sir 1,32ff.; 2,1ff.; 3,1ff.9ff.; TestRub 3,9f.; TestSim 5,2f.;
TestDan 5,1-3; Aboth I,4ff.; II,1.5.15.17ff.; IV, 7.12.18.20.23. Auch in der
Aḥikarerzählung sind die direkten Mahnungen (Kap.2) und die unpersönlichen
Parabeln (Kap.8) zu gesonderten Sammlungen vereinigt. Ein Vergleich der
Parabeln der älteren, aramäischen Version (A. E. Cowley, Aramaic Papyri of
the Fifth Century B. C., Oxford 1923, S. 204ff) zeigt, daß die direkte Anrede
erst sekundär in diese Sammlung eingefügt worden ist. Es soll natürlich nicht
in Abrede gestellt werden, daß auch unpersönliche Sprichwörter etc. in der
Unterweisung gebraucht worden sind. Die eigentliche Gattung des Mahn-
und Warnwortes bediente sich aber der direkten Anrede in der 2.Person.
[4] Spr 1-9 hat meist längere, paränetische Redestücke, vgl. Spr 1,8-19; 2,1-22;
5,1-23, usw. Die Weisungen sind im Durchschnitt viel allgemeiner gehalten,
als das von ursprünglichen Mahnungen aus dem konkreten Alltagsleben zu

Eine allgemeine, paränetische Einleitung beginnt die Sammlung
Spr 22,17ff. Dadurch schon hebt sich der Neuansatz von den objektiv stilisierten Sprichwörten in Spr 10,1-22,16 ab. Hinzu kommt
die frappierende Übereinstimmung von Spr 22,17ff. mit der Lehre
des Amenemope[1]. Nach der Einleitung aber folgt sogleich in Spr
22,22-28 eine Sammlung von Weisungen, die lediglich an ihrem Ende
(V.29) durch ein sprichwortartiges Gebilde abgeschlossen, sonst aber
rein in direkter, fordernder Anrede abgefaßt ist[2]. Das Charakteristische an diesen Weisungen ist, formal gesehen, das Bemühen, die
Vorschriften durch Begründungen, Erläuterungen, Hinweise auf die
schlimmen Folgen bei ihrer Vernachlässigung einsichtig zu machen.
Lediglich der letzten Weisung in der Reihe fehlt ein solcher Anhang,
solange man den אֲשֶׁר-Satz in V.28b nicht als Begründungssatz lesen
will. Die Struktur der Sätze zeigt, daß die negativen Weisungen für
sich genommen viel gleichmäßiger gebaut sind als die gewöhnlich
zweizeiligen Einheiten als Ganze, die die Begründungen mit ein-
schließen. V.22aβ z.B. bringt eine separate Begründung für אַל תִּגְזָל
דָּל, die sich störend in den Zusammenhang der beiden Weisungen
einschiebt; die die Zeile V.23 füllende (diesmal auf *beide* Weisungen
bezogene) Begründung stellt offenbar eine zweite Stufe dar, die die
beiden Weisungen zusammenfügt. V.24 bildet eine schöne chiastische Einheit (synonymer parallelismus membrorum), die Begründung wächst organisch aus den Weisungen heraus, sie nimmt
die Weisungen richtig als eine einzige Vorschrift (Singularsuffix in
אֹרְחֹתָיו). Wenn in V.22 ebenfalls der so häufige synonyme Parallelismus vorliegt, würde sich die Begründung in V.23 durch ihre Plural-
suffixe als nachträgliche Zutat abheben. Die bisher erwähnten
Begründungen benutzen subordinierendes, kausales כִּי (V.22aβ.23)
oder das finale פֶּן (V.25) zum Anschluß des subordinierten Satzes.
In V.27 folgt als „Begründung" ein ganzes Konditionalsatzgefüge,

erwarten wäre, vgl. die wiederholte Mahnung, die Weisheit zu lernen usw. in
Spr 2,1-22; 3, 1-4; 3,21-26; 4,1-9. Ja, die Weisheit erscheint bereits hyposta-
siert, Spr 1,20-33; 8,1-36; 9,1-12. Auch die Theologisierung im Sinne des
Jahweglaubens kann als Zeichen für späte Entstehung gewertet werden, vgl.
v. Rad, Theologie I, S.439ff.
[1] Vgl. H. Greßmann, ZAW 42, 1924, S.272ff.
[2] Vielleicht ist die 2. Person in dem Sprichwort V.29 (חָזִיתָ) auf eine sekundäre, durch den Kontext veranlaßte Umformung zurückzuführen. Doch Gemser, HAT I,16, S.66, weist mit Recht auf Spr 29,20 (חָזִיתָ) und Spr 26,12 als
Parallelen hin, wozu noch Dtn 22,1.4 zu vergleichen wäre. Hier und da wird
der Gebrauch der 2. Person in den Sprichwörtern in rhetorischer Weise vorgekommen sein.

das fast ein selbständiges Sprichwort enthält: „Wenn du nicht hast zu bezahlen, nimmt man dir das Bett unter dir weg."[1] Im letzten Nachsatz dieser Gruppe treffen wir dann den schon erwähnten, halbzeiligen אֲשֶׁר-Satz. So bieten sich also die Nachsätze in dieser ersten kleinen Gruppe in ihrer großen Mannigfaltigkeit dar. Die jeweils vorausgehenden kurzen Mahnungen mit den mit אַל und Jussiv konstruierten Verben, die – mit Ausnahme von V.24b – vor dem Objekt stehen, wirken dagegen sehr uniform:

22 Beraube den Geringen nicht...
und zertritt nicht den Elenden im Tor.
24 Geselle dich nicht zum Zornmütigen
und mit dem Hitzkopf verkehre nicht.
26 Sei nicht unter denen, die Handschlag geben...
28 Verrücke nicht die uralte Grenze...[2]

Die nächsten acht Verse (Spr 23,1-8) bilden in gewissem Sinne eine Gedankeneinheit, zerfallen aber formal in einige Unterteile: V.1-3, eine Konditionalkonstruktion, die im Vordersatz die Situation beschreibt (Einladung von einem „Großen") und dann die Frage beantwortet: Was tue ich in dieser Lage? (V.2: „Leg dir das Messer an die Kehle, wenn du heißhungrig bist, 3: begehre nicht seine Leckerbissen, es ist betrügliche Speise."[3] V.3a und 3b sind mit waw copulativum nebeneinandergeordnet). Beide Mahnungen sind in ihren ersten Teilen (V.2a.3a) völlig synonym, V.2b wiederholt eine Situationsbestimmung, die nicht ganz mit der in V.1 genannten zusammenstimmt; sie ist viel umfassender als jene. Außerdem ist V.3a mit V.6b identisch, beides zusammen macht die organische Einheit von V.1-3 fragwürdig. Möglicherweise ist V.2 der eigentliche Kern des Spruches. Wie dem auch sei: Die Möglichkeit, daß eine Situationsbestimmung das Warnwort konkretisiert, überhaupt erst verständlich macht, wird – wie die Beispiele zeigen – in größerem Maße genutzt als in der Prohibitivgattung.
Die folgenden Warnungen vor dem Reichwerden unter Verzicht auf die Weisheit (V.4f.) und, wiederum, vor dem Gastmahl mit dem רַע עַיִן-Menschen, dem Falschblickler, dem Mißgünstigen sind um des Themas willen an die erste Gruppe angehängt. Der Text ist nicht immer ganz durchsichtig. In beiden Fällen aber scheinen die Warnungen (V.4.6) ziemlich selbständig zu sein:

---

[1] Übersetzung nach Gemser, HAT I,16; er streicht das unverständliche לָמָּה.
[2] Nach Ringgren, ATD 16,1, S.89.
[3] Nach Gemser, HAT I,16.

4 Mühe dich nicht, Reichtum zu gewinnen...
6 Iß nicht das Brot eines Mißgünstigen
und begehre nicht nach seinen Leckerbissen[1].

V.5 läßt sich nur gewaltsam auf V.4 hin interpretieren, und V.7f. bilden praktisch eine logische Einheit für sich; sie bemühen sich, die Wahrheit über den רַע עַיִן-Menschen festzuhalten, und sind eigentlich erst in zweiter Linie eine Begründung für das Warnwort. Eine allgemeine Ermahnung schiebt sich zwischen die Warnungen in V.10f. und 13f. Gleichfalls scheint V.15f. in seiner Allgemeinheit Zutat eines Sammlers zu sein. Die Warn- und Mahnworte in V.9. 10f.13f. jedoch sind echte, eigenständige Bildungen, jede mit einem eigenen Thema:

9a Vor des Dummen Ohren rede nicht.

Diese Warnung macht mit ihrem begründenden כִּי-Satz eine Zeile aus; es folgt eine Doppelwarnung, deren erstes Glied wörtlich mit Spr 22,28a (vgl. auch Dtn 19,14) übereinstimmt:

10 Verrücke nicht die uralte Grenze
und in die Felder der Waisen dringe nicht ein[2].

Der kunstvolle Chiasmus in der Wortstellung macht eine Einheit aus beiden Warnungen. Ein כִּי-Begründungssatz, ganzzeilig, schließt dieses Paar ab. Auch V.13a endet in einen Begründungssatz mit כִּי (halbzeilig), das Warnwort wird aber dann (synonymer Parallelismus) im folgenden Vers positiv aufgenommen; der bekommt ebenfalls einen Nachsatz, diesmal durch waw copulativum beigeordnet:

13 Entziehe nicht dem Knaben die Zucht...
14 du sollst ihn mit der Rute schlagen
und sein Leben vom Totenreich erretten[3]

V.17 hat wieder eine andere Form des Nachsatzes, mit כִּי אִם schließt er das Gegenteil von dem in der Warnung Ausgesprochenen - vom

---

[1] Nach Ringgren, ATD 16,1, S.89.
[2] Nach Ringgren, ATD 16,1 S.90. Möglicherweise ist jedoch die Konjektur Beers (BHK) in אַלְמָנָה (anstatt עוֹלָם) richtig; der Parallelismus und die stete Zusammennennung von אַלְמָנָה und יָתוֹם sprechen dafür. Auch wäre der Plural in dem Begründungssatz V.11 sinnvoller (trotz des jetzigen Bezuges auf die „Waisen"), wenn er sich auf zwei Gruppen von Entrechteten bezöge.
[3] Nach Ringgren, ATD 16,1 S.90. Anders Gemser, HAT I,16, der das Imperfekt in V.14a als Indikativ auffaßt und die Nebenordnung (adversativ verstanden) beibehält.

selben Verb abhängig – an. V.18, der wahrscheinlich die Folgen in einem Konditionalsatzgefüge beschreiben will, ist textlich unsicher (vgl. Septuaginta). Dem Gehorsam gegenüber der Warnung wird ein Lohn verheißen, so daß formal gesehen das Warnwort V.17a mit zwei Nachsätzen belastet ist, ein Zeichen, wie weit die Reflexion über das angemessene Tun in der Weisheitsliteratur geht. Sie beschäftigt sich viel stärker als die gesetzlichen Prohibitive auch mit den Folgen des menschlichen Handelns. V.19 dürfte wiederum allgemeiner Zwischenruf des Bearbeiters sein, der dann aber sofort in die konkrete Warnung vor der Gemeinschaft mit Weintrinkern übergeht:

20a Sei nicht unter den Weinsäufern.

Der abschließende Begründungssatz (V.21) ist ganz deutlich ein Sprichwort in sich selbst: „Der Säufer und Prasser verarmt, und in Lumpen kleidet Schläfrigkeit."[1] Eine logische Anordnung von Warnwort und Sprichwort würde zuerst die Formulierung der Wahrheit (Trunkenbolde verarmen, usw.) und dann erst die Folgerung: Geselle dich nicht zu ihnen, bieten. Die umgekehrte Reihenfolge, die wir in unserem Text antreffen, deutet vielleicht darauf hin, daß beide Teile der jetzigen Spruchgruppe nicht organisch miteinander gewachsen sind[2].
Mit der Septuaginta wird V.23 aus dem Zusammenhang zu entfernen sein, denn V.22 und 24f. bilden offenbar eine Einheit. Das Thema ist die Elternehrung, positiv und negativ in synonymem Parallelismus formuliert:

22 Gehorche deinem Vater ...
und verachte nicht deine Mutter ...[3]

Wahrscheinlich sehen wir den Einfluß des parallelismus membrorum, den wir in den gesetzlichen Prohibitiven lediglich bei der häufigen Zusammenkoppelung von zwei Bestimmungen vorfanden, auch hier am Werke. Wie das Bestreben, eingliedrige Warnworte durch Nachsätze verschiedener Art zu erweitern[4], so ist auch die Tendenz zur Bildung von Doppelweisungen auf die Vorliebe für den parallelismus

---

[1] Nach Ringgren, ATD 16,1, S.94.
[2] Vgl. Spr 23,29ff.; in Spr 22,27 fanden wir aber ebenfalls ein ausgeprägtes Sprichwort im Nachsatz.
[3] Nach Ringgren, ATD 16,1, S.94.
[4] Spr 22,22a.28; 23,3.9.13.17, u.ö.; vgl. die Auffüllung durch Hinzufügung neuer Objekte: Spr 22,26; 23,4.

membrorum zurückzuführen. Eine so starke Betonung des Parallelismus, wie wir sie in den Weisheitstexten treffen, ist den gesetzlichen Prohibitiven fremd.

Die Verbindung von V.24f. mit V.22 ist nicht sehr fest, wie die Einschiebung von V.23 und die Einführung eines Nomens (צַדִּיק, חָכָם in V.24) als Näherbestimmung des in V.22 direkt Angeredeten zeigt. Möglicherweise stellte erst der in der 2.Person gehaltene V.25 die Verbindung zwischen V.22 und 24 her. V.26 ist wieder eine allgemeine Mahnung, auf die Weisungen des Vaters zu achten, eine Mahnung, die hier durch den Hinweis auf die Gefahr, die durch die זוֹנָה gegeben ist, begründet wird (V.27f.). Man vergleiche Spr 5,1ff.; 6,23ff.; diese spezielle Tradition der weisheitlichen Mahnung scheint in der Unzucht den Kern alles Bösen zu sehen.

V.29-35 bildet eine kunstvolle Einheit, sicherlich später gebildet als die einfachen Warnungen, die wir bisher besprochen haben. Das Thema ist uns schon aus V.20 bekannt: Die Gefahr der Trunkenheit. Spr 24 beginnt mit einem Warnwort im bekannten Stil: Warnung – Warnung – Begründung mit כִּי folgen aufeinander:

> 1 Sei nicht neidisch auf böse Leute
> und begehre nicht, bei ihnen zu sein.
> 2 Denn Gewalttat plant ihr Herz ...[1]

Dann springt der Text über zu einer Gruppe von acht objektiv formulierten Sprichwörtern (V.3-10). Zwei positive Mahnungen (V.11.13) in reichlich bildhafter Sprache schließen sich an; die breiten, wohlgesetzten Nachsätze (V.12.14) deuten auf eine späte Formulierung der beiden Sprucheinheiten hin. Erst mit V.15 beginnt eine Reihe von vier sehr regelmäßig geformten Doppelwarnungen; nur V.21a ist eine positiv geformte Mahnung:

> 15 Belaure nicht ' ' die Niederlassung des Gerechten,
> verwüste nicht sein Lager.
> 17 Beim Sturz deines Feindes freue dich nicht,
> wenn er strauchelt, jubele nicht.
> 19 Erzürne dich nicht über Übeltäter,
> ereifere dich nicht gegen Bösewichter.
> 21 Fürchte Jahwe, mein Sohn, und den König,
> mit 'Hochgestellten' laß dich nicht ein.

Die Warnungen sind je mit einem ganzzeiligen Kausal- bzw. mit einem Finalsatz abgeschlossen; es ist das dieselbe Form, die wir schon in Spr 22,(22f.).24f.; 23,10; 21,1f. vorfanden und die in der Weisheitsliteratur eine Art Standardform gewesen sein mag.

---

[1] Nach Ringgren, ATD 16,1, S.96.

c. Das ursprüngliche Warn-und Mahnwort

Dieser Überblick zeigt, daß Warnwort (Mahnwort) und Nachsatz in der Regel in der Spruchliteratur eine Einheit bilden; es konnte aber beobachtet werden, daß diese Einheit nicht notwendig eine organische ist. Die Vielfalt der grammatischen und stilistischen Formen in den Nachsätzen und die Mannigfaltigkeit der logischen Verhältnisse zwischen Nachsatz und Warnwort, schließlich die gelegentlich nur schwache Verbindung zwischen beiden, die sich in schwerfälligen Konstruktionen oder in der relativen Unabhängigkeit der Nachsätze zeigt, sprechen für eine mögliche, ursprüngliche Selbständigkeit der Warnworte. Daß diese Eigenständigkeit der Warnworte nicht auf Spr 22,22-24,22 beschränkt ist, zeigt am deutlichsten Spr 3,27-30, eine Sammlung von Warnworten, die jeweils zu einer vollen Zeile ergänzt sind, aber nicht durch das subordinierende כִּי oder פֶּן, sondern in der verschiedensten Weise der Situationsschilderung durch einen Infinitiv mit בְּ (V.27b) oder durch koordinierendes waw copulativum (V.29b) oder einen Konditionalsatz (V.30b). Nur die Warnung V.28 läuft über die ganze Zeile, sie ist in ihrem Stil (Zitation in der Warnung) ungewöhnlich und wahrscheinlich vom Bearbeiter zur Unterstreichung des V.27 gebildet, so daß diese beiden Verse jetzt als Einheit gemeint sind:

27 Verweigere nicht Gutes dem, dem es zukommt,
solange es in deiner Macht steht, es zu tun.
28 Sprich nicht zu deinem Nächsten: „Geh, und komm wieder,
und morgen gebe ich!" wo du doch hast.

So bleibt denn eine Dreiergruppe von einfachen, kurzen Warnungen übrig, die möglicherweise in dieser Form dem jetzigen Text zugrundegelegen hat:

אַל תִּמְנַע טוֹב מִבְּעָלָיו
אַל תַּחֲרֹשׁ עַל רֵעֲךָ רָעָה
אַל תָּרִיב אִם אָדָם חִנָּם

Es finden sich im Proverbienbuche noch mehr Warn- und Mahnworte, die sich formal den ermittelten Beispielen anschließen: Spr 1,8; 3,5-7 (Hier handelt es sich um eine Gruppe allgemeiner Mahnungen in der Reihenfolge: positiv – negativ – positiv – negativ – positiv sehr kunstvoll zusammengestellt; abgesehen von V.6b sind zu den einzelnen Mahnungen keine Nachsätze vorhanden. Die ganze Gruppe besitzt in V.8 einen Hinweis auf die guten Folgen des rechten Verhaltens.); Spr 3,9a.11.31; 24,27-29; 26,6.8.9.17a.21; 26,4a.

5a; 27,1b.(2).10a.(23a); 30,10a[1]. In außerkanonischen Büchern und Sammlungen – z.B. in Jesus Sirach, den Testamenten der zwölf Patriarchen, den Achikarsprüchen, dem Mischnatraktat Aboth – lassen sich zahlreiche weitere Beispiele finden. Diese Mahnungen und Warnungen, für die wir eine gesonderte Entstehung (im Unterschied zu den Sprichwörtern) vermuten, sind nun auch dem Inhalt und den Sozialverhältnissen, die sie spiegeln, nach zu untersuchen. Von vornherein ist es klar, daß die weisheitlichen Mahn- und Warnworte dank ihrer größeren Breite mehr über ihre Entstehungssituation und ihre Intentionen aussagen als die gesetzlichen Prohibitive. Die Unterweisung des jungen Mannes durch den Vater wird in der jetzigen Fassung durchgehend vorausgesetzt[2]. Das Ziel dieser Unterweisung ist offenbar nicht nur die „Charakterbildung", wie wir das von den Sprichwörtern, sofern sie eine anwendbare „Moral" enthalten, voraussetzen können. Über das Ziel der Charakterbildung hinaus möchten die Mahn- und Warnworte in ihrer ursprünglichen Einzelform in einer nüchternen, unverblümten Weise einzelne Entgleisungen im sozialen Verhalten verhüten.

Damit kommen wir zum Inhalt der Warnworte. Offensichtlich ist ihr Aktionsradius durch die engeren Familien- und Sippenverhältnisse bestimmt. Der רֵעַ ist der soziale Partner, an dem man sich zuallererst zu orientieren hat[3]. Die Nennung all der anderen Menschentypen und -gruppen, die als Sozialpartner auftreten können, ist vor allem in diesem Rahmen zu verstehen. Vater und Mutter werden genannt (Spr 23,22), der minderjährige Knabe (Spr 23,13), die Armen und Nichtprivilegierten (Spr 22,22; 23,10), die Toren und Bösen[4].

[1] Die längeren, paränetischen Reden sind, wie schon erwähnt, hier ausgelassen. Spr 25,21 ist ausnahmsweise in Konditionalform erhalten.
[2] Andeutungen dieser Situation finden sich freilich hauptsächlich in den redaktionellen Stücken, vgl. Spr 22,17.21 (die 1. Person Singular wird trotz LXX ursprünglich sein); Spr 23,15f.19ff.; 24,13. Das בְּנִי in Spr 24,21 dürfte, da es in ähnlichen Vorschriften (Ex 22,27) fehlt, eingeschoben sein, vgl. Spr 27,11. Die Kapitel 1-9 des Proverbienbuches sind von solchen Situationsangaben durchsetzt. Wenn diese Hinweise auf die Unterrichtssituation auch relativ spät sind, so treffen sie doch – wie die persönliche Anredeform von sich aus vermuten läßt – das Richtige.
[3] Vgl. Spr 3,29; 24,28; 27,10; 25,8f.; 25,17. Auch Spr 3,27f. sind schwerlich allgemeinmenschlich zu verstehen, sondern vielmehr auf die Menschen der näheren Umgebung gemünzt.
[4] בַּעַל אַף und אִישׁ חֵמוֹת (Spr 22,24) entsprechen dem ägyptischen „Heißblütigen", vgl. Amenemope, Abschnitt 2 Sp. IV,17; Abschnitt 4 Sp.VI,1-6. Vgl. weiter Spr 22,26; 23,6; 23,9.17.20; 24,1.19 usw. Diese Menschengruppe ist die bei weitem am sorgfältigsten beachtete, entsprechend der Grund-

Der König erscheint nur nebenher (Spr 25,6), und auch die beginnende Identifizierung des Weisen mit dem Armen und die Erklärung des Reichen zum sozialen Widerpart steht noch in den Anfängen (Spr 23,1-3.4.6). Der „Feind" ist das Thema der Weisungen in Spr 24,17; 25,21, der „Gerechte" in Spr 24,15. Nur wenige Weisungen aus unseren Weisheitstexten sind nicht direkt personenorientiert (vgl. Spr 22,28, doch auch Spr 23,10; Spr 23,31; 24,13; 25,16). Das bedeutet, daß die Mahn- und Warnworte in der Hauptsache die Beziehungen zwischen den genannten Personenkreisen regeln wollen. Und dies auf einer völlig privaten Ebene. Keinerlei Anzeichen sprechen für das Vorhandensein einer offiziellen, kultischen oder politischen Institution. Der König und die Mächtigen werden nur am Rande erwähnt. Jahwe und Gottesdienst spielen gar keine Rolle.

In allen diesen Zügen läßt sich die Analogie zu dem für die gesetzlichen Prohibitive Festgestellten nicht ableugnen. Nicht nur, daß eine Reihe von Mahn- und Warnworten auch inhaltlich mit Prohibitiven übereinstimmt: Man vergleiche etwa Spr 22,22 mit Lev 19,13; Spr 22,28a mit Dtn 19,14; Spr 23,10 mit Ex 22,21; Spr 23,20 mit Dtn 21,20; Spr 23,22 mit Ex 20,12, Lev 19,3; Spr 24,15 mit Ex 20,17 (vgl. auch Ex 23,7b); Spr 24,17 und Spr 24,29 mit Ex 23,4f.; Spr 24,28 mit Ex 23,1, Ex 20,16 usw. Dies ist schon vielfach beobachtet worden und hat noch keine genügende Erklärung gefunden[1]. Das Entscheidende ist, daß die Analyse gleiche oder zumindest doch ähnliche Entstehungsumstände für die gesetzlichen Prohibitive wie für die weisheitlichen Warnworte ergibt.

Die Differenzen in Form und Inhalt zwischen beiden Gattungen dürfen dabei natürlich nicht übersehen werden. Die אל-Jussivform, die sehr stark durch den parallelismus membrorum beeinflußte

haltung der Weisheitslehre: Halte dich vom Bösen (Törichten) fern, vgl. Ex 23,7a.

[1] Man hilft sich allgemein mit der Annahme, daß die Weisheit spät in das Schlepptau des Gesetzes geraten sei, was die Übereinstimmungen in den alten Spruchheiten nicht im geringsten klärt. H. Gunkel z.B. setzt die Verschmelzung von Weisheit und Gesetz in die Jesus-Sirach-Zeit (RGG[1] Bd.V, Spr.1873). Fichtner sagt: „Erst später greift die spezifisch jüd. gesetzliche, völkisch bestimmte Frömmigkeit gestaltend in die Weisheit ein ..." (Weisheit, S.59). Beide denken an literarische Abhängigkeit, vgl. Fichtner, a.a.O. S.25,31, und haben einen bestimmten Typ von Jahwefrömmigkeit vor Augen. Vgl. dagegen W. W. Graf Baudissin, Die at.e Spruchdichtung, Leipzig 1893, S.21f.; er faßt die Spruchdichtung als die kontinuierliche Ausdrucksweise des israelitischen Geistes.

weisheitliche Spruchform, die stark ausgeprägte pädagogische, innerliche, private Haltung: Diese und andere typische Merkmale sind gewiß in der weisheitlichen Tradition gebildet oder weiter ausgeprägt worden. Da die Institution der „Weisen" jedoch in den alten Sprucheinheiten selbst nicht zu greifen ist, können wir annehmen, daß der Ursprung des Warn- und Mahnwortes vom Weisenstand unabhängig[1] und mit dem Ursprung der gesetzlichen Prohibitive identisch ist. Es ist die Lebensordnung der Sippe, Großfamilie, die hauptsächlich in der Weise negativer Vorschriften ausgedrückt, vom Vater dem Sohne mitgeteilt wurde und das ganze Sippenleben bestimmte. Daß die Gattung, nachdem sie sich von ihrem natürlichen Ursprung gelöst hatte und in die neuen Zusammenhänge weisheitlicher (und kultischer) Tradition aufgenommen war, noch fortgewachsen ist, kann keine Frage sein und erklärt voll die Unterschiede zwischen beiden Zweigen der negativen Vorschriften. Es erklärt auch die auf beiden Seiten vorhandenen Formelemente und inhaltlichen Besonderheiten, die sich mit dem Ursprung in der Sippenordnung nicht mehr vereinbaren lassen.

4. Parallelen aus dem Alten Orient

Wenn wir den Schritt über die gesetzliche Literatur des Alten Testaments hinausgetan haben und die Weisheit Israels mit zum Verständnis des Werdens der Prohibitive herangezogen haben, dann ist damit gleichzeitig der Schritt in die internationale Literatur des Orients getan. Denn niemand bestreitet die enge Verwandtschaft der weisheitlichen Schriften der alten Welt untereinander.[2]
In den verschiedensten Texten aus dem Alten Orient – und zwar aus dem Zweistromland ebenso wie aus Ägypten – sind uns ethische Regeln überliefert, oder aber es sind solche Regeln für das tägliche Verhalten aus den Dokumenten zu erschließen. Nur die wichtigsten Zeugnisse dieser Art können hier genannt werden; auf ihre kurze Beschreibung muß dann eine mehr systematische Erörterung der Formen und des vermutlichen Sitzes im Leben der in diesen Texten erhaltenen Verbote folgen. Wir betrachten also zunächst das aus

---

[1] Gegen Gunkel, RGG¹ Bd.V, Sp.1870.
[2] Vgl. besonders die Literatur zu Spr 22,17ff. und Amenemope; grundlegend dazu: A. Erman, SAB 1924, H. Greßmann, ZAW 42, 1924, S.276ff.; vgl. Fichtner, Weisheit; Ringgren, Zimmerli ATD 16,1 S.3ff.; Gese, RGG³ Bd.VI, Sp. 1581 (Lit.!).

Mesopotamien und Ägypten stammende, primäre und sekundäre Material.

a. Prohibitive in der altorientalischen Umwelt

Unter den etwa 300 Sprüchen, die E. Gordon aus sumerischen Keilschrifttafeln zusammengestellt hat und die die Überreste von zwei Spruchsammlungen darstellen, finden sich kaum solche, die nach Form und Inhalt den Prohibitiven bzw. den Warn- und Mahnworten zu vergleichen wären. Zwar ist in etwa 36 Sprüchen die 2. Person Singular gebraucht, aber doch mehr in einer rhetorischen Weise denn als ernstgemeinte, persönliche, befehlende Anrede[1]. Nur sehr wenige Sprüche könnten als direkte Anweisung für ein konkretes Handeln verstanden werden, vielleicht I,4:

> Do not say to Ningishzida: Let me Live!

(Nämlich: Wenn du zur Unterwelt kommst; aber auch hier könnte die sentenzartige Wahrheit ausgedrückt sein: „Vor dem Tode sind alle machtlos".) Oder:

> I,14 Do not say to a person: What a bad thing you have produced.
> I,145 Accept your lot (and) make your mother happy!
> Act promptly(?) (and) make your (personal) god happy.
> I,146 Marry a wife according to your choice,
> have a child as your heart desires.

Der Thematik nach ließen sich am ehesten diejenigen echten Sprüche aus Gordons Sammlung mit den Warnworten und Prohibitiven ver-

---

[1] E. Gordon, Sumerian Proverbs, Philadelphia 1959; vgl. z.B. Sammlung I Nr. 3: „Do not cut off the neck of that which already has had its neck cut off." Es handelt sich hier um ein echtes Sprichwort, das lediglich in der 2. Person abgefaßt ist und dadurch seine „Moral" offen zur Schau stellt. Andere Sprichwörter in der 2. Person sind: I,35.54.55; II,71.137. – Eine andere Gattung (Gordon nennt sie „taunt, reproach", Tadel, oder „compliment", Kompliment, a.a.O. S.17) bedient sich ebenfalls der 2. Person, vgl. I,11: „Of what you have found you do not speak only of what you have lost do you speak." Oder: níg-ḫul-ba-gál-la gú-zu la-ba-ši-šub(I,21; für dieses Wort bevorzugt Gordon später a.a.O. unter „additions" S.497 die Übersetzung Jacobsons, a.a.O. S.456: „You scorned not the spoilt food".). Andere Tadelworte: I,31.36.37; II,37; andere Komplimente: I,126. – Und eine dritte Gattung, die des (Segens) Wunsches erscheint unter den Worten, die in der 2. Person stilisiert sein können, z.B. I,147: „May Inanna cause a hot limbed wife to lie down for your; may she seek out for you a place of happiness." Gordon hält dieses Wort für einen „toast" auf einen jungen Mann (a.a.O. S.115).

gleichen, die sich mit den menschlichen „Ständen", mit den Armen (I,55; II,15-34) oder mit dem Schreiber und Sänger (II,36-57) beschäftigen, man vergleiche auch das Wort, das die Talionsregel in Frage stellt, ein Motiv, welches auch unter den Prohibitiven (vgl. Ex 23,5-8) und Mahnworten (vgl. Spr 25,21f.) erscheint:

> I,82 He did not answer the curse with curses,
> in answering with a (second) curse he would be answered with (further) curses.

Dieses gleiche Interesse an verschiedenen Menschengruppen zeitigt jedoch formal gesehen sehr verschiedene Ergebnisse in den Gattungen der direkten Anweisung und des objektiven Sprichwortes. So kann diese sumerische Sammlung nur ein Beleg daür sein, daß das reine Sprichwort eine eigenständige Gattung bildet, die eigenen Gesetzen folgt und sich von den mahnenden und befehlenden Formen deutlich abhebt. Die alten israelitischen Sammlungen Spr 10,1-22,16 und 25-29 sind in ihrem Charakter den sumerischen Kollektionen vergleichbar.

Aus dem babylonisch-assyrischen Raum sind einige weitere Spruchsammlungsfragmente erhalten; sie sind jetzt zusammenfassend herausgegeben von W. G. Lambert[1]. Auch hier scheinen die reinen Sprichwörter ziemlich unabhängig von allen Mahn- und Befehlsworten (Instruktionen) gesammelt worden zu sein; Lambert veröffentlicht sie unter der Überschrift „Popular Sayings" und „Proverbs" als 8. und 9. Kapitel seiner Sammlung. Die 1. und 2. Person wird zwar gelegentlich in diesen reinen Sprichwörtern gebraucht, auch erscheint in einem unten noch zu besprechenden Fall einmal eine direkte Weisung, aber im allgemeinen läßt sich auch hier feststellen, daß die „objektive" Spruchweisheit eine Kategorie für sich bildet. Denn die eigentlichen Mahnungen und Warnungen sind auch im babylonischen Traditionskreis getrennt von den Sprichwörtern überliefert worden; Lambert faßt sie im 4. und 5. Kapitel unter der Überschrift „Precepts and Admonitions" bzw. „Preceptive Hymns" zusammen. Der für uns ohne Zweifel wichtigste Text ist die auch von E. Ebeling[2] und R. H. Pfeiffer[3] übersetzte Sammlung

---

[1] W. G. Lambert, Babylonian Wisdom Literature, Oxford 1960; darin außer den Texten in Keilschrift, Umschrift und Übersetzung auch Einführungen und Kommentare, sowie reiche Literaturangaben zu den einzelnen Sammlungen. Ausgewählte Weisheitstexte in Übersetzung bieten ANET² S.402ff.; AOT² S.284ff.
[2] AOT² S.291ff.
[3] ANET² S.426f.

von direkten Mahnungen, die mit den weisheitlichen Geboten und den gesetzlichen Prohibitiven des Alten Testaments weithin zusammenstimmen. Die nach Lamberts Schätzung[1] etwa 160 Zeilen umfassende Kollektion scheint in Sinnabschnitte aufgegliedert zu sein, die jeweils positive und negative Gebote aneinanderreihen und mit Begründungssätzen umrahmen. Einige charakteristische Vorschriften sehen in Lamberts Übersetzung so aus, das Gerichtsverfahren betreffend:

Z.31 Do not frequent a law court,
32 Do not loiter where there is a dispute.
41 Do not return evil to the man who disputes with you;
42 Requite with kindness your evil-doer,
43 Maintain justice to your enemy,
44 Smile on your adversary.

den schwachen Nächsten betreffend:

56 (... the) feeble, show him kindness;
57 Do not insult the downtrodden and (...)
58 Do not sneer at them autocratically.
61 Give food to eat, beer to drink,
62 Grant what is asked, provide for and honour.
65 Do charitable deeds, render service all your days.

Verbote loser Rede:

127 Do not utter libel, speak what is of good report.
128 Do not say evil things, speak well of people.
131 Beware of careless talk, guard your lips;
132 Do not utter solemn oaths while alone.

An zweiter Stelle wären die Texte zu nennen, die nur indirekt Zeugnis von vorhandenen Mahnungen oder Geboten geben. Sie fallen in die Kategorie der (Sünden)Bekenntnisse oder der Omina. In der Beschwörungsserie Šurpu, Tafel II, z.B. ist ein langer Katalog von Gebotsübertretungen angeführt[2], die als mögliche Ursachen für die Krankheit des Beters in Frage kommen könnten. Die meisten Tafel II Z.5-81 genannten Verfehlungen sind in einfachen Aussagesätzen konstruiert, nach dem Schema: „Er hat ... (getan)"[3]. Die

---

[1] Wisdom Literature, S.96.
[2] H. Zimmern, Beiträge zur Kenntnis der babylonischen Religion, Ass. Bibl. 12, Leipzig 1901; jetzt in einer neuen, ergänzten und verbesserten Ausgabe von E. Reiner, Šurpu, AfOBeih 11, Graz 1958.
[3] E. Reiner a.a.O. dürfte im Recht sein, wenn sie gegen H. Zimmern die Aussage- und nicht die Frageform verwendet.

überwiegend verwendete positive Form dieser Aussagen und die Ähnlichkeit ihres Inhalts mit den in der Proverbienliteratur begegnenden Mahnungen (Warnungen) und mit den gesetzlichen Prohibitiven lassen keinen anderen Rückschluß zu, als daß dieser Sündenkatalog anhand einer ähnlichen Verbotssammlung aufgestellt worden ist. Es handelt sich dabei in der Tafel II der Šurpu-Serie um einen außergewöhnlichen Fall. Normalerweise sind, wie in anderen Tafeln derselben Serie oder wie in den Klage- und Beschwörungsliedern etwa der Serie „Handerhebung", die Sünden des Betenden nicht im Detail aufgezählt, sondern eher summarisch abgetan[1]. Doch auch die summarischen Schuldbekenntnisse werden die konkreten Verfehlungen voraussetzen; weil es aber unpraktisch und unsicher ist, die richtige Sünde aus einer Liste von vielen möglichen Vergehungen herauszufinden, begnügt man sich lieber mit der umfassenden Formel des Schuldbekenntnisses, die ja viel besser die möglichen Einzelfälle umspannt.

In Omenform ist uns eine Aufstellung von Verfehlungen, die speziell auf den König gemünzt sind, erhalten[2]. Es werden mögliche Sünden des Königs aufgezählt, die dann eine bestimmte göttliche Strafe nach sich ziehen. Besonders im ersten Teil (Zeile 1-18) dieser nach dem Schema: „Hat der König... (getan), dann wird... (geschehen)", aufgebauten Sätze zeigen wieder inhaltliche Anklänge an die Mahnworte und Prohibitive, so daß sich durch sachgemäßen Rückschluß ganz entsprechende Verbote aus der jetzigen Omenform gewinnen lassen.

Die ägyptische Literatur bietet wie die babylonische Texte, die direkt und solche, die indirekt für das Vorhandensein von Verbots- und Gebotssammlungen sprechen. Direkte Zeugen sind die verschiedenen Königsinstruktionen[3], von denen die am besten bekannte und

---

[1] Vgl. E. Ebeling, Die akkadische Gebetsreihe „Handerhebung", Berlin 1953, S.8 Z.10: ana an-ni îdû(u) ù la î-dû(-u) ..., wegen der „bekannten und unbekannten Sünde" bittet der Beter um Lösung. Dieselbe Formel begegnet a.a.O. S. 12 Z.22f. Eine Reihe von ähnlichen, allgemeinen und umfassenden Bekenntnissen bei Ebeling, a.a.O. S.59 Z.14: „Viel sind meiner Sünden, (meine Verfehlungen sind groß)"; S.73 Z.10: „Wer hat sich nicht vergangen, wer nicht zu wenig getan?"; vgl. S.73 Z.16-18; S.75 Z.22f.36f.; S.135 Z.81f.; S.143 Z.8-10; S.147 Z.17f
[2] Vgl. F. M. Th. Böhl, Der babylonische Fürstenspiegel. MAOG 11/3, Leipzig 1937; Lambert, Wisdom Literature, S.112ff.
[3] Vgl. ANET² S.412ff.; Gese, Lehre S.30, weist mit Recht darauf hin, daß diese weisheitliche Unterweisung nicht für Fürsten und Höfe allein gilt. Die Literaturgattung der (königlichen) Erlasse und Instruktionen bedürfte einer

die meisten Analogien bietende die Instruktion des Amenemope ist. Durch Rückschluß können wir Gebots- und Verbotsreihen ermitteln etwa aus dem großen Unschuldsbekenntnis im 125. Kapitel des ägyptischen Totenbuchs[1].

b. Die Form der altorientalischen Gebote

In allen Texten, die als Belege für das Vorkommen einer der israelitischen Prohibitivgattung entsprechenden Art von Vorschriften in Frage kommen, nimmt die negative Formulierung der Weisung (die meistens in der 2. Person Singular gehalten ist) eine sehr wichtige Stellung ein. Die Einleitung zur Tafel K.4347[2], welche sonst nur Sprichwörter bietet, enthält einige Beispiele für Verbote, das kultische und ethische Verhalten betreffend (Vs. Sp.II,9ff.):

> Eat no fat, and there will be no blood in your excrement.
> Commit no crime, and fear (of your god) will not consume you.
> Slander no one, and then grief (will not) reach your heart.
> Do (no) evil, and then you will not experience lasting misfortune[3].

Die oben schon erwähnte babylonische Spruchgruppe (Counsels of Wisdom) besteht zum Teil aus negativ formulierten Sätzen:[4]

> Thou shalt not slander ...
> Thou shalt not speak evil ...
> Thou shalt not make large thy mouth ...[5]

Da der Text beträchtliche Lücken aufweist, kann man keine vollständige Auszählung durchführen. In den erhaltenen Stücken findet man etwa je zwanzig Verbote und Gebote.
Ein Blick in die Lehre des Amenemope genügt, die Vorrangstellung

---

gesonderten Untersuchung, vgl. F. R. Kraus, Ein Edikt des Königs Ammi-Ṣaduqa von Babylon, Leiden 1958; E. Weidner, Assyrische Hof- und Haremserlasse, AfO 17, 1956, S.257ff.; E. v. Schuler, Hethitische Dienstanweisungen, AfOBeih 10, Graz 1957.
[1] ANET² S.34f.
[2] Vgl. S. Langdon, AJSL 28, 1912, S.234ff.; jetzt in: Lambert, Wisdom Literature, S.239 (Text in Umschrift), S.247ff. (in Übersetzung), Tafel 61-63 (autographierter Keilschrifttext von K.4347+K.16161).
[3] Lambert, Wisdom Literature, S.247.
[4] Text in Umschrift bei K. D. Macmillan, BAss 5, 1906, S.557ff.; Ergänzung und starke Kritik durch H. Zimmern, Za 23, S.367ff.; Übersetzung in ANET² S.426f. und AOT² S.291ff.; jetzt bei Lambert, Wisdom Literature, S. 96ff.
[5] Macmillan, BAss 5, 1906, S.559.

der Verbote unter den Mahnungen zu zeigen: Abschnitt zwei dieser Instruktion enthält z.B. drei Doppelverbote und nur ein Doppelgebot;[1] der 6. Abschnitt setzt mit einem Verbot ein: „Do not carry off the landmark at the boundaries of the arable land...", und alles Folgende in diesem Abschnitt ordnet sich ihm unter. Ebenso warnen der 9. und 10. Abschnitt vor dem „Heißen"; der 11. Abschnitt verbietet die Beraubung von armen Leuten, der zwölfte Urkundenfälschung, der sechzehnte den Gebrauch falscher Gewichte. Sektion 20 regelt das Gerichtsleben:

> Do not confuse a man in the law-court ...
> Give not thy attention (only) to him clothed in white ...
> Do not accept the bribe of the powerful man,
> nor oppress for him the disabled ...

Der 25. Abschnitt schließlich nimmt sich der Verkrüppelten an:

> Do not laugh at a blind man,
> nor tease a dwarf, nor injure the affairs of the lame ...,

und der 28. Abschnitt sorgt für Witwe und Fremdling:

> Do not recognize a widow if thou catchest her in the fields...
> Do not neglect a stranger (with) thy oil jar[2].

Zu allem Überfluß wird die negative Form durch die Bekenntnislisten bestätigt. Zwar können wir nicht mit Sicherheit angeben, welches Genus, welchen Numerus und welche Person die Verbote, die den Listen zugrunde liegen, gebraucht haben, aber die Form des Unschuldsbekenntnisses, z.B. im ägyptischen Totenbuch; „Ich habe nicht... (getan)", läßt sich nur auf eine Liste von negativ formulierten Weisungen: „Du sollst nicht (tun)", zurückführen. Das gleiche gilt etwa für die Sündenbekenntnisse der Serie Šurpu, Tafel II. Das Eingeständnis: „Er hat... (getan)", kann nur auf ein Verbot: „Er darf nicht (tun)", Bezug nehmen.

Aber aus den angeführten Beispielen, besonders aus den beiden zuletzt genannten Texten, läßt sich auch folgern, daß die weisheitliche Ausgestaltung der Verbote, wie wir sie etwa in Amenemope fanden, sekundär ist. Die Bekenntnisformulare haben die kürzeren, strengeren Verbotssätze ohne weiterführende Begründungssätze bewahrt. Und bei genauerem Zusehen lassen sich z.B. auch in der Instruktion des Amenemope die Verbote von den übrigen Gattungen

---

[1] ANET² S.422ff.; der Rest des Abschnittes ist allgemeine Ermahnung und sprichwörtliches Gut.
[2] Alle drei zitierten Stellen: ANET² S.424.

der Weisheit unterscheiden. In den meisten Fällen, die oben genannt wurden, leitet das Verbot den Abschnitt ein, und erst an zweiter Stelle folgen allgemeine Mahnungen, illustrierende Sprichwörter, Hinweise auf die Folgen des Ungehorsams usw.
Als Ergebnis dieses sehr flüchtigen Überblicks läßt sich festhalten: Im Alten Orient existierte eine Gattung von überwiegend negativ, in der 2. Person Singular formulierten Regeln, die sich in mancherlei Literaturgattungen erhalten hat und deren Urform völlig mit der Form der aus dem Alten Testament bekannten Prohibitive übereinstimmt.

c. Die Reihenbildung

Es wäre eine lohnende Aufgabe, alle altorientalischen Quellen auf die kleinsten zusammenhängenden Gruppen von Prohibitiven zu befragen und sie nach Thema und Gliedzahl zu untersuchen. In den wenigen zitierten Beispielen klang schon an, daß die altorientalischen Prohibitive sehr wohl zu kleinen Reihen zusammengefaßt sind und relativ selten als Einzelgebote erscheinen. Sowohl die Lehre des Amenemope wie die babylonischen „Counsels of Wisdom" zeigen eine ausgeprägte, thematische Gliederung der Gebote. Die Zahl der aneinandergereihten Vorschriften ist dabei mehr oder weniger unbestimmt; es dürfte vor allem kaum gelingen, die Zehn- oder Zwölfzahl als grundlegend anzusehen.
Dagegen scheinen unter den direkten Geboten aus Aboth die Dreierreihen stark bevorzugt zu werden, ich zähle fünfzehn solcher Reihen, nämlich Aboth I,4.5.6.7.8.10.16; II,17.18.19; IV,7.12.18.20; VI,5[1]. Sie zeigen manchmal eine Mischung von positiven und negativen Sätzen, wie z.B. Aboth I,5:[2]

> Dein Haus stehe weit offen,
> Arme seien deine Hausgenossen,
> und unterhalte dich nicht viel mit einem Weibe.

Oder die ganze Dreierreihe ist positiv formuliert, wie Aboth IV,10:

> Mache dir wenig zu schaffen mit deinem Geschäft,
> beschäftige dich aber mit der Tora.
> Sei demütig gegen jedermann.

Nur zwei Dreierreihen bestehen ganz aus Verboten, Aboth IV,5b, das textlich nicht ganz sicher ist, und VI,4b:

---

[1] Die Stellenangaben zu Aboth nach Herford, Ethics.
[2] Die folgenden Zitate nach K. Marti, G. Beer, 'Ab̲ôt̲, Gießen 1927.

Strebe nicht nach hoher Stellung für dich
und begehre keine Ehre ...
Laß dich nicht gelüsten nach dem Tisch der Könige.

Dazu könnte man noch rechnen Aboth I,7:

Zieh weit weg von einem bösen Nachbarn,
mach nicht gemeinsame Sache mit einem Gottlosen
und hege keine Zweifel an der Vergeltung.

Doppelgebote finden sich etwa neun (Aboth I,3.9; II,4; III,1.16; IV,3.10.24.29), dazu kann man noch vier Viererreihen (Aboth I,15; II,1; IV,23; VI,4) und zwei Fünferreihen (II,5.15) feststellen. Ähnlich sind auch in den Testamenten der Zwölf Patriarchen die Zweier- und Dreierreihen recht häufig anzutreffen; als Beispiele für Zweiergebote vergleiche man: TestRub 5,5; 6,9; TestSim 3,1; 4,5; 7,1; TestJud 17,1; 18,2; TestIss 4,1; TestDan 4,3; 4,5f.; TestNaph 2,9; TestGad 3,1; TestBenj 3,2f.; 8,1; 10,3. Dreierreihen sind etwa: TestRub 3,10; 4,1; 6,1f.; TestSim 5,2f.; TestSeb 5,1; 8,5f.; TestDan 6,8; TestGad 6,1; 6,3. Längere Listen sind hier und da aufgenommen, komponiert oder vorausgesetzt, man vergleiche TestIss 4,2ff.; 5,1ff.; 7,2ff. und TestDan 5,1-3:

Observe, therefore, my children, the commandments of the Lord,
And keep this Law;
Depart from wrath,
And hate lying,
Speak truth each one with his neighbour....
Love the Lord through all your life,
And one another with a true heart[1].

Das Material könnte auch noch dadurch vermehrt werden, daß man die Bekenntnislisten genau analysiert; man stößt dabei auf gewisse sich wiederholende Verbindungen von Sätzen, die dann wohl ursprünglich einmal selbständige Einheiten gebildet haben können. Vergleiche z.B. Šurpu II, Z.20-28 (Thema: Stiftung von Zwietracht unter Verwandten und Freunden); Z.29-31 (Verhalten gegenüber Gefangenen); Z.32-36 (Verstöße gegen Gottheiten *und* „Vorgesetzte" im Sippenverband, z.B. Vater, Mutter, älterer Bruder, ältere Schwester); Z.47-50 (Verstöße gegen den Genossen) usw.
Die angeführten Beispiele reichen aus, um zu zeigen, daß thematische Reihenbildungen in der Gattung der Prohibitive an der Tagesordnung sind und daß kleinen Reihen mit zwei bis fünf Gliedern der größte Anspruch auf Ursprünglichkeit zukommt.

[1] Zitiert nach R. H. Charles, Apocrypha.

d. Themen und Sitz im Leben

Hält die im Formalen festgestellte Übereinstimmung der alttestamentlichen und der altorientalischen Prohibitive auch einem Vergleich der Inhalte stand? Können wir für die außerisraelitischen Prohibitive einen ähnlichen Sitz im Leben wahrscheinlich machen wie für die des Alten Testaments? Auf die gelegentlich anzutreffende kultisch-religiöse Ausrichtung der Prohibitive in den altorientalischen Texten ist schon hingewiesen worden[1]. Und daß besonders die Lehre des Amenemope nicht nur mit den Warnungen in Spr 22,16ff. übereinstimmt, sondern auch den israelitischen gesetzlichen Prohibitiven auf Schritt und Tritt Analoges an die Seite zu stellen hat, wird bereits aus den oben angeführten Beispielen deutlich. Dieser Eindruck bestätigt sich auch an anderen altorientalischen Texten, wie den „Counsels of Wisdom" und der zweiten Tafel der Serie Šurpu. Und wenn wir uns Einzelbestimmungen zuwenden, wird der Eindruck der materiellen Übereinstimmung der Gattungen nur bestätigt. Die Warnung vor losem Geschwätz z.B., die in Ex 23,1; Lev 19,16.11 im Zusammenhang mit den Gerichtsvorschriften begegnet, und die Warnung vor Verlästerung der Mitmenschen, besonders der Übergeordneten (Ex 22,27; Dtn 27,16), gehört zum Bestand der Verbote[2]. Und obwohl die weisheitlichen und die Bekenntnistexte ihrer Natur nach größeres Gewicht auf die ethische Qualität der Handelnden legen, kommt doch hier und da das soziale Gefüge zum Vorschein, in dem die Verbote gültig sein wollen: Vater, Mutter, Schwester und Bruder, der Nachbar spielen eine beträchtliche Rolle[3]. Ferner begegnen wir derselben Fürsorge für Minderprivilegierte und Schwache, kurz, für solche Menschen, die am Rande oder außerhalb der geordneten und schützenden Sippenbande

---

[1] Vgl. Lambert, Wisdom Literature, S.105 (Counsels of Wisdom, Z.135ff.): „Every day worship your god...".
[2] Vgl. Counsels of Wisdom, Z.21ff.,127ff.,148f.; Hymne an Ninurta (Lambert, Wisdom Literature, S.119) Vs.Z.5ff.; Amenemope, Abschn. 10; Hof- und Haremserlasse (AfO 17, 1956, S.257ff.), Satzung 10; ägyptisches Totenbuch (ANET² S.34f.), Kap. 125, A 8.11 B 9.16.17; Šurpu Taf. II, Z.6.8f.11ff. 33.36.38ff.55ff.63. Lambert, Wisdom Literature, S.312f., bespricht zehn verschiedene akkadische Ausdrücke für „böse Rede" und weist auf die Bedeutung dieses Vergehens hin, „since it included both slander and blasphemy" (a.a.O. S.18).
[3] Vgl. besonders Šurpu Taf. II, Z.20ff., das Bekenntnis, die Familienbande zerschnitten zu haben; vgl. auch Šurpu Taf.II, Z.35f.47ff.52f.

stehen¹. Es könnten im einzelnen mancherlei weitere Übereinstimmungen aufgezeigt werden; vom Verbot zu töten² bis zu dem Verbot, falsches Gewicht, Maß und falsche Waage zu benutzen³, ist wohl jedes Verbot der israelitischen Gattung in den altorientalischen Sammlungen einmal oder mehrmals in einer analogen Prägung vertreten. Es fällt auch hier auf, daß die Bekenntnisformulare besser als die weisheitlichen Sprüche die eindeutig Verbrechen betreffenden Verbote bewahrt haben. Die weisheitliche Literatur hat ja auch im Alten Testament zunehmend „privatere", „innerlichere" Züge angenommen, offenbar, weil die juristischen Belange durch das kasuistische Recht, das eine übersippliche Kultur und Gesellschaft voraussetzt, wahrgenommen wurde.

Mit dem Blick auf den Inhalt der altorientalischen Prohibitive ist auch schon ein Wort über die Herkunft dieser Gattung gesagt. Man wird nicht fehlgehen anzunehmen, daß staatliche und kultische Großorganisationen für die Entstehung dieser Verbote weder in Mesopotamien noch in Ägypten verantwortlich zu machen sind. Es handelt sich auf der ganzen Linie um volkstümliches Ethos, oder, anders gesagt, um eine Lebensordnung, die für alle gültig war und besonders in den kleineren sozialen Gruppen gepflegt wurde. Die natürliche Gliederung der altorientalischen Völker war aber die nach Familien und Sippen⁴. Und die vertrauliche Du-Anrede sowie die gelegentlich noch durchscheinende Vorstellung von der Unterweisung der unerfahrenen, jungen Menschen durch väterliche Autorität lassen auch für die altorientalischen Prohibitive die Herkunft aus der Sippenordnung wahrscheinlich werden. Wir hätten somit mit der internationalen Verbreitung eines in Prohibitive gefaßten Sippenethos zu rechnen, das im Alten Orient nicht nur die stabilste soziale Gruppe, die Großfamilie, zusammenhielt, sondern auch überraschend gleichmäßig überall ähnliche, unabänderliche Gesetze für das zwischenmenschliche Verhalten aufrichtete. Diese alte Sippen-

---

¹ Vgl. besonders Amenemope Abschn. 2, 6, 11, 25, 28; Counsels of Wisdom Z.56ff.
² Ägyptisches Totenbuch, Kap.125, A 14; B 5; Šurpu Taf.II, Z.37.
³ Ägyptisches Totenbuch, Kap.125, A 22ff.; Amenemope Abschn.16; Hymne an Šamaš (Lambert, Wisdom Literature, S.124ff.) Z.107f.
⁴ Vgl. F. Petrie, Social Life in Ancient Egypt, London 1923, S.98ff.; H.Schaeffer, The Social Legislation of the Primitive Semites, New Haven 1915, S.7ff.; B. Meissner, Babylonien und Assyrien Bd.I, Heidelberg 1920, S.389ff.; J. Wach, Sociology of Religion, 9.Aufl. Chicago 1962, S.54ff.; E. W. Müller, Stamm und Sippe, RGG³ Bd.VI, Sp.330f. (Literatur!).

Ordnung muß, obwohl in kleinen sozialen Gruppen beheimatet, doch die allgemeingültige Norm für Gut und Böse dargestellt haben.

5. Die Entwicklung der Gattung

Was nun versucht werden soll, kann weithin nur den Charakter des Mutmaßlichen haben. Vom Ausgangspunkt der Gattung der Prohibitive aus sollen die Verbindungslinien zu den literarischen Endprodukten gezogen werden, in denen uns heute die Prohibitive begegnen. Als organischer Ursprungsort der kurzen Prohibitive der Sippenordnung hat sich der (vorstaatliche) Sippenverband erwiesen. Wie ist von hier aus die Entwicklung einerseits zum kultischen Gebrauch der Prohibitive und andererseits ihre Aufnahme (und spätere Auflösung) in die Sprichwort- und Fabelliteratur zu erklären? Das eine wie das andere gibt nicht geringe Fragen auf.

a. Das Familien- oder Sippenethos, das in den Prohibitiven zum Ausdruck kommt, wurde von den Autoritätspersonen der Gemeinschaft überwacht, weitergegeben und auch fortgebildet. Die Machtstruktur in der Sippe ist, wie wir gesehen haben, keineswegs einlinig auf ein Oberhaupt zugeschnitten. Jedes Glied der Gemeinschaft hat eine seinem Rang an Alter und Ansehen entsprechende Gewalt über die unter ihm Stehenden. Die sumerische Weisheit setzt schon den älteren Bruder und die ältere Schwester in die ihnen gebührenden Positionen[1]. Dies dürfte kein Sonderfall in der altorientalischen Welt sein. E. Gräf weiß von ähnlichen Abstufungen der Befehlsgewalt unter den heutigen Beduinen zu berichten[2]. Aber nicht nur von einer gleitenden Machtskala muß geredet werden. Die Verantwortlichen, der Sippenälteste und die Sippenglieder an ihren Plätzen, waren selbst verantwortlich. In Ägypten und Mesopotamien wie in Israel stellt die konkrete Rechtsordnung die göttlich sanktionierte, kosmische Ordnung dar, der jedermann unterworfen ist[3]. Die Sippenordnung, mündlich weitergegeben und jedermann bekannt, ist *die* Lebensordnung für alle.

b. Von einer „Profanität" und „Rationalität" dieser Ordnung kann füglich keine Rede sein. Der Gedanke, daß die Gottheit selbst Wächter über die Lebensordnung sei, findet sich überall und wird

---

[1] „Le frère aîné, il est véritablement un père, la soeur aîneé, elle est véritablement une mère." (Nach v. Dijk, Sagesse, S.107).
[2] Rechtsleben, S.40ff.
[3] Vgl. L. Köhler, Theologie des AT, 3.Aufl. Tübingen 1953, S. 190ff.; Gese, Lehre, S.33ff.

nicht zuletzt aus der Tatsache deutlich, daß die Sünden- und Unschuldsbekenntnisse direkt auf die alten Ordnungen und ihre Verbote zurückgreifen[1]. Über die Entstehungsweise dieser Ordnung wird jedoch kaum reflektiert. Sie existiert! Ob empirischen oder göttlichen Ursprungs: Diese Frage ist irrelevant und kann so gar nicht gestellt werden.

c. Der Gebrauch der Prohibitive in der alten Sippengemeinschaft war recht umfassend. Die junge Mannschaft mußte in die Ordnung eingeführt werden, das geschah sicherlich im Umgang mit den Regeln und durch einfache Beobachtung des Lebens ebenso wie durch bewußte Unterweisung. Anders als aus dem letzteren Vorgang ist die Du-Anredeform der Verbote nicht zu erklären. Über die pädagogischen Zwecke hinaus aber diente die Sippenordnung als Norm für das tägliche Leben. Ethische Regeln und „bloße" Anstandsvorschriften stehen dabei auf einer Stufe. Ein Verstoß gegen das Gastrecht ist ebenso ein Vergehen wie Totschlag und Ehebruch. Und da die ungeschriebene Sippenordnung das private und das öffentliche Leben normiert, kann und muß dieselbe Ordnung auch bei einer konkreten Rechtsverletzung als Maßstab für den Schuldspruch herangezogen werden. Die logische Abfolge einer Gerichtsverhandlung wäre: Die Norm sagt: „Du sollst nicht töten"; A hat getötet; A ist schuldig; A wird mit... bestraft. Diese Abfolge hat sich im kasuistischen Rechtssatz niedergeschlagen, der nur die zugrunde liegende Norm nicht ausdrücklich nennt, sondern einfach voraussetzt. – In allen drei Funktionen, der erzieherischen, regulierenden und juristischen, erhält die Ordnung die Sippengemeinschaft.

d. Beim Eindringen ins Kulturland stieß Israel auf die beträchtlich weiter fortentwickelte Rechtskultur der Kanaanäer. Es war eine schriftliche Rechtskultur, die das kasuistische Gesetzessystem weiter ausgebildet hatte[2]. Mit zunehmender Einbürgerung in

---

[1] Vgl. einige Formen des noch heute bei Beduinen gebräuchlichen Reinigungseides: „Bei Gott, nicht habe ich durchbohrt irgendeine Haut, noch gemacht zum Waisen irgendeinen Knaben." „... ich habe seine Kinder nicht zu Waisen gemacht, nicht habe ich ihm die Haut zerrissen, noch seine Frau verwitwet." „Ich habe nichts getan, nicht getötet, nichts gesehen, gehört oder erfahren, nichts Böses begangen...". „...nicht habe ich Böses getan, nicht gestohlen, nicht getötet...". (Gräf, Rechtsleben S.62f.).
[2] Obwohl noch wenig schriftliche Zeugnisse über Rechtsgeschäfte und -verhandlungen in Palästina gefunden worden sind, kann doch mit Sicherheit angenommen werden, daß Palästina in die babylonisch-assyrische Rechtskultur mit einbezogen war, vgl. A. Alt, Eine neue Provinz des Keilschriftrechts, WO I, 1947/52, S.78ff.; San Nicolò, Beiträge, Kap.I.

Palästina mußte sich dieses System für die Israeliten als das für die
Verhandlungen im Tor brauchbarere erweisen. Die mündliche Überlieferung der Sippenordnung mag anhangsweise (vgl. das Bundesbuch und das Deuteronomium) in die schriftlichen Korpora mit aufgenommen worden sein. Auch die altassyrischen Gesetze (Taf. A. §40)
und in geringem Maße sogar der Kodex Hammurapi (Vs. §38ff.)
weisen noch Spuren älterer Normen auf. Aber es ist nicht nur die
überlegene Rechtskultur der Kanaanäer, die die Bedeutung der alten Sippenordnung auf dem jurisdiktionellen Gebiet schmälert. Hinzu kommt eine tiefgreifende gesellschaftliche Umgestaltung der alten
Sippenordnung selbst, die sich auf das Gebiet der Rechtspflege auswirkt. Die städtische Wohngemeinschaft gewinnt größere Bedeutung
als die Blutsgemeinschaft der Sippe, und jene wird dann von der
staatlich-königlichen Ordnung überholt.

e. Aber auch die Übersiedlung der Prohibitive in den kultischen
Raum muß in Betracht gezogen werden. Da die Sippenordnung von
jeher als unter göttlichem Schutze stehend gedacht wurde, muß eine
Beziehung der Prohibitive zum Kult sehr alt sein. Bußzeremonien,
Reinigungseide usw. erforderten ein Bekenntnis der Schuld oder eine
Beschwörung der Unschuld, d.h. Rechenschaftsablage über das normgemäße Verhalten vor der Gottheit. Die Bekenntnisfomulare der
ägyptischen und babylonisch-assyrischen Literatur sind Zeugnisse
dieser Entwicklung. Wenn aber erst einmal die Prohibitive in Form
von Bekenntnissen mit dem Kult in Berührung gekommen sind,
dann ist gleichzeitig damit der Anlaß gegeben, daß die für den Kult
Verantwortlichen die Normen sammelten und pflegten. Auf diese
Weise dürften die Einzugstorot[1] entstanden sein und ebenso die
Gebots- und Verbotssammlungen, die, wie der Dekalog, als Willensverkündigung der Gottheit im Gottesdienst gebraucht wurden. Erst
nachträglich wird dann den Gebotslisten, die natürlich beim Übergang in den Kult den neuen Bedürfnissen angepaßt wurden, im
Alten Testament die Geschichtserzählung von der Sinaioffenbarung,
die den Festrahmen für die Gebotsverkündigung abgab, auch
literarisch zugewachsen sein, ein Zug, der wohl keine Parallele im
Alten Orient findet.

f. Die Prohibitive der alten Sippenordnung entwickeln sich so in
verschiedenen Richtungen weiter; jedoch der ursprüngliche Wurzelboden der kultischen und juristischen Verbote, die Familie oder die
Sippengemeinschaft, bleibt ja erhalten, auch nachdem diese Ent-

---

[1] Ps 15; 24; Jes 33,14b-16 usw. Vgl. S. Mowinckel, Le décalogue, Paris 1927,
S.141ff.; K. Koch, Festschrift v. Rad, S.45ff.

wicklung eingesetzt hat. Das Ethos dieser Blutsgemeinschaft wird weiter mündlich überliefert. Moralisch bleibt die Autorität der Älteren und der Eltern bestehen, wenn sich auch die richterliche und geistliche Gewalt mehr und mehr auf staatliche und priesterliche Funktionäre verlagert. Was zurückbleibt, ist nicht mehr die alte, knappe und klare, auf die Handlungen der Gemeinschaftsglieder abgestimmte Disziplin, sondern eine Ordnung für den privaten Hausgebrauch, die der öffentlichen Funktionen verlustig gegangen ist. Diese Ordnung ist hausbackener, richtet sich mehr nach dem Motto: „Benimm dich anständig" anstatt nach dem Grundsatz: „Hüte dich, das Familiengesetz zu brechen." In ihrer ursprünglichen Funktion, als Ausdruck des Sippenethos, sind die Prohibitive wohl nie schriftlich fixiert worden, nur in den Bereichen, in denen sie sekundär Verwendung fanden, wurden sie Literatur.

g. Seit alters hat es in der altorientalischen Gesellschaft einen Stand des Weisen, oder doch die Gestalt des Weisen, gegeben, der mehr oder weniger professionell volkstümliche Erkenntnisse, Wahrheiten, Witze usw. sammelte. In die Hände der Weisen gelangten dann auch die Mahnungen und Warnungen des Familienethos. Hier fanden sie, wie im juristischen und kultischen Bereich, eine (schriftliche) Gestalt, die den Gepflogenheiten der weisheitlichen Unterweisung entsprach.

IV. SCHLUSSFOLGERUNGEN

Das Ziel der Arbeit war es, unter anderem die geheimen und offenbaren Voraussetzungen systematisch-theologischer Art, die besonders die Stellungnahme zum alttestamentlichen Gesetz belasten, aus dem Spiel zu lassen und so weit wie irgend möglich einen unvoreingenommenen Blick auf das sogenannte apodiktische und „genuin israelitische" Recht zu tun. Die Verwurzelung dieser nur scheinbar einzigartigen israelitischen Rechtsgattung wird, sobald die Schleier der systematischen Vorurteile verschwunden sind, sehr deutlich. So sehr die Untersuchung der Texte und der geschichtliche Vergleich von systematischen Konzeptionen freibleiben müssen, so notwendig muß andererseits das Ergebnis der exegetischen Arbeit auf die theologische Systematik zurückwirken.
Sind die oben angestellten Beobachtungen in bezug auf das apodiktische Recht Israels annähernd richtig, dann kann sich daraus eine Reihe von Konsequenzen für die theologische Erfassung des Alten Testaments ergeben. Hier soll nur in drei sehr kurzen Bemerkungen angedeutet werden, in welcher Richtung diese theologischen Schlußfolgerungen liegen.

1. *Bund und Gesetz*

Die protestantische Aufspleißung des Handelns Gottes und der Schrift in einen Kanon der Gnade und einen anderen des Gesetzes, eine Aufteilung, deren sich scheinbar schon Paulus schuldig gemacht hat, wenn er die „Verheißungen" und das „Gesetz" gegeneinandersetzt, kann sich schlechterdings angesichts des alttestamentlichen Verständnisses von Bund und Bundesgebot nicht halten. Jede Gleichsetzung von Bund mit „Gnade" und von Gebot mit „Gesetz", jede Etikettierung des Bundesschlusses mit „Heilshandeln Jahwes" und der Gebotsverkündigung mit „Richterlichem Handeln Jahwes" geht an der Sache vorbei. Eine Diskrepanz zwischen Bund und Gebot im Alten Testament ist in der von der protestantischen Auffassung unterschobenen Weise gar nicht vorhanden. Wohl weiß das Alte Testament – man vergleiche etwa Jer 31,31ff. – von Israels

Ungehorsam, von seinem Nichthalten der Gebote. Aber „Nichthalten der Gebote" meint sofort und radikal: Bruch, Auflösung des Bundesverhältnisses. Der Bund manifestiert sich in den Geboten. Die Gebote, im Kontext des Bundes verstanden, sind Ausdruck der personalen Beziehung, des personalen Treueverhältnisses. Es ist nicht möglich, die Gebote vom Bund zu subtrahieren und die reine Gottesgnade übrigzubehalten. Die Bundesgebote sind Ausdruck des guten Gotteswillens, der schützt und erhält, der die Gerechtigkeit und das Gute in der bedrohten Welt hochhält. So spricht Jeremia von der Aufrichtung eines Neuen Bundes, der wesentlich dieselben Formen wie der Alte haben soll; auch er wird sich im Gesetz verkörpern. Nur wird dieses Gesetz unverbrüchlich in die Menschen eingesenkt sein, so daß sie – anders als bei dem bloß geschriebenen Gesetz – ihm nicht davonlaufen können (Jer 31,33f.). Bund meint im Alten Testament Lebensgemeinschaft, und als solche ist der Bund zugleich Anspruch und Zuspruch, Hilfe und Forderung, Evangelium und Gesetz.

Nun ist aber das formulierte Gebot dem Bundesformular erst allmählich zugewachsen, so sagten wir. Wird in diesem Vorgang nicht die Verkehrung des Gemeinschaftsverhältnisses ins Gesetzliche handgreiflich? Nein, denn gerade weil die Forderung ein integrierender Bestandteil jedes Bundesschlusses ist, ist dieser Zuwachs möglich. In sein Gegenteil schlägt das gute Gesetz, das in allen seinen Äußerungen nur das Bundesverhältnis wahren will, erst um, wenn es für sich, abgesondert von der völligen Lebensgemeinschaft, zum Mittel wird, diese Gemeinschaft zu erzwingen, die doch nicht erzwungen werden kann, weil sie nur durch den freien Entschluß der Partner zustande kommt.

2. Gesetz und Weisheit

Der Begriff Bund schließt im Alten Testament also – ganz wie das bei analogen Begriffen im Alten Orient der Fall ist – die Bundesforderung, das Gesetz ein. Aber es bleibt die erstaunliche Tatsache bestehen, daß es sogar für Israel auch außerhalb des Bundes noch „Gesetz" gibt, wie ja die Zuzugsbewegung aller außenstehenden Gesetze zur Sinaiperikope und die Existenz der Weisheitsliteratur beweisen. Wie verhalten sich die beiden Bereiche zueinander? Ist das Gesetz außerhalb der Sinaiperikope ein minderwertiges, geschichtsloses, überwundenes? Ist es dieses Gesetz, welches in seiner Profanität den Bund entweiht?

Damit ist ein zweites, großes Gebiet voller Probleme berührt: die

Frage nach dem Verhältnis von Gesetz und Weisheit, von Offenbarung und rationaler Lebensbewältigung. Sieht das Alte Testament nach dem, was oben über seine Verwendung des apodiktischen Rechts ermittelt worden ist, hier die entscheidende Differenz? Was gemeinhin in der alttestamentlichen Wissenschaft über die Weisheit gesagt wird, bewegt sich auf einer Linie: Es bewertet die Weisheitsregeln als empirisch, rational, menschlich im Gegensatz zu dem supranaturalen, offenbarungsbestimmten Gesetz. Aber auch diese Scheidung dürfte eine moderne sein. Nach den Ergebnissen dieser Arbeit dürfte die Dialektik von Offenbarung und Vernunft dem Alten Testament selbst fremd sein. Israel ist sich eines antagonistischen Widerspruches zwischen weisheitlichen Mahnungen und gesetzlichen Geboten nicht bewußt gewesen. Der Substanz nach sind beide ja im wesentlichen identisch. Die für die heutige Theologie so lebenswichtigen Unterscheidungen von geschichtlich bestimmter und natürlicher Theologie, von dynamischem und statischem Gottesverständnis sind für Israel nicht vorhanden oder unbedeutend. Wo wären die Anzeichen dafür, daß die geschichtliche Sinaioffenbarung qualitativ von den ungeschichtlichen Weisheitslehren getrennt worden wäre? Die sukzessive Kanonisierung der alttestamentlichen Schriften kann nicht gut für diesen Unterschied ins Feld geführt werden, denn die „Schriften" sind schließlich auch in den Kanon hineingekommen, und die weisheitliche Mahnung ist in der Wurzel identisch mit dem Gesetz. Natürlich spielt die Gottesoffenbarung am Sinai eine wichtige, vielleicht die entscheidende Rolle für den Glauben Israels. Diese, und die anderen Jahweoffenbarungen der Vätergeschichte, sind aber nur der magnetische Pol, um den herum sich die alten Traditionen in neuer Anordnung sammeln. Die Jahweoffenbarungen bringen als das einzige Neue, Entscheidende das „Ich bin Jahwe, ihr sollt keine anderen Götter neben mir haben." Unter diesem Leitsatz können dann Rechtssitten und Kultgebräuche der Umwelt, soziale und politische Formen aufgenommen und verarbeitet werden. Das Ethos der Sippe braucht nicht einmal große Umgestaltungen durchzumachen, als es in den Bereich der Jahwereligion tritt. Es ist vorhanden, und es ist gut. Es bedarf keines besonderen Aktes von seiten Jahwes, um das Gute und Richtige zu „offenbaren". Aber Jahwe nimmt selbstverständlich als der alleinige Herr Israels das Elterngebot, die Verbote zu stehlen, zu morden, die Ehe zu brechen oder sonstwie die Gemeinschaft der Menschen zu zerstören, unter seinen Schutz. Es bedarf keiner geschichtlichen Tat Jahwes, um diese Substanz des Ethos zu enthüllen. Sie ist in gewissem Sinne ungeschichtlich und manifestiert sich fortwährend in den menschlichen Sozialordnungen. Notwendig aber ist es, daß diese guten Ordnungen in ein Verhältnis zu Jahwe gestellt werden, daß Jahwe die Schirmherrschaft über sie übernimmt. Es gibt für Israel kein unpersönliches, sich selbst zum Siege bringendes sittliches Gesetz. Das Gute ist personbezogen, Jahwe und die Menschen sind seine Autoren und Wächter.

3. Geschichte und Heilsgeschichte

Israel und die Weltgeschichte wäre ein dritter, großer Problemkreis, der in der Arbeit berührt worden ist. In welchem Sinne ist Israels Recht genuin und historisch einmalig? Auf diese Frage hat man bisher zweifach geantwortet: Einmal komparativisch, d.h., man hat behauptet, Israels Recht (und seine Religion) sei besser, sittlicher, innerlicher, geistiger usw. als das seiner Nachbarn. Und man hat zweitens geantwortet, Israels Recht sei absolut einmalig, weil geoffenbart. Beide Antworten sind nicht stichhaltig. Sie werden durch eine Analyse der *entsprechenden* Texte des Alten Testaments und des Alten Orients sofort widerlegt. Israel hat seine ethischen Normen und seine Vorstellungen von der geordneten Gesellschaft weithin mit den Völkern der Umwelt gemein.

Dies braucht nicht zu bedeuten, daß die historische Einmaligkeit jeder Kultur und jedes Rechtskreises geleugnet wäre. Aber historische Besonderheiten, man mag sie selbst qualitativ einmalig nennen, spielen sich auf dem Boden von Gemeinsamkeiten ab. Und das alte Sippenethos, das wir aufgewiesen zu haben meinen, wird trotz seiner lokalen Nuancierungen, trotz mannigfacher Unterschiede in der Interpretation und Handhabung, eine solche gemeinsame Grundlage im Alten Orient darstellen.

STELLENREGISTER
(A = Anmerkung)

Genesis

9,12	105A
17,11	105A
31,36ff.	41A
31,44ff.	106
31,44	92
31,48	105A
31,49f.	106
31,52	105A, 106
31,53	106
31,54	106
34,30	113A
35,2	113A
38,26	116
39	41
49,1ff.	113A
50,15ff.	41

Exodus

3,5	51A
6,2	58
10,28	51A
12,9	51A, 52A
13,3	59A
13,7	59A
16,9	52A
16,29	51A
19ff.	91, 93, 96, 98A
19,3ff.	94
19,3	109
19,7f.	93A
19,15	51A
19,16	109
19,17	109
19,19	94, 109
20,1ff.	4A, 59, 109
20,2ff.	40, 55A, 57ff., 72A, 114

(*Exodus*)

20,2	55, 57f.. 61A
20,3ff.	47A, 57
20,3	66, 72A, 75A, 78, 88
20,4	28, 61A, 72A, 75A, 78, 88
20,5	75A
20,7	47A, 57, 61A, 75, 78, 83A, 88
20,8ff.	46
20,8	63A, 72A, 75, 78, 88
20,9f.	45A
20,10	46A, 57, 115A
20,11	57
20,12	46, 57, 72A, 78, 88, 114, 129
20,13	64A, 73A, 79, 88
20,14	47A, 64A, 73A, 79, 88
20,15	64A, 73A, 79, 88
20,16	31A, 64A, 75A, 88, 129
20,17	64A, 75, 88, 129
20,18ff.	93f., 109
20,20	46
20,22-23,19	28ff.
20,22ff.	28, 56, 109
20,23ff.	94f., 109
20,23	28
20,25f.	28, 30
21,1ff.	25, 28, 31A
21,6	56
21,7	52A
21,8	52A, 115A
21,10	52A
21,12.15ff.	25, 30, 31A, 79
21,13	56
21,14	56, 71
21,15	46A, 79
21,16	74A

(Exodus)		(Exodus)	
21,17	46A, 63, 65, 71	23,18f.	28, 30, 32, 38A, 88
21,27.37	74A	23,18	66, 75A, 88, 114
22,7.8.10	56	23,19	62, 75A, 88
22,17ff.	28A	23,28	59
22,17	70	24,1f.	92, 93A, 108
22,19	56	24,2	93
22,20ff.	28f., 30, 38, 55ff., 64, 65A, 81ff., 84, 109, 114	24,3ff.	92, 93A, 94
		24,3	92f.
		24,5f.7	93
22,20	55ff., 70f., 74A, 75, 82, 88, 115A	24,9ff.	92, 93A, 108
		24,11	92
22,21	55, 57, 82, 88, 129	31,13ff.	46
22,22ff.	82	31,13.17	105A
22,22	56	34	4A, 40, 59, 108
22,23	56f.	34,3	51A
22,24ff.	29f., 82	34,10ff.	93ff.
22,24	56f., 114	34,10	59, 93
22,25	64A	34,12ff.	40, 55A, 59
22,26	56A	34,12	40, 44A
22,27	28, 38A, 56f., 62, 65, 71, 74A, 75, 78A, 82, 88, 101, 114, 128A, 139	34,14ff.	93
		34,14	59, 61A, 88
		34,15f.	40
22,28f.	55f., 82	34,17	61A, 74A, 75, 88
22,28	28, 33, 56f., 62, 74A, 82f., 88	34,18	40, 59, 74A
		34,19	40, 59, 88
22,29	35, 38A, 56, 82A	34,20	40, 59, 66, 74A, 88
22,30	32, 56f., 82A, 83, 88	34,21	63A, 88
23,1ff.	28f., 31A, 41, 47A, 57, 64A, 83f., 88, 114	34,23	59
		34,24	40, 59
23,1	45A, 47A, 52A, 75, 83, 88, 129, 139	34,25	59, 88
		34,26	32, 59, 88
23,2	47A, 75A, 83, 88	34,27f.	93
23,3	74A, 75A, 83, 88	34,28	77A
23,4f.	29f., 34, 129	36,6	51A
23,5ff.	130		
23,5	44A, 85	Leviticus	
23,6ff.	41, 44, 47A, 57, 64A, 83f., 88, 114	4,1	77A
		5,14.20	77A
23,6	75, 81A, 84, 88	6,1.12.17	77A
23,7	44, 47A, 52A, 56, 74A, 75A, 81, 84A, 88, 129	7,11ff.	78
		7,22.28	77A
23,8	45A, 49A, 74A, 75, 84, 88, 104	8,1	77A
		10,6	51A, 52A
23,9	57, 65A, 74A, 75, 84, 88, 115A	10,9	52A
		11,1	77A
23,10ff.	28, 59A, 95	11,43	52A
23,12	46	11,44f.	77A
23,13.15	28, 30, 61A, 66, 88	12,1	77A

(Leviticus)		(Leviticus)	
13,1	77A	19,11f.	72A
16,2	52A	19,11	64A, 65, 73, 79f., 88, 115, 139
17	38f.		
17,1	37A, 77A	19,12	47A, 55, 60, 61A, 65, 75A, 79f., 88
17,2	72A		
17,7	61A	19,13	64A, 65, 66A, 73, 75, 80, 88, 114, 129
17,10ff.	32		
17,12.14	38, 62, 88	19,14	39, 55, 65, 71, 72A, 75A, 78A, 80, 88, 114
18f.	37ff., 55A, 59f., 64, 72A, 109, 112, 114		
		19,15	39, 41, 44A, 45A, 47A, 64A, 72A, 75A, 79A, 80f., 83f., 88, 115
18,1ff.	72A, 77A		
18,1	37A		
18,3	39A, 57A, 71A	19,16	45A, 55, 64A, 75, 80f., 88, 114, 139
18,4.5	71A		
18,6ff.	47A, 64A	19,17	39, 64A, 75A, 79A, 81, 88, 115
18,6	72		
18,7ff.	49A, 74A, 75A, 76, 88, 112	19,18	39, 55, 64A, 73, 81, 88
		19,19ff.	72A
18,16	64A	19,19	39, 60, 63, 75A, 82A, 85, 88, 114
18,17	35, 74A		
18,19ff.	88	19,20ff.	40
18,19	75A, 88	19,20	63A
18,20	64A, 75A, 88	19,23ff.	40
18,21	61A, 75A, 80A, 88	19,24	115A
18,22f.	64A, 88	19,26ff.	40, 88
18,23	75A	19,26	32, 40, 62, 65, 73, 88
18,24	72A	19,27	62A, 69, 88
18,24	39A, 52A	19,28	32, 55, 69, 88
18,26	39A, 115A	19,29	52A, 64A, 80A
18,30	39A	19,30	46, 72A, 78, 88
19	77A, 84	19,31	47A, 52A, 55, 72A, 78A, 88
19,1ff.	72A, 77ff.		
19,1	37A, 40, 77	19,32	40, 46, 88, 114
19,2	37, 46, 60, 72A, 77, 82A	19,33	71, 88
		19,34	57A, 81A
19,3ff.	78f.	19,35f.	40, 45
19,3f.	40	19,35	47A, 64A, 80, 84, 88
19,3	63A, 72, 78, 88, 114, 129	19,36	57A, 88
		19,37	40, 60
19,4	52A, 55, 61A, 72A, 78, 88	20ff.	38f.
		20,1	37A, 77A
19,5ff.	40, 72A, 78	20,2ff.	38
19,8	78, 80A	20,2	72A
19,9ff.	38ff., 45, 63, 88	20,3	80A
19,9f.	114	20,6	72A
19,9	72A, 74A, 75A, 78f.	20,7.8	77A
19,10	39, 55, 72A, 74A, 78f., 114	20,9ff.	25, 37
		20,10	74A

(Leviticus)	
20,14	35
20,16f.	77A
20,19	38, 64A, 88
20,26	77A
20,27	38
21ff.	38, 63A, 68
21,1ff.	68
21,1	37A, 72A
21,2ff.	38
21,5	32, 62A, 69
21,6	77A, 80A
21,8	77A
21,10ff.	38
21,12	80A
21,15	77A
21,16ff.	38
21,16	37A
21,23	77A, 80A
22,1	37A, 77A
22,2ff.	38
22,2	72A, 80A
22,9	77A
22,15	61A, 80A
22,16	77A
22,17ff.	38, 69
22,17.26	37A, 77A
22,27	35, 38A, 114
22,28	38
22,32	38, 61A, 77A, 80A
22,33	57A
23,1	37A, 77A
23,2	72A
23,3	46A, 78
23,7.8	46A
23,9	77A
23,21	46A
23,22	38, 88
23,23	37A, 77A
23,25	46A
23,26	37A, 77A
23,28.31	46A
23,33	37A, 77A
23,35.36	46A
23,43	57A
24,1ff.	38A
24,1	37A, 77A
24,2	72A
24,10ff.	24A, 38

(Leviticus)	
24,13	77A
24,15	38, 77A
24,16.17	38
24,17ff.	37, 38A
24,18	38
24,19	38, 79A
24,20	38
25,1	37A
25,2	72A
25,4.5.11	46A
25,14	52A, 64A, 79A
25,15	79A
25,17	38, 65A, 78A
25,26	52A
25,27	65A
25,35ff.	46A
25,36	78A
25,38.42	57A
25,43	65A, 78A
25,44ff.	46A
25,46	65A
25,47ff.	46A
25,53	65A
25,55	57A
26,1	39, 47A, 61A, 72A, 78A, 88
26,2	78

Numeri

15,32ff.	24A
16,26	44A, 51A
18,27	82A
35	74A
35,11f.	31A

Deuteronomium

1ff.	57A
1,17	41, 64A
2,4	36A
2,5.9.19	52A
4,9	36A
4,13	77A
4,15.23	36A
4,42	74A
5,4f.	94
5,6ff.	40, 55A, 57
5,6	55, 57
5,7.8	61A

STELLENREGISTER

(Deuteronomium)

5,11	57, 61A
5,12	57, 63A
5,14	46A
5,15.16	57
5,17.18.19	64A, 73A
5,20	64A, 73A, 94
5,21	64A, 73A
6,4ff.	71A
6,7	113A
6,12	36A
6,14	61A
6,20f.	111A, 113A
6,21	57A
7,16	61A, 63A
7,25.26	63A
8,11	36A
9,4.7	52A
10,4	77A
10,17	84A
10,18	44A, 81A, 82A
10,19	57A, 81A
11,16	36A
12ff.	30ff.
12,2ff.	32A
12,13	36A
12,16	32, 33, 38
12,19	36A
12,20f.	32A
12,23ff.	32f., 38, 88
12,23	44A
12,29	32A
12,30	36A
13,2ff.	32A, 36A
13,9	36A
14,1	32f., 62A, 69, 73, 88
14,3	32f., 62, 88
14,4ff.	45A
14,21	32f., 35, 38A, 62, 88
14,29	82A
15,2f.	46A
15,2	31A
15,3	115A
15,4ff.	31
15,7ff.	36A
15,9	36A
15,12	31A
15,19ff.	32f., 36A
15,19	62, 75A, 84, 88

(Deuteronomium)

15,23	32f.
16,1	57A
16,3	57A, 59A
16,4	75A
16,5	66A
16,8	46A
16,11	82A
16,12	57A
16,14	82A
16,16	59A
16,19ff.	33, 88
16,19	41, 44A, 45A, 47A, 49A, 64A, 75, 81A, 88
16,20	47, 81
16,21	61A, 75A, 88
16,22ff.	47A
16,22	61A, 75A, 88
17,1	33, 61A, 75A, 88
17,6	31A, 33, 64A
17,11.13	33
17,14ff.	67f.
17,14f.	68
17,15ff.	33, 38
17,15	67, 115A
17,16	67f.
17,17	67
17,18f.	67A
17,18ff.	68
18,1f.	33, 65
18,1	66, 75A
18,2	66
18,9ff.	36A
19,3ff.	74A
19,4ff.	31A
19,11f.	31A
19,14	33, 63, 65, 75A, 88, 104, 106, 124, 129
19,15	31A, 33, 64A, 66, 88
19,16ff.	45A
19,16	47A
19,24	31A
19,31	63
20,15ff.	31
21,7	41A
21,16	52A
21,20	129
21,22f.	31A
21,23	52A

(Deuteronomium)		(Deuteronomium)	
22ff.	33ff., 55A, 64, 84ff., 109	24,17	30, 33f., 44A, 65A, 82A, 84A, 86, 88
22,1ff.	30, 34f., 64A	24,18	57
22,1.4	85, 88, 122A	24,19ff.	35, 45
22,5	33f., 35A, 50A, 63, 66, 85, 88	24,19.20.21	82A
		24,22	57
22,6ff.	85	25,1ff.	31
22,6	35, 38A	25,3	31A, 52A
22,7	35A	25,4	33f., 65, 75A, 86, 88
22,8	35	25,5	52A
22,9ff.	33f., 63, 85, 88	25,12	31A, 52A
22,9	50A, 75A, 82A	25,13f.	33f., 35, 45, 65f., 88
22,12	46	25,13.14	75A, 86, 88
22,13ff.	31	25,15	88
22,19	52A	25,16	35A
22,26	74A	26,12ff.	41A
22,29	52A	26,12.13	82A
23,1ff.	33f., 63A, 66, 68f., 85	27	55A, 91, 104
23,1	64A, 66, 75A	27,15ff.	76, 90
23,2.3.4	66	27,16	46A, 139
23,8	49A, 57A, 64A, 75, 85, 88	27,17	104
		27,19	44A, 82A, 84A
23,10ff.	35, 36A	31,10ff.	55A, 91
23,16	33f., 65A, 75A, 85, 88	33,1ff.	113A
23,17	65A		
23,18f.	33f., 35A, 64A	*Josua*	
23,18	66, 85, 88		
23,19	50A, 85, 88	7,11	74A, 79
23,20f.	30, 33f., 45, 64A, 65A, 75A, 85f., 88	15,13.16	115A
		20	74A
23,20	86, 88	24	106
23,21	85, 88, 115A	24,14	106
23,22ff.	35, 86	24,16ff.	93A
23,25f.	35	24,16.18.20	106
23,35f.	64A	24,23	106
24,1ff.	31	24,25f.	106f.
24,4	31A, 52A	24,26	107A
24,5	52A		
24,6	30, 33f., 49A, 57, 65A	*Richter*	
24,7	74A	11,30f.35ff.	116
24,8ff.	34f.		
24,10ff.	35, 57	*I Samuel*	
24,10	64A, 65A		
24,12	65A	2,16	41
24,14f.	33f., 114	8,3	84A
24,14	64A, 65A, 75, 86, 88	12,1ff.	41A
24,16	33f., 66, 86	18,3f.	92
24,17ff.	114	20,8	92

STELLENREGISTER

I Könige

18,17ff.	109A
21,19	74A

II Könige

10,15.23	111A, 112
17,2	41A
18,4	41
21,2ff.	41
23,2	93A
23,3.4ff.	41
23,21	93A

Jesaja

1,2ff.	109A
1,17	82A
1,23	84A
5,23	84A
10,2	82A
33,14ff.	143A
33,15f.	42A
33,15	48, 69

Jeremia

3,7	74A
5,28	44A
7,6	82A, 115A
7,9	42A, 74A, 79, 107A
17,21f.	46
22,3	82A
23,14	74A
29,37	74A
31,31ff.	145
31,33f.	146
35,3	111A
35,6f.	41, 72, 111
35,6.8.10	111A
35,11	111
35,13	111A
35,14	110, 111A
35,16.18	111A

Ezechiel

4,14	41A
18,5ff.	42, 69, 87A
18,6	64A
18,8	30, 44A
18,11	64A

(Ezechiel)

18,14ff.	69
18,15.18	64A
20,5	58A
22,6ff.	87A
22,7	82A
23,37	74A
45,10	45

Hosea

3,20ff.	108A
4,2ff.	108A
4,2	42A, 74A, 79, 87A, 107A
4,12f.	109A
4,13.14	74A
4,15ff.	109A
5,1ff.	109A
6,7	108A
8,1.12	108A
13,2	108A

Amos

2,6ff.	87A
4,4ff.	109A
5,4ff.	109A
5,10ff.	87A
5,12	84A
8,4ff.	87A

Micha

6,8	108A
6,10ff.	42A, 87A
7,6	78A

Sacharja

5,3	74A
7,10	82A

Maleachi

3,5	82A

Psalmen

1,1	47A
6,2	51A
9,20	51A
15	143A
15,2ff.	42A, 69
15,2.3	48

(*Psalmen*)

15,5	30, 48
22,12.20	51A
24	143A
24,3	46
24,4	42A, 69
25,7	51A
26,3ff.	41A
26,4f.	47
26,11	41A
50,7.17ff.	59A
50,18ff.	107A
81,9ff.10	58A
81,11	58A, 107A
81,12ff.	59A
86,15	56A
94,6	82A
146,9	82A

Hiob

31	41A, 87A
31,16ff.	42f.

Sprüche

1ff.	114, 120f., 128A
1,8ff.	121A
1,8	71, 127
1,10ff.	49A
1,10.15	71
1,20ff.	122A
2,1ff.	121A, 122A
2,1	71
2,12ff.	49A
3,1ff.	122A
3,1	51A, 71, 111A
3,5ff.6	127
3,7	44A, 49, 51A
3,8	127
3,9f.	64A
3,9.11	127
3,13f.	49A
3,21ff.	122A
3,21.25	51A
3,27ff.	51A, 127
3,27	127, 128A
3,28	127
3,29	127, 128A
3,30.31	127

(*Sprüche*)

4,1ff.	111A, 122A
4,3f.	121A
4,19f.	49A
4,24	44, 49A
4,27	49A
5,1ff.	49A, 121A
5,8	44
6,5.19	49A
6,23ff.	126
6,23.24ff.	49A
6,30.32	74A
7,5ff.	49A
8,1ff.	122A
9,1ff.	122A
9,6	49A
10,1ff.	120, 122, 130
10,1	119
12,17	45A
13,19	44A
14,16	44A
14,31	120
15,8	64A
16,6.17	44A
17,23	84A
19,5.9	45A
20,16	46A
21,1f.	126
21,3.27	64A
22ff.	121ff.
22,5	44
22,16ff.	139
22,17ff.	120ff., 130A
22,17.21	128A
22,22ff.	122f., 127
22,22	65, 120, 122, 125A, 126, 128f.
22,23	122
22,24	122f., 126, 128A
22,25	122
22,26	125A, 128A
22,27	122, 125A
22,28	122, 124, 125A, 129
22,29	122A
23,1ff.	123, 129
23,1.2	123
23,3	123, 125A
23,4f.	123
23,4	123f., 125A, 129

(Sprüche)		(Sprüche)	
23,5	124	26,5	128
23,6	123f., 128A, 129	26,6.8.9	127
23,7f.	124	26,12	120, 122A
23,9	124, 125A, 128A	26,17.21	127
23,10f.	124	27,1f.	120
23,10	124, 126, 128, 129	27,1.2	128
23,11	124A	27,10f.	120
23,13f.	124	27,10	128
23,13	124, 125A, 128	27,11	128A
23,15f.	124, 128A	27,13	46A, 120
23,17	124f., 128A	27,23	120, 128
23,18	125	29,20	122A
23,19ff.	128	30,9	74A
23,19	125	30,10	128
23,20	125f., 128A, 129	30,17	119
23,21	125	31,1ff.	120
23,22	119, 125f., 128f.		
23,23.24f.	125, 126	*Nehemia*	
23,25.26	126	9,17.31	56A
23,27f.	126		
23,29ff.	125A, 126	*II Chronik*	
23,31	129	19,7	84A
24	126	30,9	56A
24,1f.	126, 128A		
24,3ff.11.12	126	*Jesus Sirach*	
24,13	126, 128A, 129	Vorrede 3	121A
24,14	126	1,1ff.32ff.	121A
24,15.17	126, 129	2,1ff.14ff.	121A
24,19.21	126, 128A	3,1ff.9ff.	121A
24,27ff.	127	3,19ff.27ff.	121A
24,28	31A, 128A, 129	4,1ff.12ff.23ff.	121A
24,29	129	6,18ff.24ff.33ff.	121A
25ff.	120, 121A, 130	7,32	78A
25,6ff.	120		
25,6	129	*Tobias*	
25,8f.	128A	4,2ff.	113A, 121A
25,16f.	120, 129	4,3f.7ff.	113A
25,17	128A	4,12.14ff.	113A
25,21f.	120, 128A, 129f.	10,13	121A
26,4	127		

SACHREGISTER
(A = Anmerkung)

Aboth	113, 121A, 128, 137f.
Aḫikarerzählung	113, 121A, 128
Akkadisch	53, 62A, 97A, 100A, 134A, 139A
Altes Testament	1ff., 7ff., 11, 13, 16, 18, 19f., 22, 25, 27, 41f., 47, 58, 64, 67, 79, 86, 90, 96f., 99f., 105, 107, 110, 119A, 130, 133, 137, 139f., 143, 145ff.
Altarbau	28, 94f.
Amenemope	87A, 122, 128A, 135f., 137, 139
Amos	42A, 107A
Amphiktyonie	20, 61
Amtsspiegel	39, 68, 69
Anredeform (2. Person)	23, 27, 28, 30, 35, 66f., 69, 70ff., 85, 99, 111f., 116, 117, 119f., 121, 122A, 126, 128, 131f., 135, 137, 140, 142
Begründung	49, 55ff., 82A, 84f., 104, 114, 122, 124f., 133, 136
Bilderverbot	58A, 59, 61f., 94f, 109, 114
Bund, Bundesfest, -schluß, -erneuerung	16A, 17, 19, 55, 59A, 60, 89, 90, 92ff., 96f., 105ff., 110, 112, 114, 118, 145f.
Bundesbuch	1, 4A, 11, 13, 18, 27, 28ff., 31f., 35, 37, 40, 56, 70, 76, 93, 95, 143
Bundesformular	90, 95, 96ff., 109, 110, 112, 146
Bundesgebot, -gesetz, -satzung	31, 59A, 95, 96f., 105ff., 109, 114, 145f.
Bruder	s. Stammesgenosse
Dekalog	1, 4A, 5, 12f., 17f., 27, 40, 43, 46, 51A, 57ff., 70, 74, 77, 86f., 91, 93f., 107A, 109, 143
Deuteronomium	1, 4A, 27, 30ff., 37, 39f., 47, 57, 65A, 70, 71A, 76, 91f., 95, 107, 143
Diebstahlsverbot	74A
Elterngebot	46, 78, 113A, 125, 147
Ethos, Ethik	2, 4A, 5f., 9f., 12f., 17, 21, 61, 110A, 116, 130, 140, 141, 144, 147f.
Familie, Sippe	26, 35, 47, 49, 63f., 67, 101, 108, 110ff., 128, 130, 138, 139f., 141ff., 147
Fluch	23, 38A, 39, 55A, 65, 82, 90ff., 95, 98, 104
Fremdgötterverbot	s. Bilderverbot
Gattung, Form	7A, 8ff., 17, 19f., 23, 28f., 40, 42ff., 49, 51A, 54, 62f., 65f., 72, 75, 77, 89, 91ff., 95, 96, 99f., 104, 109, 112, 117, 119, 121A, 129f., 131f., 135ff., 138, 140, 141, 145

SACHREGISTER 159

Gattungsforschung	7ff., 21f., 27, 43
Gebot	25ff., 33, 35, 40, 42ff., 47f., 71A, 87, 100, 103, 106, 116, s. auch Prohibitiv.
Gesellschaftsordnung	s. Familie
Gesetz	4, 7, 12, 31, 43, 66, 67f., 92f., 107, 113, 117f., 129A, 145ff.
Gerichtsverfahren, Gericht	11, 17ff., 24f., 30, 37, 44f., 47, 64, 80, 83f., 90, 109, 113f., 133, 136, 139, 142f.
Geschichte	6, 9ff., 13ff., 22, 41, 55, 148
Gesetzeskorpora	3f., 18, 19f., 25, 31, 35f., 37A, 39A, 110A, 143
Hammurapi, Kodex	2, 22, 37, 53, 143
Handerhebung (Beschwörungsserie)	134
Heiligkeitsgesetz	1f., 27, 32, 37ff., 58A, 72A, 77, 79, 80, 81A, 95
Hethiter	s. Staatsverträge, Gesetzeskorpora
Imperfekt	50ff., 73, 76
Instruktion	s. Unterweisung
Jahwegebot, Jahwerede	31, 37, 40, 56f., 59f., 61, 93, 109 s. auch Selbstvorstellung
Jahweglaube, -verehrung	61f., 114, 122A
Jesus Sirach	64A, 121A, 128
Jussiv	50ff., 76, 123, 129
Kataloge	32A, 38, 42, 47, 67ff., 70, 72, 87, 133f.
Kultus, kultische Institutionen, Vorgänge	7, 13, 18, 20, 27A, 37, 55, 62f., 76, 87, 90, 92f., 109, 114, 129, 143
Literarkritik, literarkritische Methode	1, 3ff., 7, 9f., 17, 21
Liturgie	48A, 58f., 62f., 70A, 92f., 99, 110 s. auch Tora
Mahnwort	s. Paränese
Maritexte	96
Nächster, Nachbar	s. Stammesgenosse
Negation, negative Formulierung	27, 36, 43ff., 48, 50ff., 67, 73, 76, 127, 130, 135ff.
Neues Testament	113
Nomadenzeit Israels	25, 115
Omina, Omenform	133f.
Opfervorschrift, -regel	28, 41, 59, 62f., 82
Paränese, Ermahnung	36, 40, 42, 49, 65, 68, 81, 93, 113A, 117ff., 127ff., 131ff., 136f., 144
Parallelismus membrorum	87f., 122, 124ff.
Pentateuch	1, 3, 41A, 58A
Personen minderen Rechts (Sklave, Witwe etc.)	28f., 34f., 64f., 80, 82, 84, 86, 114, 136, 139
Pluralform	28A, 56, 71, 72, 79, 82A, 112
Priesterbelehrung	27f., 38f., 68
Priesterschrift	4A, 12, 52, 58A, 70, 77

SACHREGISTER

Prohibitiv	23ff., 26f., 28ff., 31ff., 37ff., 42ff., 50ff., 55f., 59f., 61ff., 65ff., 70tf., 77ff., 89ff., 103ff., 110ff., 117f., 125, 128f., 130, 131ff., 135ff., 139f., 141f.
Prophetismus, Propheten	4A, 5, 12, 15A, 33, 42, 87A, 107A
Prozeß	s. Gerichtsverfahren
Recht, allgemein	6, 7, 84
Recht, apodiktisches	15f., 18f., 20, 23ff., 26ff., 37f., 40f., 43ff., 50, 55, 59, 90ff., 95, 105, 111, 118, 145, 147
Recht, israelitisches	2f., 11ff., 15f., 21, 24, 107, 148
Recht, kasuistisches	18ff., 23f., 118, 140, 142
Rechtssatz, partizipialer	23ff., 38, 48A
Rechtssatz, konditionaler (kasuistischer)	25, 29f., 33, 40, 66, 85, 99, 102ff., 123, 125, 127
Reihe, Reihenbildung	23, 32, 39, 45, 48f., 55, 57, 76, 77, 85, 86f., 90f., 104, 111f., 115, 135, 137f.
Ritual, rituelle Vorschriften	13, s. auch Priesterbelehrung
Sabbatgebot	46, 78
Selbstvorstellungsformel	39, 55ff., 78, 80
Semitisch	53f., 98
Sexualgebote, sexuelle Tabus	39A, 47, 64, 112, 114
Singularform	23, 30, 57, 71, 72A, 73, 76, 113A, 117, 131, 135, 137
Sippe	s. Familie
Sippenordnung	41f., 60, 64A, 110, 112, 114f., 140, 141, 143
Sittlichkeit	s. Ethos
Sitz im Leben	17, 23, 43, 50, 66, 112, 119A, 130, 139
Sprichwort	25A, 122, 125f., 128, 131f., 135f., 141
Stammesgenosse	29, 35, 46, 57, 64, 73, 78, 80f., 85, 139
Stammesinstitutionen	s. Amphiktyonie
Staatsverträge	97ff.
Sündenbekenntnis	133f., 136, 142f.
Šurpu	133f., 136, 138, 139
Testament der zwölf Patriarchen	113, 121A, 128, 138
Theophanie	59A, 13f., 108
Tora, Toraliturgie	7, 12f., 42, 68, 70, 107, 143
Totenbuch, ägyptisches	135f., 139A
Unschuldsbekenntnis	41f., 43, 135, 136, 142f.
Unterweisung, Belehrung	35, 87, 113, 115, 116, 120f., 128, 132, 134f., 137, 140
Verbot	s. Prohibitiv
Warnung, Warnwort	44, 47, 51, 65, 98, 117, 121, 123ff., 127ff., 131, 134, 139, 144
Weherufe	108A
Weisheit, Weisheitsliteratur	18, 49, 61, 63f., 65, 71, 113A, 114, 117ff., 130, 144, 146f.

ABKÜRZUNGSVERZEICHNIS

AASOR	Annual of the American Schools of Oriental Research
AfO	Archiv für Orientforschung
AfOBeih	Beiheft zum Archiv für Orientforschung
AJSL	American Journal of Semitic Languages
Alt I-III	A. Alt, Kleine Schriften zur Geschichte Israels, Bd. I-III
AnBibl	Analecta Biblica, Rom
ANET	Ancient Near Eastern Texts relating to the Old Testament, ed. J. B. Pritchard, 2.Aufl. 1955
AOT	Altorientalische Texte, ed. H. Greßmann, 2.Aufl. 1926
ArOr	Archiv Orientální
ATD	Das Alte Testament Deutsch
BA	Biblical Archaeologist
BAss	Beiträge zur Assyriologie
BBB	Bonner Biblische Beiträge
BHK	Biblia Hebraica, ed. R. Kittel, 7.Aufl. 1951
BJRL	Bulletin of the John Rylands Library
BWANT	Beiträge zur Wissenschaft vom Alten und Neuen Testament
BZ	Biblische Zeitschrift
BZAW	Beihefte zur Zeitschrift für die alttestamentliche Wissenschaft
ChW	Christliche Welt
EvTh	Evangelische Theologie
F	J. Friedrich, Staatsverträge des Hattireiches
FRLANT	Forschungen zur Religion und Literatur des Alten und Neuen Testaments
GesK	W. Gesenius, Hebräische Grammatik, 28. Aufl. bearb. von E. Kautzsch
HAT	Handbuch zum Alten Testament
HK	Hand-Kommentar zum Alten Testament
HSAT	Die Heilige Schrift des Alten Testaments, ed. E. Kautzsch
HUCA	Hebrew Union College Annual
JBL	Journal of Biblical Literature
JJP	Journal of Juristic Papyrology
JNES	Journal of Near Eastern Studies
KBL	L. Köhler, W. Baumgartner, Lexicon in Veteris Testamenti Libros, 1253
KuD	Kerygma und Dogma
MAOG	Mitteilungen der Altorientalischen Gesellschaft
MVÄG	Mitteilungen der Vorderasiatisch-Ägyptischen Gesellschaft

RE	Realencyclopädie für die classischen Altertumswissenschaften, 3.Aufl. 1896ff.
RGG	Die Religion in Geschichte und Gegenwart
SAB	Sitzungsberichte der Deutschen (früher: Preußischen) Akademie der Wissenschaften, Berlin
SAT	Die Schriften des Alten Testaments
ThLZ	Theologische Literaturzeitung
ThR	Theologische Rundschau
ThSt	Theologische Studien
ThW	Theologisches Wörterbuch, ed. G. Kittel, G. Friedrich
VT	Vetus Testamentum
VTSuppl	Supplements to Vetus Testamentum
W	E. Weidner, Politische Dokumente aus Kleinasien
WO	Die Welt des Orients
ZAW	Zeitschrift für die Alttestamentliche Wissenschaft
ZSaRG	Zeitschrift der Savigny-Stiftung für Rechtsgeschichte
ZThK	Zeitschrift für Theologie und Kirche

www.ingramcontent.com/pod-product-compliance
Lightning Source LLC
Chambersburg PA
CBHW051939160426
43198CB00013B/2216